Anstöße Oberstufe 1
Politik/Wirtschaft/Gesellschaft

Autoren:
Wilfried Korby
Mirjam Prauschke
Irmgard Schenk-Kurz
Anja Schwarze
Bodo Weiermann

Ernst Klett Verlag
Stuttgart · Leipzig

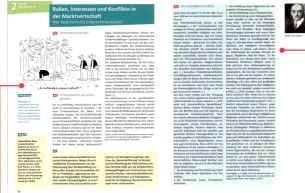

Das Buch ist in 4 Abschnitte gegliedert, die alle mit einer **Auftaktdoppelseite** beginnen. Die Bilder und kurzen Texte umreißen das Kernproblem des Kapitels. Wenn Sie das Kapitel erarbeitet haben, werden Sie in der Lage sein, die „**Denkanstöße**", die Sie unten rechts auf den Auftaktdoppelseiten finden, z. B. für eine eigene Präsentation zum Thema zu nutzen.

Alle Aspekte eines Kapitelthemas werden auf **Themendoppelseiten** dargestellt. Sie bilden das Gliederungsprinzip des gesamten Buches. Mehrere Themendoppelseiten bilden die Kapitel und Unterkapitel.

Den roten Faden zur Erschließung des zentralen Problems bietet Ihnen der einführende **Verfassertext** VT .

Die Rubrik **Begriff** Begriff in der Randspalte liefert Erläuterungen zu wesentlichen Begriffen, die in der Diskussion der jeweiligen Fragen immer wieder eine wichtige Rolle spielen.

Im **Miniglossar** Miniglossar werden weniger geläufige Wörter kurz erklärt. Weitere Erklärungen finden Sie im Glossar im Anhang des Bandes. Mithilfe des Stichwortverzeichnisses können Sie sich Orientierung über alle Begriffe verschaffen und ganz gezielt nach einer bestimmten Problematik suchen.

Inhaltliche Verknüpfungen zu einem anderen Kapitel des Buches oder einer anderen Seite erkennen Sie an dem Symbol →.

Wie Sie mit diesem Buch arbeiten

Liebe Schülerinnen, liebe Schüler,
Ihr Buch für das Fach Sozialwissenschaften trägt den Titel „Anstöße". Es möchte Ihnen Anstöße geben, über politische und gesellschaftliche Fragen und Probleme nachzudenken. Auch wenn es manchmal den Anschein hat, als könne im Bereich Sozialwissenschaften jeder einfach so „mitreden", ist eine sinnvolle Beschäftigung mit politischen Fragestellungen nur möglich, wenn man sich wichtige Basisinformationen beschafft und mit ihnen umgehen kann. Dieses Buch soll Ihnen daher dreierlei zur Verfügung stellen:
- fundiertes Sachwissen
- Hinweise zu zentralen Fachmethoden
- und Anregungen, beides immer auf eine politische Fragestellung zu beziehen, die Sie in Ihrem alltäglichen Leben etwas angeht.

Interessante Stunden und viel Spaß wünschen Ihnen die Autoren und die Redaktion.

Zentrale Texte, die in der Wissenschaftsgeschichte einen entscheidenden Fortschritt dargestellt haben, sind farbig unterlegt. Wir wollen daran zweierlei zeigen: Zum einen selbstverständlich die Aussagen selbst, die aus den Texten herauszuarbeiten sind. Zum anderen aber auch, dass diese Texte auch heute noch interessant, lesenswert und verständlich sind.

Für die Erarbeitung von politischen, wirtschaftlichen und soziologischen Themen eignen sich bestimmte Methoden, die Sie auf den **Methodendoppelseiten** des Buches kennen lernen. Methodenkompetenz ist wichtig, weil Sie im Alltag wichtige Informationen in der Regel nicht fertig für Ihre Fragestellung aufbereitet vorliegen haben. Die Methoden sind auf die jeweiligen Kapitelthemen gut anwendbar. Sie können sie im Unterricht aber ebenso auf andere Themen übertragen.

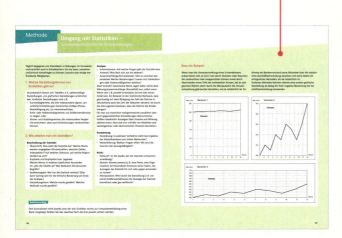

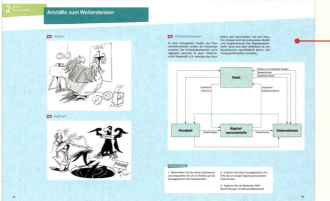

Wer mehr Informationen zu einem Thema braucht, kann unter dem angegebenen **Online-Link** `065630-0000` auf der Auftaktdoppelseite oder bei den Arbeitsvorschlägen selbst Materialien und Linktipps für das Internet unter www.klett.de/online recherchieren. Dort finden sich Informationen zu wichtigen politischen Kontroversen, die im Buch angesprochen werden. Diese Materialien werden regelmäßig aktualisiert.

Die **Anstöße zum Weiterdenken** geben Ihnen die Gelegenheit, das Thema des Kapitels noch einmal zu wiederholen und damit zu überprüfen, wie sicher Sie im jeweiligen Thema sind. Zum Abschluss finden Sie jeweils Aufgaben, die einen Transfer erfordern, die also über das Kapitel hinausweisen und Sie auf entsprechende Aufgaben in der Abiturprüfung vorbereiten können

Inhalt

1 Die Gesellschaft – eine ärgerliche Tatsache?! ... 6

Dem Zusammenleben auf der Spur
Was man über Soziologie wissen sollte ... 8
Der Mensch als Marionette?
Soziolologische Theorien zum Rollenhandeln und zur Ich-Identität ... 12
Der Homo Sociologicus – Das Modell des Rollenhandelns ... 14
Der Mensch – NUR eine Marionette?
Der symbolische Interaktionismus ... 18
Identität + Internet = virtuelle Identität? ... 22
Die Gruppe macht's?!
Phänomene der Gruppensoziologie ... 28
Gleichgesinnte unter sich ... 30
Konformität, Autorität oder Autonomie?
Experimente in den Sozialwissenschaften ... 32
Anstöße zum Weiterdenken ... 34

2 Soziale Marktwirtschaft – eine über 60-jährige Erfolgsgeschichte? ... 36

Neue Unsicherheiten und aktuelle Probleme
Wohlstand für alle? ... 38
Immer mehr Arbeitslose? Wirtschaftskrisen ... 42
Methode Umgang mit Statistiken –
Sozialwissenschaftliche Statistikanalyse ... 46
Anstöße zum Weiterdenken ... 48
Was will die Soziale Marktwirtschaft?
Ordnungselemente und normative Grundannahmen ... 50
Methode Umgang mit ökonomischen Modellen
Beispiel: Markt und Preisbildung ... 56
Konsumenten in der Marktwirtschaft
Vom Bedürfnis zur Nachfrage ... 58
Anstöße zum Weiterdenken ... 61
Vom Bedürfnis zur Nachfrage ... 58
In den Fängen der Werbung? ... 62
Konsum und Verantwortung ... 64
Rollen, Interessen und Konflikte in der Marktwirtschaft
Wer bestimmt die Unternehmensziele? ... 68
Unternehmenskonzepte in der Diskussion ... 72
Kooperation und/oder Konflikt? Unternehmer,
Management und Arbeitnehmer ... 74
Mitwirkung von Arbeitnehmern – Modelle der Mitbestimmung ... 78
Staat und Markt
Soziale Absicherung in der Sozialen Marktwirtschaft ... 82
Methode Mehr Wettbewerb oder mehr Wirtschaftsmacht? ... 86
Mikro- und Makro-Ökonomie ... 92
Anstöße zum Weiterdenken ... 94
Die Zukunft der Sozialen Marktwirtschaft in der Diskussion ... 96
Anstöße zum Weiterdenken ... 101

3 Was bedeutet Demokratie für mich? 102

Politische Konflikte
Sollen die Laufzeiten für Atomkraftwerke verlängert werden? 104

Methode **Konfliktanalyse**
Konflikte verstehen und lösen 106

Demokratie in Deutschland
Institutionen und Prozesse 108
Bundestag: Wie schlägt das „Herz der Demokratie"? 110
Bundestagsabgeordnete(r) – ein Traumberuf? 112
Das Parlament – wirksamer Kontrolleur der Regierung? 114
Gesetzgebung – noch in den Händen des Parlaments? 116
Wozu gibt es einen Bundesrat? 118
Lobbyismus – übermächtiger Einfluss der Verbände? 120
Das Bundesverfassungsgericht – heimlicher Gesetzgeber oder Hüter der Verfassung? 122
Zufrieden mit der Demokratie? 124
Anstöße zum Weiterdenken 125

Politische Partizipation – Welche Einflussmöglichkeiten habe ich als Bürger?
Eine Frage der Grundrechte 126
Wahlen – Die Möglichkeit der Partizipation? 130
Einfluss durch Wahlen? Chancen und Grenzen 132
Mit 16 zu jung für die Politik?
Welche Einflussmöglichkeiten gibt es außer Wahlen? 134
Volksentscheide – Potenziale und Gefahren 140

Methode **Methode der Urteilsbildung:**
Beispiel Fishbowl-Diskussion 144

4 Wie verändert sich unsere Demokratie? 146

Machtverteilung nach Lissabon
Richtlinienkompetenz 148
Die Neuordnung der Organe der Europäischen Union 150
Die Auseinandersetzung um den Lissabon-Vertrag in Deutschland 154

Massenmedien – Massenmacht?
Politik im „Netz" 156
Die Rolle der Medien als kontrollierende Macht 158
E-Demokratie – die neue Politikdimension? 160
Anstöße zum Weiterdenken 166

Glossar 168
Sachregister/Stichwortverzeichnis 174
Bildnachweis 176

1 Die Gesellschaft – eine ärgerliche Tatsache?!

So wie die Sonne unvermeidlich auf- und untergeht, so scheinen auch viele Tatsachen der sozialen Welt unvermeidlich und schicksalhaft. Diese sozialen Tatsachen kann die Soziologie beschreiben und in gewissem Maß auch erklären.

Hinter jedem Handeln steckt in gewisser Weise […] eine Theorie über die soziale Welt, eine Alltagstheorie allerdings, […]. Doch der Unterschied zwischen „sozialer" und „soziologischer" Theorie ist häufig nur der, dass die soziologische, also die wissenschaftliche Theorie in eine bestimmte Form gebracht wird – zum Beispiel in ein formales Aussagesystem, und dass es bestimmte Methoden gibt, diese Theorien zu überprüfen.

Quelle: Burkart, Günter, dt. Soziologe, nach: www.uni-lueneburg.de/fb2/soz/burkart/soziologie.pdf vom 01.10.2002 [Zugriff: 14.04.2011]

> Es ist [...] zu zeigen, dass die Gesellschaft nicht nur eine Tatsache, sondern eine ärgerliche Tatsache ist, der wir uns nicht ungestraft entziehen können. Soziale Rollen sind ein Zwang, der auf den Einzelnen ausgeübt wird – mag dieser als eine Fessel seiner privaten Wünsche oder als ein Halt, der ihm Sicherheit gibt, erlebt werden.

Quelle: Dahrendorf, Ralf, dt. Soziologe, „Homo Sociologicus" in Kölner Zeitschrift f. Soziologie und Sozialpsychologie 1958

Denkanstöße

- Welche „Tatsachen der sozialen Welt" werden im linken Bild dargestellt?
- Welches „Handeln" der einzelnen Personen ist im linken Bild erkennbar?
- Welche zum ersten Bild passenden Alltagstheorien über die „soziale Welt" können Sie formulieren?
- Was kann mit der „ärgerlichen Tatsache der Gesellschaft" (s.o.) gemeint sein?
- Welche gesellschaftlichen „Vorschriften" erleben wir als Fessel oder als Halt?

1 Die Gesellschaft – eine ärgerliche Tatsache?!

Dem Zusammenleben auf der Spur
Was man über Soziologie wissen sollte

M1 Der Liegestuhl

Stellen Sie sich vor, Sie gehen mit Freunden in ein Hallenbad, um dort einen entspannten Nachmittag zu erleben. Im Hallenbad sind am Beckenrand einige Liegestühle aufgestellt. Wenige dieser bequemen Sitzmöglichkeiten sind noch nicht besetzt. Sie nehmen dort Platz und genießen eine Zeit lang die angenehme Atmosphäre, bevor Sie ins Wasser gehen wollen. Es stellt sich nun die Frage, wie Sie „ihren" Platz, während Sie schwimmen gehen, freihalten können. Da Sie nicht einen Ihrer Freunde bitten wollen, den Liegestuhl freizuhalten, entscheiden Sie sich, Ihr Handtuch über den Stuhl zu legen. Sie wissen aus Erfahrung, dass Sie mit relativ hoher Wahrscheinlichkeit davon ausgehen können, dass die anderen Badegäste Ihren Anspruch auf den Liegestuhl akzeptieren werden.

Quelle: Stracke-Mertes, Ansgar: Soziologie – Der Blick auf soziale Beziehungen, 3. überarbeitete Auflage, Hannover 2003, S. 10

Begriff

Unter **Gesellschaft** versteht man eine Gesamtheit von Menschen, die durch objektive Strukturen miteinander verbunden sind. Die Art und Wirkungsweise dieser Strukturen verändert sich; Gesellschaft ist einem historischen Wandel unterworfen.

VT

Das Beispiel mit dem Liegestuhl zeigt, dass sich Menschen im Alltag häufig auf eine bestimmte, vorhersehbare Weise verhalten. Wir alle haben klare Vorstellungen von „normalem Verhalten" innerhalb der Gesellschaft, auf abweichendes Verhalten reagieren wir irritiert oder verärgert.
Die Soziologie erforscht das soziale Verhalten und Zusammenleben von Individuen und Gruppen in der Gesellschaft, sie stellt Fragen zu kollektiven Phänomenen und sozialen Probleme: Wie laufen Prozesse ab und warum laufen sie so ab? Sie fragt nach Bedingungen für soziales Handeln, nach zugrunde liegenden Werten und Normen, nach Strukturen und Gesetzmäßigkeiten.

Die Soziologie will also gesellschaftliche Sachverhalte verstehen und erklären, es geht ihr dagegen nicht um individuelle Lebensberatung Einzelner.
Dieses Kapitel wirft einen soziologischen Blick auf ausgewählte Aspekte des Alltagslebens:
– Warum verhalten Sie sich in der Schule vielleicht anders als in der Freizeit?
– Welche Erwartungen werden an Sie gerichtet?
– Welche Konflikte treten typischerweise auf?
– Welche Bedeutung haben Freunde und Cliquen?
– Welchen Stellenwert haben das Internet und die sozialen Netzwerke?

M2 Zusammen leben

M3 Soziologie – was ist das?

Soziologie befasst sich mit dem Ursprung, der Entwicklung und den Zusammenhängen der Gesellschaft und versucht, sie aus allgemeinen Prinzipien heraus zu erklären. [...]
SoziologInnen fragen in ihrer Arbeit nach dem Sinn und den Strukturen sozialen Handelns, nach den damit verbundenen Werten und Normen; sie analysieren nicht nur die Gesellschaft als Ganzes, sondern auch ihre Teilbereiche wie soziale Systeme, Institutionen, Organisationen, Gruppen und auch den sozialen Wandel. Soziologen hinterfragen die Bedeutung und die Auswirkungen von sozialen Tatbeständen [...] auf das soziale Zusammenleben.
Je nach Ausgangspunkt der Betrachtung unterteilt man die Soziologie in eine Mikro- und eine Makrosoziologie. Die Mikrosoziologie widmet sich den sozialen Beziehungen zwischen Personen und Gruppen. [...] Während die Mikrosoziologie das Verhältnis zwischen Akteur und Gesellschaft analysiert und auf Akteursebene ansetzt, erforscht die Makrosoziologie Gemeinsamkeiten und Gegensätze in großen sozialen Gebilden. Sie befasst sich mit den Gesetzmäßigkeiten bei der Entwicklung und Veränderung gesellschaftlicher Phänomene, also beispielsweise der Entwicklung der Bevölkerung, der Industrie, eines gesellschaftlichen Systems oder Verbänden, größeren Organisationen u. dgl. [...] Der Übergang ist oftmals fließend und so wird heute auch immer öfter von einer Makro-Mikro-Soziologie gesprochen. [...]
Im Gegensatz zu den Naturwissenschaften, wo „Gesetze" aufgrund von Experimenten nachgewiesen werden können, haben die Sozialwissenschaften das große Problem, solche Experimente kaum bzw. nur unter großen Einschränkungen durchführen zu können. [...] Die Soziologie wird aus diesem Grund immer auf Beobachtungen angewiesen sein. Die dafür angewandten Methoden können zwar verfeinert werden, doch Prognosen [...] gehen lediglich mit einer bestimmten Wahrscheinlichkeit einher.

Quelle: Pass, C./Hofer, B./Rammer, A.: soziologieheute.wordpress.com/2009/02/13/soziologie-was-ist-das, [Zugriff: 14.04.2011]

Miniglossar

Unter **Werten** versteht man allgemeine Ziele und Ideale, **Normen** sind konkretere Verhaltensvorschriften. Beispiel: Der Wert Gleichheit wird in mehreren Normen konkretisiert, z. B. „Männer und Frauen sind gleichberechtigt." Oder „Kein Schüler darf aufgrund seiner Herkunft benachteiligt werden".

Validität
Gibt die Eignung eines Messverfahrens oder einer Frage an: Wird wirklich „gemessen", was gemessen werden soll?

Arbeitsvorschläge

1. Richten Sie einen „soziologischen Blick" auf die dargestellten Alltagsbilder links und in M2. Welche Aspekte könnten für die Soziologie interessant sein? Entwickeln Sie mithilfe von M3 verschiedene soziologische Fragestellungen dazu.

2. Erläutern Sie die Aussage, dass Experimente in der Soziologie kaum oder nur unter großen Einschränkungen durchgeführt werden können (M3).

3. Wählen Sie eine oder mehrere Ihrer in Aufgabe 1 formulierten Fragestellungen aus und skizzieren Sie eine mögliche methodische Vorgehensweise, um zu validen (d.h. gültigen) Ergebnissen zu kommen.

4. Der amerikanische Soziologe Steven Seidman charakterisiert im Jahr 2004 die heutige Soziologie folgendermaßen: "Sociology is the queen of the sciences. Unlike the other sciences which analyze one narrow segment of life, sociology integrates all knowledge about humanity." Nehmen Sie begründet Stellung zu dieser Aussage.

M4 Alles klar?

M5 Was heißt schon sozial? – Das Problem der Fachsprache

Die Soziologie benutzt eigene, wohldurchdachte Begriffe, um ihre spezifische Sicht auf die Komplexität von sozialen Sachverhalten zu signalisieren, andere Perspektiven anderer Wissenschaften kritisch zu hinterfragen und sich von diesen ebenso kritisch befragen zu lassen. [...]

Im Deutschen wird „sozial" oft in diesem Sinne der Zuwendung oder Verbundenheit benutzt. Viele Wortverbindungen mit „sozial" scheinen etwas mit „gemeinsam" oder „füreinander" zu tun zu haben. So attestieren wir jemandem, er habe „sozial" gedacht, oder kritisieren einen anderen, er sei „unsozial". [...] Neben der wertenden Verwendung des Begriffes „sozial" findet sich aber auch eine gewissermaßen neutrale Verwendung. So sprechen wir von einem „sozialen Klima" im Betrieb oder einer Gruppe. Damit meinen wir, dass es zwischen den Personen noch etwas gibt, das man nicht genau fassen kann, das man aber irgendwie spürt. „Soziales" – das Diffuse. Wir sprechen auch von einem „sozialen Umfeld", in dem wir z. B. gerne wohnen oder [nicht ...]. Damit meinen wir, dass das Umfeld die Menschen in einer typischen Weise prägt. Schließlich sprechen wir auch von einer „sozialen Lage", in der sich z. B. ganze Gruppen von Menschen befinden. [...] Alles in allem scheint das Wort „sozial" etwas zu bezeichnen, was das Leben der Menschen in irgendeiner Weise beeinflusst.

Quelle: Abels, Heinz: Einführung in die Soziologie, Band 1: Der Blick auf die Gesellschaft, 4. Auflage, Wiesbaden 2009, S. 16–44

M6 Stimmungskiller

Auf jedem Konzert stehe ich vor einer großen Entscheidung: Einerseits möchte ich mich am liebsten sofort in die tanzende Menge stürzen, andererseits jede Sekunde für die Ewigkeit festhalten. Den Fotoapparat habe ich schon in der Hand. Ich entscheide mich normalerweise für das Fotografieren und erlebe das Konzert hinter der Linse oder auf dem Bildschirm meiner Digitalkamera. Von dem schönen Abend bleiben mir ungefähr 200 verschwommene Fotos und ein paar flüchtige Erinnerungen von vereinzelten Blicken über die Kamera hinweg. Den Augenblick genießen und gleichzeitig fotografieren – ist das überhaupt möglich?

Ähnlich ging es mir während meiner Konfirmationsfahrt, von der ich euphorisiert und mit 1 025 Fotos auf meiner Kamera wiederkam. Diese Fotos warteten dann alle darauf, bearbeitet oder gelöscht zu werden. Für dieses lange Prozedere fehlten mir Lust und Zeit, also verschwanden alle Bilder, wie sie waren, auf der Festplatte meines PCs. [...] Jedes Mal, wenn ich meinem Laptop beim stundenlangen Laden von den Fotos zuschaue, frage ich mich, ob es wirklich nötig war, so viele Bilder zu machen [...] Mein nächstes Konzert: Ich kam etwas verspätet und gestresst, aber dann war tolle Musik, geniale Stimmung. Begeistert kam ich nach Hause und hatte gar nicht gemerkt, dass ich den Fotoapparat nicht benutzt hatte. Als ich meinen Freundinnen von dem schönen Abend erzählte, fragten sie mich als Erstes: „Zeig doch mal die Fotos!"

Quelle: Schilling, Charlotte (14), www.tagesspiegel.de/weltspiegel/werbinich/hallo-ist-da-wer/1461938.html vom 27.02.2009 [Zugriff: 14.04.2011]

M7 Soziales Handeln nach Max Weber

Max Weber (1864–1920) war ein deutscher Soziologe, Jurist und Nationalökonom. Er gilt als Mitbegründer der deutschen Soziologie.

a) Definition

„Soziologie (im hier verstandenen Sinn dieses sehr vieldeutig gebrauchten Wortes) soll heißen: eine Wissenschaft, welche soziales Handeln deutend verstehen und dadurch in seinem Ablauf und seinen Wirkungen ursächlich erklären will. »Handeln« soll dabei ein menschliches Verhalten (einerlei ob äußeres oder innerliches Tun, Unterlassen oder Dulden) heißen, wenn und insofern als der oder die Handelnden mit ihm einen subjektiven Sinn verbinden. »Soziales« Handeln aber soll ein solches Handeln heißen, welches seinem von dem oder den Handelnden gemeinten Sinn nach auf das Verhalten anderer bezogen wird und daran in seinem Ablauf orientiert ist.

Quelle: Weber, Max: Wirtschaft und Gesellschaft, Tübingen 1922, S. 8

b) Beispiele

Nur wenn wir mit unserem Verhalten irgendeinen Sinn verbinden, sprechen wir vom „Handeln", und nur wenn Menschen irgendeinen Sinn mit dem Verhalten untereinander verbinden, sprechen wir von „sozialem Handeln". Wenn ich vor Müdigkeit vom Fahrrad falle, ist es kein Handeln, aber wenn ich vom Fahrrad springe, weil sich plötzlich die Straße vor mir auftut, ist es Handeln. Es macht Sinn für mich. Wenn ich in die Hände klatsche, weil ich mich freue, ist es Handeln, aber kein soziales Handeln, aber wenn ich in die Hände klatsche, um mit den Fans unsere Mannschaft anzufeuern, dann ist es soziales Handeln. [...] Sinn heißt, dass es eine rationale Erklärung für das Handeln gibt, dass wir also mit unserem Handeln etwas Bestimmtes meinen und das dem anderen gegenüber zum Ausdruck bringen wollen und dass wir meinen, auch der andere habe mit seinem Handeln etwas ganz Bestimmtes gemeint. [...]

Wenn ich einen Regenschirm aufspanne, um mich [...] vor der Nässe zu schützen, ist es kein soziales Handeln. Wenn ich aber keinen Regenschirm aufspanne, weil bestimmte Leute, an denen ich mich orientiere, das auch nicht tun, dann ist das soziales Handeln. Oder: Wenn zwei Leute den Regenschirm aufspannen, um damit zugleich den Abstand zwischen sich zu vergrößern, dann ist es soziales Handeln.

Quelle: Abels, Heinz: Einführung in die Soziologie, Band 2, 3. Auflage, Wiesbaden 2007, S. 143–144

c) Bestimmungsgründe sozialen Handelns

1. Zweckrational: Aufgrund von Erwartungen werden Zwecke zum größtmöglichen Nutzen des Handelnden verfolgt.
2. Wertrational: Aufgrund von Überzeugungen (ethisch, ästhetisch, religiös etc.) werden Ziele verfolgt, die für den Handelnden einen Eigenwert besitzen – unabhängig vom Erfolg der Handlungspraxis.
3. Affektuell: Spontane, insbesondere emotionale Handlung [...].
4. Traditional: Gewohnheitsmäßige oder routinisierte Handlung, deren Sinn und Zweck nicht immer offenkundig ist.

Quelle: Selke, Stefan: www.ifr.kit.edu/download/lehre/RSoz0708_3_SozialeAkteursmodelle.pdf von 2008 [Zugriff: 05.10.2010]

Max Weber

soziales Handeln
(Bezug auf andere)

Handeln
(Absicht, Intention, subjektiver Sinn)

Verhalten
(bloßes Tun, Reaktion auf Reize etc.)

nach: Selke, Stefan: Soziologische Akteursmodelle, www.ifr.kit.edu/download/lehre/RSoz0708_3_SozialeAkteursmodelle.pdf (2008)

Arbeitsvorschläge

1. Erläutern Sie die verschiedenen Facetten, die das Wort „sozial" alltagssprachlich hat (M 5). Fassen Sie Ihre Ergebnisse strukturiert zusammen und ergänzen Sie weitere Beispiele.

2. Beschreiben Sie die jeweiligen Vor- und Nachteile bei der Verwendung von alltags- und fachsprachlichen Ausdrücken (M 4 und M 5).

3. Charlotte handelt. Beschreiben Sie die verschiedenen Handlungen, die Sie dem Fallbeispiel in M 6 entnehmen können. Welche Motive liegen einzelnen Handlungen zugrunde?

4. Erläutern Sie die in M 7 dargestellte soziologische Verwendung der Begriffe „Handeln" und „soziales Handeln".

5. Ordnen Sie folgende Beispiele den verschiedenen Bestimmungsgründen sozialen Handelns (M 7c) zu und diskutieren Sie Ihre Ergebnisse: Üben für den Test, Hilfsbereitschaft, Kirchgang am Sonntag, Abschreiben lassen in der Klausur, Stopp an roter Ampel, Kuss, Film sehen, Begrüßung.

6. Analysieren Sie nun das Fallbeispiel „Charlotte" (M 6) erneut unter Verwendung der soziologischen Fachbegriffe: Wo finden Sie Verhalten, Handeln und soziales Handeln?

7. „Soziologie ist die Kunst, eine Sache, die jeder versteht und die jeden interessiert, so auszudrücken, dass sie keiner mehr versteht und sie keinen mehr interessiert" (Hans-Joachim Schoeps). Nehmen Sie begründet Stellung zu dieser Sichtweise.

1 Die Gesellschaft – eine ärgerliche Tatsache?!

Der Mensch als Marionette?
Soziologische Theorien zum Rollenhandeln und zur Ich-Identität

M1 „Junge"

Junge, warum hast du nichts gelernt? Guck dir den Dieter an, der hat sogar ein Auto. Warum gehst du nicht zu Onkel Werner in die Werkstatt? Der gibt dir 'ne Festanstel-
5 lung, wenn du ihn darum bittest.
Junge – und wie du wieder aussiehst! Löcher in der Hose und ständig dieser Lärm. (Was sollen die Nachbarn sagen?) Und dann noch deine Haare, da fehlen mir die Worte. Musst
10 du die denn färben? (Was sollen die Nachbarn sagen?) Nie kommst du nach Hause, wir wissen nicht mehr weiter.
Junge, brich deiner Mutter nicht das Herz. Es ist noch nicht zu spät, dich an der Uni
15 einzuschreiben. Du hast dich doch früher so für Tiere interessiert, Wäre das nichts für dich? Eine eigene Praxis!
Junge – und wie du wieder aussiehst! Löcher in der Nase und ständig dieser Lärm! Elek-
20 trische Gitarren und immer diese Texte, Das will doch keiner hören! (Was sollen die Nachbarn sagen?) Nie kommst du nach Hause, so viel schlechter Umgang! Wir werden dich enterben! (Was soll das Finanzamt
25 sagen?)
Wo soll das alles enden? Wir machen uns doch Sorgen! Und du warst so ein süßes Kind. Und du warst so ein süßes Kind. Und du warst so ein süßes Kind. Du warst so
30 süß. Und immer deine Freunde – ihr nehmt doch alle Drogen! Und ständig dieser Lärm! (Was sollen die Nachbarn sagen?) Denk an deine Zukunft, denk an deine Eltern. Willst du, dass wir sterben?

Text: Farin Urlaub, © PMS Musikverlag GmbH
Quelle: Die Ärzte: Jazz ist anders. Hot Action 2007

Begriff

Ich-Identität ist die erlebte Einheit der Person. Ich-Identität bedeutet, dass das Individuum zwischen seiner persönlichen Identität (d. h. der Struktur seiner Erfahrungen im Laufe seiner Lebensgeschichte) und seiner sozialen Identität ein Balanceverhältnis herstellen kann.

VT

Der Text der „Ärzte" zeigt, dass es verschiedene Erwartungen gibt, die an den Einzelnen gerichtet werden. Soziologisch formuliert: Das Individuum übernimmt in der Gesellschaft Rollen und sieht sich mit unterschiedlichen Erwartungen konfrontiert. Innerhalb der Soziologie beschäftigen sich verschiedene Theorien mit dem Rollenhandeln, einige Ansätze werden in diesem Abschnitt vorgestellt.
In Deutschland hat Ralf Dahrendorf 1958 mit seinem Werk „Homo sociologicus" die angelsächsische **Rollentheorie** populär gemacht, zugleich aber auch umfangreiche soziologische Kontroversen ausgelöst.
Die strukturfunktionale Rollentheorie geht v. a. auf die amerikanischen Soziologen Linton, Parsons und Merton zurück. Das Interesse dieser Rollentheoretiker gilt der Stabilität, der Funktionsfähigkeit der Gesellschaft. Sie fragen, wie Rollenhandeln beschaffen sein muss, um die Funktionsfähigkeit der Gesellschaft zu sichern.
Der **Symbolische Interaktionismus** geht auf die amerikanischen Soziologen Mead, Turner, Goffmann und Blumer zurück und wurde in Deutschland vor allem durch Habermas und Krappmann ausdifferenziert. Im Symbolischen Interaktionismus stehen die Möglichkeiten des Individuums beim Rollenhandeln in der Gesellschaft im Vordergrund; thematisiert werden die soziale Interaktion sowie Bedingungen und Möglichkeiten individueller Autonomie.

M2 „Wie du wieder aussiehst!" – Ärzte-Single provoziert Fragen

Momentan ist es hip, sich als Schülerin – die besonders – oder Schüler um die 14 Jahre Unterarme und Handrücken vollzukritzeln. Das sieht zunächst unsauber und unschön aus. Soll es ja auch. Aber bevor man/Lehrer es merkt, ist man/Lehrer auch schon reingefallen. Und regt sich auf, schickt die Schüler zum Waschen. Dann kommen sie zurück, mit vom Sauberrubbeln hochroten und weniger verschmierten Armen. Denn die Farbe der benutzten Stifte ist meist nicht wasserlöslich. Nächste Stunde ist wieder alles bemalt. Junge (Mädchen) wie du wieder aussiehst!

Die Ärzte haben mit ihrer neuen Single die Situation mancher Schüler im Mark getroffen. Die bemalten Gliedmaßen mögen im Unterricht auffallen. Aber die zerfetze Hose, die lärmende Musik, Piercing-Löcher und die suggestive Unterstellung, „ihr nehmt doch alle Drogen, – sind vermutlich hier und da eher Thema daheim.

Was soll das nun? Zu allererst ist es ein Test, ob und wie weit Nicht-Jugendliche Jugendliche ernst nehmen. Eine harte Prüfung, denn es ist ja nicht nur spießige Nörgelei. Es ist ja auch Sorge. Sich giftige Farbe auf die Haut kleistern ist schließlich eine Form der Selbstverletzung; kann im Extremfall krank machen. Soll man es sehen und nichts tun?

Aber vielleicht erwarten die Jungen von den Alten ja gerade, dass man sie anspricht, ermahnt und zum Reinigen schickt? [...] Ist alles Bemalen, Färben, Lärmen, Piercen, Verweigern, Provozieren vielleicht das lautstarke Wiederholen der Frage nach dem SINN?

Quelle: www.onlzoberurff.info, CJD UPDATE, Weblog und Onlinemagazin der Christopherusschule Oberuff, 17.10.2007 [Zugriff: 14.04.2011]

M3 Lasst sie doch

Hat es nicht in jeder Generation einen Altersbereich gegeben, in der die junge Generation gegen die bestehenden Regeln rebelliert hat? Das ist einfach die neue Variante der Rebellion. Es ist eine Phase, durch die ein jeder Teenager muss, wenn er versucht, sich ein wenig von den Eltern zu distanzieren. [...] Ja, dieses Anmalen, Piercen, mit durchlöcherten Kleidungsstücken Rumlaufen, etc. ist ein Protest. Es ist ein Protest dagegen, immer als Kind behandelt zu werden und ist ein Stück auf dem Weg der Jugendlichen zur Selbstidentifikation. Da es eh nicht geändert werden kann, sollte man sich gar nicht darüber Gedanken machen und was das Anmalen von Körperteilen angeht, wenn es den Schülern Spaß macht, lasst sie doch. Dass die Stifte ungesund sind, sollten sie eigentlich wissen.

Quelle: Komentar zu M2 (s.o.) von „Schmisi" am 21. Oktober 2007 (Rechtschreibung angepasst)

Online Link
065630-0102

Arbeitsvorschläge

1. Untersuchen Sie den Songtext M1 daraufhin, welche Erwartungen an den Sohn zum Ausdruck gebracht werden.

2. Kommen Ihnen diese Erwartungen bekannt vor? Notieren Sie Erwartungen, mit denen Sie sich im Alltag konfrontiert sehen. Tauschen Sie sich darüber aus.

3. Eine Schülerin kommentiert den Song der Ärzte: „Dem Erwachsenen geht es doch nur um sich selbst und nicht um seinen Sohn." Nehmen Sie Stellung zu der Aussage der Schülerin. Begründen Sie Ihre Meinung und belegen Sie Ihre Ausführungen am Text.

4. Formulieren Sie die an Sie gestellten Erwartungen um: ... aus der Sicht von Mitschülern/innen ... aus der Sicht der Schule ... aus der Sicht der Freunde ... .

5. In M2 äußert sich ein Lehrer im Weblog der Schule zum Song der Ärzte, aber auch allgemein zum Verhalten der Jugendlichen und möglichen Reaktionen Erwachsener. Dazu gibt es einige Kommentare, u.a. den von „Schmisi" (M3). Wem stimmen Sie eher zu? Formulieren Sie einen eigenen Kommentar.

6. Untersuchen Sie Ihre eigenen Lieblingsbands und -lieder danach, ob ähnliche Themen in den Songs aufgegriffen werden.

1 Die Gesellschaft – eine ärgerliche Tatsache?!

Der Homo Sociologicus – Das Modell des Rollenhandelns

Ralf Dahrendorf

Miniglossar

Sanktionen
positive (Belohnungen) oder negative (Strafen) Reaktionen auf Verhaltensweisen

M1 Ralf Dahrendorf – Der „Homo Sociologicus"

Lord Ralf Dahrendorf (1929–2009) gilt als einer der wichtigsten Vertreter einer liberalen Gesellschafts- und Staatstheorie der jüngeren Vergangenheit.

Nehmen wir an, wir seien auf einer Gesellschaft, auf der uns ein bisher unbekannter Herr Dr. Hans Schmidt vorgestellt wird. Wir sind neugierig, mehr über diesen neuen Bekannten zu erfahren. Wer ist Herr Schmidt? Einige Antworten auf diese Fragen können wir unmittelbar sehen: Hans Schmidt ist (1) ein Mann, und zwar (2) ein erwachsener Mann von etwa 35 Jahren. [...] Anderes wissen wir aus der Situation aus der Vorstellung: Hans Schmidt ist (4) Staatsbürger, er ist (5) Deutscher, (6) Bewohner der Mittelstadt X, und er trägt den Doktortitel, ist also (7) Akademiker. Alles weitere aber müssen wir von gemeinsamen Bekannten erfragen, die uns erzählen mögen, dass Herr Schmidt (8) von Beruf Studienrat ist, (9) zwei Kinder hat, also Vater ist, (10) als Protestant in der vorwiegend katholischen Bevölkerung von X einige Schwierigkeiten hat [und sich ...] als Schatzmeister des Fußballclubs der Stadt bald einen guten Namen zu verschaffen wusste. [...] Wir haben das Gefühl, dass Herr Schmidt uns nunmehr kein Unbekannter mehr ist. Was berechtigt uns zu diesem Gefühl? [...] Unsere Informationen über Herrn Schmidt beziehen sich sämtlich auf gewisse Stellungen, die er innehat. [...] Der Terminus soziale Position bezeichnet jeden Ort in einem Feld sozialer Beziehungen [...]. Positionen sind etwas prinzipiell unabhängig vom Einzelnen Denkbares. [...].

Es gibt manches, das wir aus den Positionen des Herrn Schmidt mit aller Kenntnis und Phantasie nicht ablesen können. Ob er ein guter oder ein schlechter Lehrer, ein strenger oder ein milder Vater ist, ob er mit den Konflikten seiner Gefühle fertig wird oder nicht [...]; all dies und vieles andere verraten uns weder seine Position noch das, was wir aus ihnen erschließen mögen. [...]

Doch bedarf es für uns keines weiteren Fragens, um herauszufinden, was Herr Schmidt tut oder zumindest, was er tun sollte und daher wahrscheinlich tut, wenn er seine zahlreichen Positionen wahrnimmt. [...] Zu jeder Stellung, die ein Mensch einnimmt, gehören gewisse Verhaltensweisen, die man von dem Träger dieser Position erwartet; zu allem, was er ist, gehören Dinge, die er zu tun hat; zu jeder sozialen Position gehört eine soziale Rolle. [...] Durch Positionen und Rollen werden die beiden Tatsachen des Einzelnen und der Gesellschaft vermittelt; dieses Begriffspaar bezeichnet homo sociologicus, den Menschen der Soziologie, und es bildet daher das Element soziologischer Analyse. Von den beiden Begriffen der Position und der Rolle ist der der Rolle bei weitem der wichtigere; die Unterscheidung beider ist dennoch nützlich. Während Positionen nur Orte in Bezugsfeldern bezeichnen, gibt die Rolle uns die Art der Beziehungen zwischen den Trägern von Positionen und denen anderer Positionen desselben Feldes an. Soziale Rollen bezeichnen Ansprüche der Gesellschaft an die Träger von Positionen, die von zweierlei Art sein können: einmal Ansprüche an das Verhalten der Träger von Positionen (Rollenverhalten), zum anderen Ansprüche an sein Aussehen und seinen „Charakter" (Rollenattribute). Weil Herr Schmidt Studienrat ist, sind von ihm gewisse Attribute und ein gewisses Verhalten verlangt; das gleiche gilt für jede seiner 15 Positionen. Obwohl die soziale Rolle, die zu einer Position gehört, uns nicht verraten kann, wie ein Träger dieser Position sich tatsächlich verhält, wissen wir doch, wenn wir mit der Gesellschaft, die diese Rolle definiert, vertraut sind, was von ihrem Spieler erwartet wird. [...]

Wie Positionen sind auch Rollen prinzipiell unabhängig von einzelnen denkbar. Die vom Vater, Studienrat, Parteifunktionär und Skatspieler erwarteten Verhaltensweisen und Attribute lassen sich formulieren, ohne dass wir an einen bestimmten Vater, Studienrat, Parteifunktionär und Skatspieler denken. Mit den Positionen entfallen auf jeden Einzelnen viele soziale Rollen, deren jede der Möglichkeit nach eine Mehrzahl von Rollensegmenten umschließt. Die Erwartungen, die sich an den Spieler der sozialen Rolle „Studienrat" knüpfen, lassen sich aufgliedern in Erwartungen im Hinblick auf die Beziehung „Studienrat-Schüler", „Studienrat-Eltern" usw. Insofern ist jede einzelne Rolle ein Komplex oder eine Gruppe von Verhaltenserwartungen. [...] Drei Merkmale vor allem bezeichnen die Kategorie der sozialen Rolle als Element soziologischer Analyse: (1) Soziale Rollen sind gleich Positionen quasi-objektiver, vom Einzelnen prinzipiell unabhängiger Komplexe von Verhaltensvorschriften. (2) Ihr besonderer Inhalt wird nicht von irgendeinem Einzelnen, sondern von der Gesellschaft bestimmt und verändert. (3) Die in Rollen gebündelten Verhaltenserwartungen begegnen dem Einzelnen mit einer gewissen Verbindlichkeit des Anspruches, so dass er sich ihnen nicht ohne Schaden entziehen kann.[...] Dieser Charakter von Rollenerwartungen beruht darauf, dass die Gesellschaft Sanktionen zur Verfügung hat, mit deren Hilfe sie die Vorschriften zu erzwingen vermag. Wer seine Rolle nicht spielt, wird bestraft; wer sie spielt wird belohnt, zumindest aber nicht bestraft.

Quelle: Dahrendorf, Ralf: Homo Sociologicus, 16. Auflage, Wiesbaden 2006, S. 33ff. [Original 1958]

M2 Die Verbindlichkeit von Rollenerwartungen

Das Wirken von Sanktionen lässt sich besonders einleuchtend an Rollenerwartungen demonstrieren, über deren Einhaltung die Macht des Gesetzes und der Rechtsinstitutionen wacht. Die meisten Rollen enthalten solche Elemente, solche Muss-Erwartungen [...], denen wir uns nur auf die Gefahr gerichtlicher Verfolgung hin entziehen können. [...] Als Studienrat ist von ihm (Herrn Schmidt) erwartet, zumindest seine älteren Schüler ohne den Gebrauch des Rohrstocks zu erziehen. [...] Zugleich sind diese Muss-Vorschriften gewissermaßen der harte Kern jeder sozialen Rolle; [...]. Außer Muss-Erwartungen kennen die meisten sozialen Rollen gewisse Soll-Erwartungen, deren erzwingbare Verbindlichkeit kaum geringer ist als die der Muss-Erwartungen. Auch bei Soll-Erwartungen überwiegen negative Sanktionen, obwohl derjenige, der ihnen stets pünktlich nachkommt, der Sympathie seiner Mitmenschen sicher sein kann: er „verhält sich vorbildlich", tut immer das Richtige", auf ihn „ist Verlass". Dagegen darf derjenige sich vor allem positive Sanktionen erhoffen, der einer dritten Gruppe von Rollenerwartungen nachkommt, den Kann-Erwartungen. Wenn Herr Schmidt [...] als Studienrat freiwillig ein Schulorchester leitet oder als Vater seinen Kindern jede freie Minute schenkt, dann tut er, wie wir sagen, „ein Übriges" und erwirbt sich damit die Schätzung seiner Mitmenschen.

Quelle: Dahrendorf, Ralf: Homo Sociologicus, 16. Auflage, Wiesbaden 2006, S. 42–44

Arbeitsvorschläge

1. Erarbeiten Sie die in der Marginalspalte aufgeführten Schlüsselbegriffe der Rollentheorie Dahrendorfs (M1 und M2) so gründlich, dass Sie sie mit eigenen Worten allgemein und an einem selbst gewählten Beispiel erklären können.

Ein Vorschlag zur Arbeitsweise (mit der Struktur-Lege-Technik):
– Lesen Sie die beiden Texte zunächst gründlich und machen Sie sich Notizen zu den Schlüsselbegriffen.
– Vergleichen Sie in Partnerarbeit Ihre Notizen und klären Sie offene Fragen.
– Übertragen Sie das Konzept des Rollenhandelns auf Ihre eigene Person und erläutern Sie die Schlüsselbegriffe an Beispielen, die Ihre Person betreffen, d.h.: Welche Positionen haben Sie? Welche Rollen? Welche Erwartungen werden von wem an Sie herangetragen? Sind es Muss-, Soll- oder Kann-Erwartungen? etc.
– Übertragen Sie die Schlüsselbegriffe auf Kärtchen und bringen Sie sie optisch in eine Anordnung, die die Beziehung der Begriffe deutlich macht. Vergleichen Sie in Gruppenarbeit Ihre Ergebnisse und einigen Sie sich auf eine Struktur.

Schlüsselbegriffe

Bezugsfelder
Erwartungen
homo sociologicus
Kann-Erwartung
Muss-Erwartung
Soziale Position
Soziale Rolle
Rollenattribute
Rollensegmente
Rollenverhalten
Sanktion
Soll-Erwartung
quasi objektiv
Verbindlichkeit
von der Gesellschaft bestimmt

Louis van Gaal

M3 „Meine Töchter müssen mich siezen"

FC-Bayern-Trainer Louis van Gaal (2009–2011) im Interview mit der Süddeutschen Zeitung

SZ: Ihre Vorliebe für Regeln ist Ihnen offenbar anerzogen worden. Stimmt es, dass Sie zuhause Ihre Mutter siezen mussten?

van Gaal: Ja, das war damals in Holland üblich. Und ich will das noch heute von meinen eigenen Töchtern.

SZ: Ihre Töchter siezen Sie?

van Gaal: Ja. Ich finde es gut, wenn ein Abstand da ist. Ich bin der Freund meiner Kinder und sie lieben mich. Aber ich bin eine andere Generation, das müssen sie wissen. Meine jüngere Tochter (31 Jahre; d. Red.) hatte mit dem Siezen nie ein Problem, meine ältere schon. Jetzt ist sie 33 – und sie versucht selbst das Siezen! […]

SZ: Einer Ihrer Leitsätze lautet: „Respekt ist die Basis für alles".

van Gaal: Das ist so. Ich habe selbst Probleme, ältere Menschen zu duzen.

Quelle: Süddeutsche Zeitung, 14.08.2009

M4 Hart oder weich?

Als Bayern München am Ende der Bundesliga-Saison 2006/2007 in eine Krise geraten war, beklagte sich der damalige Trainer Ottmar Hitzfeld darüber, dass Oliver Kahn nicht mehr „der Aggressiv-Leader" sein wolle, sondern nur „eine väterliche Rolle" spiele. Das fand Hitzfeld fatal. Dieser „Vater" war offenbar allzu gütig, er hatte etwas von einem „Weichei".

Als Brad Pitt, der immerhin in den Jahren 1995 und 2000 von der Zeitschrift »People« zum „sexiest man alive" gekürt worden war, immer öfter in schlabberiger Kleidung mit Nachwuchs auf dem Arm gesichtet wurde, sagte Karl Lagerfeld: „Brad Pitt ist okay – aber der spielt leider nur noch Kindermädchen. Diese neuen Väter sind das Schlimmste, was es gibt" – und zwar deshalb, so Lagerfeld, weil sie ihre Kleidung und ihre Karriere „vernachlässigen". (Als hätte Pitts Freundin Angelina Jolie die Vorwärtsverteidigung nötig, erteilte sie kürzlich die Auskunft: „Brad so mit den Kindern zu sehen ist heiß … Es gibt nichts Schärferes als einen guten Vater.")

Kurz vor seiner Wahl zum französischen Präsidenten hielt Nicolas Sarkozy eine große Rede in Paris-Bercy, in der er dazu aufrief, das „Erbe der 68er zu liquidieren", die den „Hass auf die Familie geschürt" und alle Autorität demontiert hätten. Bei anderer Gelegenheit sagte er: „Von nun an müssen wir die Staatsgeschäfte so führen, wie dies ein Familienvater tun würde."

Von verschiedenen Vätern ist hier die Rede. […] Die Konfusion, die in den verschiedenen Lesarten von Vaterschaft zum Ausdruck kommt, nehme ich als Zeichen für eine Krise des Vaterbildes. Diese Krise ist kein Modethema, sie begleitet die moderne Gesellschaft von Beginn an. Man kann sogar sagen, dass sich die Entwicklung dieser Gesellschaft geradewegs anhand der Geschichte der Väter erzählen lässt.

Thomä, Dieter: Väter – Eine moderne Heldengeschichte, München 2008, S. 8 f.

M5 Mutterbilder?

M6 Rollenkonflikte

Heute unterscheidet man in der soziologischen Rollentheorie zwischen einem Intra- und einem Interrollenkonflikt.
- Beim Intrarollenkonflikt geht es um widersprüchliche Erwartungen, die verschiedene Bezugsgruppen an ein und dieselbe Rolle eines Statusinhabers richten,
- beim Interrollenkonflikt um widersprüchliche Erwartungen, die an seine verschiedenen Rollen gerichtet werden.

Ein Beispiel für einen Intra-Rollenkonflikt wäre der Lehrer, der aus pädagogischen Gründen in den Klassen 3–4 keine Noten geben will, damit aber in Widerspruch zu seinem Rektor, seinen Kollegen, ja sogar zu den meisten Schülern und ihren Eltern gerät. Ein Beispiel für einen Inter-Rollenkonflikt wäre das Mädchen, das mitten im Abitur steckt, als Mitglied der Volleyballmannschaft an einem Trainingslager teilnehmen möchte und als Lieblingsenkelin zum Familienfest der Großmutter in eine andere Stadt eingeladen ist.

Quelle: Abels, Heinz: Einführung in die Soziologie, Band 2: Die Individuen in ihrer Gesellschaft, 3. Auflage, Wiesbaden 2007, S. 115

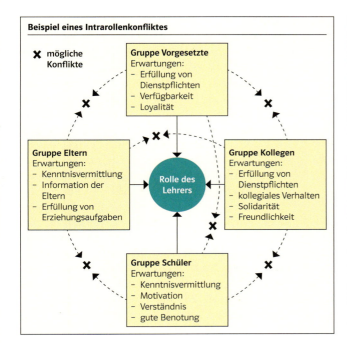

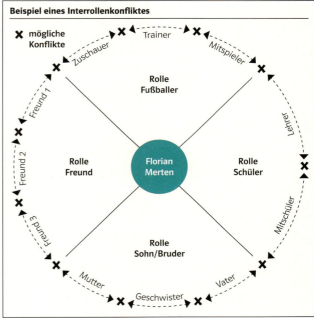

Arbeitsvorschläge

1. Analysieren Sie die in M3–M5 dargestellten Vaterbilder und Mutterbilder unter rollentheoretischen Gesichtspunkten (Erwartungen, Rollensegmente, Verbindlichkeit).

2. „Mit jeder Position gibt die Gesellschaft ihm [dem Menschen] eine Rolle in die Hand, die er zu spielen hat." Nehmen Sie unter Berücksichtigung Ihrer Ergebnisse zu diesem Dahrendorf-Zitat von 1958 Stellung.

3. Erläutern Sie die Konflikthaftigkeit von Rollenerwartungen (M6) an eigenen Beispielen.

4. Erstellen Sie für sich selbst und ihren Lebensalltag ebenfalls Schaubilder zu Intra- und Interrollenkonflikten.

5. Analysieren Sie die auf den bisherigen Seiten dargestellten Beispiele („Junge" S. 12, M3–M5) im Hinblick auf offensichtliche oder denkbare Rollenkonflikte.

6. Entwickeln Sie Beispiele für Intra- und Interrollenkonflikte und lassen Sie die Beispiele von Ihren Mitschülern und Mitschülerinnen analysieren.

1 Die Gesellschaft – eine ärgerliche Tatsache?!

Der Mensch – NUR eine Marionette? Der symbolische Interaktionismus

Miniglossar

Friedrich Tenbruck (1919–1994)
war ein deutscher Soziologe und scharfer Kritiker des Strukturfunktionalismus.

internalisiert
verinnerlicht

Begriff

Der Begriff **Symbolischer Interaktionismus** (SI) wurde vom amerikanischen Soziologen Herbert Blumer geprägt. Ausgangspunkt ist die Vorstellung eines aktiven, bewusst handelnden Individuums, das durch seine Handlungen unter Verwendung von Symbolen (Sprache, Tonfall, Mimik, Körpersprache) auf seine soziale Umwelt reagiert und einwirkt. Das Erkenntnisinteresse des SI ist ausgerichtet auf die Möglichkeiten des Individuums in der Gesellschaft. In Deutschland sind vor allem Hans-Peter Dreitzel, Jürgen Habermas und Lothar Krappmann Vertreter des SI.

M1 Puppe oder Spieler?

In ihrem Weblog „Kunst und Philosophie" formuliert Inanna (geb. 1986) im Oktober 2008 ihre Gedanken über das Leben in der Gesellschaft.

Es sind keine Gesetze, die fest auf Papier geschrieben sind. Dennoch existieren auf jeden Fall unsichtbare Erwartungen […]. Die Frage ist, warum wir uns immer wieder anpassen, uns teilweise sogar selber unmündig machen, um den lieben Frieden zu erhalten. Wir haben Angst ausgegrenzt zu werden, nicht mehr geliebt zu werden, nicht mehr Teil zu sein. […] Letztendlich leben wir durch Anpassung sehr viel fremdbestimmter als wir eigentlich wollen und zugeben.

Quelle: http://inanna.tonkino.de/category/allgemein vom 16.10.2008 (Rechtschreibung angepasst) [Zugriff: 15.11.2008]

M2 Rolle und Identifikation

Friedrich Tenbruck hat Dahrendorfs Rezeption der Rollentheorie in einem einflussreichen Artikel (1961) kritisiert und aufgezeigt, wie die strikte Gegenüberstellung von Individuum und Gesellschaft in einem weiter gefassten Ansatz überwunden werden kann. […] Die Persönlichkeit des Positionsinhabers lässt sich nach Tenbruck nicht auf internalisierte Verhaltensnormen reduzieren. Jede Rolle ist eine grobe Verhaltensvorschrift, die erst durch die Gestaltung des Rolleninhabers zu sozialem Handeln wird. Das individuelle Rollspiel lässt sich nicht aus äußeren Sanktionen oder verinnerlichten Normen erklären, sondern basiert auf der Identifikation des Trägers mit seiner Rolle. Dieses Engagement öffnet dem Rollenträger neue Handlungsmöglichkeiten und Freiraum für Spontaneität.

Quelle: Bernhard Miebach: Soziologische Handlungstheorie, 3. Auflage, Wiesbaden 2010, S. 51

M3 Rollenhandeln aus Sicht der interaktionistischen Rollentheorie

Als Subjekt steht man dauernd vor der Aufgabe, die Erwartungen, die die anderen auf das eigene Rollenverhalten richten, aktiv zu interpretieren. Die Normen und Erwartungen sind nie so recht eindeutig. Sie sind oftmals auch sehr widersprüchlich. Die einen wollen Hü, die andern wollen Hott. Da muss man abwägen und ausgleichen. Man muss sogar bei der Beziehung zu einem anderen an die Erwartungen von Leuten denken […], die in der aktuellen Situation gar nicht anwesend sind. Hinzu kommt, dass man für sein Gegenüber selbst ein „bedeutsamer Anderer" ist und daher seine eigenen Absichten, Erwartungen, Einschätzungen verdeutlichen muss. In vielen Fällen muss man auch darauf achten, dass der Gegenüber nicht die blanke Anpassung an seine Erwartungen erwartet, sondern eine „differenzierte" Reaktion – oder sogar Widerstand. Kurz: Als Selbst, als selbständiges Subjekt vollziehen wir einen ständigen Balanceakt angesichts unklarer, widersprüchlicher, ständig im Fluss befindlicher Erwartungen anderer.

Quelle: Arbeitsgruppe Soziologie: Denkweisen und Grundbegriffe der Soziologie, 15. Auflage, Frankfurt 2004 (1978), S. 60

VT

Unbestreitbar ist unser „Ich" in vielfacher Hinsicht von unserer Umwelt, ihren Erwartungen und damit verbundenen Sanktionen bestimmt. Doch wie weit geht diese Bestimmtheit? Sind wir nur Marionetten unserer Umwelt? Der Symbolische Interaktionismus bezweifelt das. Er stellt das Handeln der Einzelnen in ihren Rollen in den Mittelpunkt. Was müssen wir leisten, um eine Rolle auszufüllen? Und welche Freiräume ergeben sich daraus für uns?

M4 Qualifikationen für das Rollenhandeln

*Der Soziologe Lothar Krappmann (*1936) nennt in seinem soziologischen Standardwerk „Soziologische Dimensionen der Identität" (1969) vor allem vier Bedingungen der Identitätsentwicklung*

Da ist zunächst die Fähigkeit, Rollenerwartungen bis zu einem gewissen Maße in Frage zu stellen. Krappmann nennt diese Fähigkeit [...] Rollendistanz.

Die zweite Fähigkeit besteht darin, sich in die Situation des Partners hineinzuversetzen, ihn von seinem Standpunkt aus zu verstehen. Das wird als Empathie bezeichnet. [...]

Drittens muss man auch aushalten können, dass Rollen zweideutig sind und die Motivationsstrukturen einander widerstreben, weshalb auch nicht alle Bedürfnisse in einer Situation befriedigt werden können. Krappmann bezeichnet diese Fähigkeit als Ambiguitätstoleranz (von lat. „zweideutig").

Schließlich muss man auch zeigen, wer man ist, was impliziert, dass man ein persönliches Profil sowohl gegenüber den Normalitätserwartungen der anderen als auch in der Kontinuität der eigenen Biographie zeigt. Diese Fähigkeit wird als Identitätsdarstellung bezeichnet.

Quelle: Krappmann, Lothar: Soziologische Dimensionen der Identität. Strukturelle Bedingungen für die Teilnahme an Interaktionsprozessen, Klett 1969, Zit. nach: Abels Heinz: Einführung in die Soziologie, Band 2, 4. Auflage, Wiesbaden 2009, S. 378

M5 Die Absage

Anna mailt mir und ist sauer. „Jetzt habe ich eine Woche Karten studiert und mir extra das neue GPS von Maxi geliehen, weil wir zusammen zum Wandern wollten und da schickst du mir eine sms, dass du nicht mitkommen kannst, weil ihr am Freitagnachmittag eine Infoveranstaltung in der Schule habt. Ich kann ja verstehen, dass du nicht einfach wegbleiben kannst, aber ich habe mir extra den Termin freigehalten und die Shoppingtour mit Lisa abgesagt. Sag doch einfach, du wärst krank!"
Ich kann mir natürlich gut vorstellen, dass sie nicht sehr glücklich über meine sms war. Andererseits sage ich erstens nicht gerne, dass ich krank bin, wenn es nicht stimmt, und zweitens werden in dieser Infoveranstaltung Dinge besprochen, die fürs Abi wichtig sind. Ich antworte also: „Ich kann dich ja verstehen, aber ich wusste noch nichts von der Veranstaltung, als wir uns verabredet haben. Ich möchte das aber nicht versäumen, das musst du verstehen, es ist schließlich total wichtig. Du hast sicher recht, wenn du jetzt enttäuscht bist, aber ich erwarte von einer Freundin auch Verständnis dafür, dass ich das nicht einfach verpassen kann. Ich schlage vor, dass wir erst später oder am Samstag starten.

Autorentext auf Grundlage von Göttmann, Hans, www.stk.tu-darmstadt.de/edaf/sowi/rollentheorie.pdf vom 01.12.2007 [Zugriff: 14.04.2011]

Online Link
065630-0103

Arbeitsvorschläge

1. Analysieren Sie den Weblog-Eintrag M1: Welches Verständnis von Rollen und Normen bringt Inanna zum Ausdruck? Beurteilen Sie ihre Einschätzung.

2. Charakterisieren Sie das Rollenhandeln im interaktionistischen Rollenkonzept (M2). Welche Unterschiede zu Dahrendorfs Rollenverständnis werden sichtbar?

3. Verdeutlichen Sie das interaktionistische Rollenhandeln (M3) an eigenen Beispielen.

4. Erläutern Sie in eigenen Worten die Grundqualifikationen des Rollenhandelns (M4).

5. Analysieren Sie M5 unter folgenden Aspekten: Wo zeigen sich Inter-/Intrarollenkonflikte? An welchen Stellen zeigen sich Rollendistanz, Empathie, Ambiguitätstoleranz und Identitätsdarstellung?

6. Formulieren Sie aus Sicht eines Vertreters des interaktionistischen Rollenkonzepts einen Kommentar zu Inannas Eintrag (M1).

7. Ergänzen Sie das Literaturbeispiel im Online Link um weitere mögliche Gedanken von Romeo und Julia, die die Qualifikationen für das Rollenhandeln verdeutlichen.

Miniglossar

Dilemma = Zwickmühle = eine Situation mit zwei Wahlmöglichkeiten, die beide zu nicht erwünschten Ergebnissen führen.

M6 Das öffentliche Selbst

Wer denkt, dass es im Internet weniger Mühe kostet, interessant zu wirken, als in der Realität, hat sich getäuscht. Die Selbstdarstellung im Internet ist wie das Schreiben eines Briefes, in dem man gleichzeitig ungezwungen und tiefgründig sein will – unglaublich schwierig. Das Problem ist, dass man in alles etwas hinein interpretieren kann: In das detaillierte Hinschreiben seiner Hobbies und Vorlieben ebenso wie in das Nicht-Hinschreiben. Alles scheint ein Hinweis auf den Charakter zu sein. Man macht hundert Bilder von sich selbst, um Kommentare zu erhalten wie „boa wie kann man so hüpsch sein?" oder „wundertolliq". Um diese bettelt man, indem man „neue pics, kommis pls!" (übersetzt: „Neue Bilder, Kommentare bitte!") in seine Statusnachricht schreibt. Und versucht, sein ganzes Leben in die wenigen Zeilen dieser Statusnachricht zu quetschen.

Quelle: Surisn, Julia (16), www.tagesspiegel.de/weltspiegel/werbinich/hallo-ist-da-wer/1461938.html vom 27.02.2009 [Zugriff: 14.04.2011]

M7 Dimensionen der Identität

Wir alle treten in verschiedenen Situationen in unterschiedlicher Weise auf. Wir verhalten uns kooperationsbereit und nachgiebig unter unseren Arbeitskollegen, pochen dagegen hartnäckig auf unser Recht, wenn unser Wagen in der Werkstatt unsachgemäß repariert wurde. Geduldig gehen wir auf unsere Kinder ein, wenn uns fremde längst lästig wären. [...]
Gespräche und gemeinsames Handeln sind nur möglich, wenn wir uns auf unsere Partner einstellen. Aber dies findet dort eine Grenze, wo nicht mehr zu erkennen ist, wofür wir denn „wirklich" eintreten. [...]
Obwohl also gemeinsames Handeln und Kommunikation auf der einen Seite voraussetzen, dass die Partner sich in Handlungsorientierungen und Sprache einander angleichen, muss jeder auf der anderen Seite doch zugleich verdeutlichen, „wer er ist" [...]. Das Individuum steckt folglich in einem Dilemma: Wie soll es sich den anderen präsentieren, wenn es einerseits auf seine verschiedenartigen Partner eingehen muss, um mit ihnen zu kommunizieren und handeln zu können, andererseits sich in seiner Besonderheit darzustellen hat, um als dasselbe auch in verschiedenen Situationen erkennbar zu sein?
Wir brauchen nämlich auch für die besondere Individualität, in der wir uns präsentieren wollen, die Zustimmung unserer Handlungs- und Gesprächspartner: Sie entwerfen Vorstellungen über uns, die wir nicht unberücksichtigt lassen können. Wer gegen allgemein geteilte Vorstellungen, wie er sich als Angehöriger bestimmter Personengruppen zu verhalten hat, wiederholt verstößt, läuft Gefahr, in seiner individuellen Besonderheit nicht akzeptiert zu werden. [...] Auch hier stellt sich also eine in sich widersprüchliche Aufgabe: Wie vermag sich der Einzelne als ein besonderes, von anderen zu unterscheidendes Individuum mit einer einmaligen Biografie und ihm eigentümlichen Bedürfnissen darzustellen, wenn er sich den angesonnenen Erwartungen, die ihn von vornherein typisierend festzulegen versuchen, nicht ungestraft entziehen kann?
Die vom Individuum für die Beteiligung an Kommunikation und gemeinsamem Handeln zu erbringende Leistung soll hier mit der Kategorie der Identität bezeichnet werden. Damit das Individuum mit anderen in Beziehung treten kann, muss es sich in seiner Identität präsentieren; durch sie zeigt es, wer es ist. Diese Identität interpretiert das Individuum im Hinblick auf die aktuelle Situation und unter Berücksichtigung des Erwartungshorizontes seiner Partner. Identität ist nicht mit einem starren Selbstbild, das das Individuum für sich entworfen hat, zu verwechseln; vielmehr stellt sie eine immer wieder neue Verknüpfung früherer und anderer Interaktionsbeteiligungen des Individuums mit den Erwartungen und Bedürfnissen, die in der aktuellen Situation auftreten, dar. [...]
Diese Identität [...] zeigt auf, auf welche besondere Weise das Individuum in verschiedenartigen Situationen eine Balance gehalten hat zwischen widersprüchlichen Erwartungen, zwischen den Anforderungen der anderen und eigenen Bedürfnissen sowie zwischen dem Verlangen nach Darstellung dessen, worin es sich von anderen unterscheidet, und der Notwendigkeit, die Anerkennung der anderen für seine Identität zu finden.

Quelle: Krappmann, Lothar: Soziologische Dimensionen der Identität, Stuttgart 1982, S. 7–9

M8 Ich-Identität als Balanceakt

[Die] Erwartungen, mit denen sich das Individuum bei seiner Selbst-Präsentation in Interaktion auseinanderzusetzen hat, [lassen sich] in zwei Dimensionen ordnen: die vertikale Zeitdimension, in der die Ereignisse im Leben eines Individuums zu einer „personal identity" zusammengefasst werden, und die horizontale Dimension, in der die zu einem gewissen Zeitpunkt nebeneinander aktualisierbaren Rollen zu einer „social identity" vereinigt werden. Beides sind von den anderen zugeschriebene, nicht selbst entworfene Identitäten. Sie stehen zueinander im Widerstreit, denn in der biografischen Dimension der „personal identity" wird vom Individuum verlangt, zu sein wie kein anderer. In der horizontalen Dimension der „social identity" dagegen wird das Individuum betrachtet, als ob es mit den vorgegebenen Normen voll zur Deckung zu bringen sei. In dieser Dimension wird ihm folglich zugeschrieben, zu sein wie alle anderen.

Diese sich ausschließenden Anforderungen verlangen dennoch sämtlich Berücksichtigung. Zwischen ihnen zu balancieren, ist die Leistung des Individuums, die als Ich-Identität bezeichnet werden soll. Eine gelungene Identitätsbalance bewirkt, dass das Individuum einerseits trotz der ihm angesonnenen Einzigartigkeit sich nicht durch Isolierung aus der Kommunikation und Interaktion mit den anderen ausschließen lässt und andererseits sich nicht unter die für es bereit gehaltenen sozialen Erwartungen in einer Weise subsumieren lässt, die es ihm unmöglich macht, seine eigenen [Bedürfnisse] in die Interaktion einzubringen. Das Individuum verhält sich daher einerseits, „als ob" es einzigartig, und andererseits, „als ob" es wie alle anderen wäre.

Quelle: Krappmann, Lothar: Neuere Rollenkonzepte als Erklärungsmöglichkeit für Sozialisationsprozesse, in: Auwärter, Manfred u.a. (Hrsg.): Seminar: Kommunikation, Interaktion, Identität. Frankfurt 1976, S. 316f.

Soziale Identität: Versuch, normierten Erwartungen anderer zu entsprechen, nicht aufzufallen, ununterscheidbar zu sein, den Zusammenhalt mit anderen nicht durch Extravaganzen zu gefährden

Persönliche Identität: Versuch, unverwechselbar ich selbst zu sein, mich von anderen zu unterscheiden, meinen eigenen Bedürfnissen zu entsprechen, eine persönliche Linie durchzuhalten

Morgen — Heute — Gestern

Miniglossar

subsumieren etwas unter einem Oberbegriff zusammenfassen, unterordnen

Online Link 065630-0104

Arbeitsvorschläge

1. Erläutern Sie die in M6 dargestellte Problematik der Selbstdarstellung in sozialen Netzwerken im Internet (Communities, Foren etc.).

2. Nehmen Sie auf Basis Ihrer eigenen Erfahrungen Stellung zu dem Artikel. Formulieren Sie einen Leserbrief.

3. Erarbeiten Sie das Konzept der Ich-Identität nach Krappmann (M7 und M8) so gründlich, dass Sie es mit eigenen Worten allgemein und an einem selbst gewählten Beispiel erklären können.
Ein Vorschlag zur Arbeitsweise (reziprokes Lernen/wechselseitiges Paraphrasieren)
– Partnerarbeit: Jeder liest zunächst leise für sich den ersten Textabschnitt.
– Einer der beiden (A) fasst nun den Inhalt des Abschnittes zusammen und erklärt ihn dem Partner (B). Dieser kommentiert, korrigiert oder fragt nach. Gemeinsam werden offene Fragen gelöst.
– Jeder liest den nächsten Abschnitt.
– Mit vertauschten Rollen fasst nun B den Inhalt zusammen … und so weiter …

4. Erläutern Sie, inwiefern die Abbildung eine gute Visualisierung des Konzeptes ist.

5. Beschreiben Sie eigene Beispiele für den geforderten Balanceakt. Erläutern Sie, warum Ich-Identität als Balanceakt eine schwierige, anspruchsvolle Aufgabe darstellt.

6. Erörtern Sie die Frage, ob eine Balance in jeder einzelnen Lebenssituation nötig ist.

7. Erläutern Sie: Wovon hängt es ab, ob der geforderte Balanceakt gelingt?

8. Analysieren Sie das Fallbeispiel in M6 unter Verwendung der Begrifflichkeiten des Konzeptes der Ich-Identität nach Krappmann.

1 Die Gesellschaft – eine ärgerliche Tatsache?!

Identität + Internet = virtuelle Identität?

M1 Hi Sungirl!

Hi, ich bin George66 … ich höre auch Rihanna … Twilight hab ich auch gesehen … meine Eltern sind auch geschieden, ich weiß, wie du dich fühlst …

Quelle: „Masken", Videoclip der Jugendkampagne "watch your web", www.youtube.com/watchyourweb vom 22.02.2011 [Zugriff: 14.04.2011]

Begriff

Web 2.0, soziale Netzwerke & Co.
Die Begrifflichkeiten zur Charakterisierung des „Mitmach-Internet" sind nicht einheitlich. Interaktive Möglichkeiten und Elemente im Internet werden häufig mit den Begriffen Web 2.0 oder Social Media/Social Web umrissen. Hier ist es in der Regel den Nutzern möglich, eigene Profile zu erstellen, Freundeslisten anzulegen, Links zu setzen, Bilder einzustellen und z. T. auch eigene Blogs zu führen. Die Kommunikation erfolgt über öffentliche Threads, private Nachrichten, Kommentare, Pinboardeinträge etc.

M2 Studie „Heranwachsen mit dem Social Web" – zwei Berichte

a) Ich chatte, also bin ich

Sie surfen und chatten, laden Videos bei YouTube hoch, kommunizieren über ICQ und nutzen zur Vorbereitung für die Hausarbeit Wikipedia. Mehrere Stunden pro Tag sind viele der sogenannten „Digital Natives" online. Galt einst beim Philosophen René Descartes die Einsicht: Ich denke, also bin ich, so gilt für die Generation Internet: Ich chatte, also bin ich.
Eine Forschergruppe des Hamburger Hans-Bredow-Instituts hat die Mediennutzung der „Digital Natives" jetzt genau analysiert. Im Fokus der empirischen Untersuchungen waren jene zwölf bis 24 Jahre alten Jugendlichen und Erwachsenen, die gleichsam mit den digitalen Medien aufgewachsen sind. […] „Mehr als 85 Prozent nutzen es mindestens mehrmals pro Woche", heißt es in der Studie. Bei den Internet-Aktivitäten spielen die Angebote des Social Web eine maßgebliche Rolle: Jeweils 69 Prozent der Befragten organisieren mehrmals pro Woche ihre sozialen Kontakte über Instant-Messaging-Dienste wie MSN und ICQ; ebenso viele besuchen die einschlägigen Netzwerkplattformen. Die beliebtesten Social-Web-Seiten sind SchülerVZ, YouTube, Wikipedia und Facebook. Die in der Gesamtgruppe meistgenutzten Angebote des Social Web sind YouTube (89 Prozent der Nutzer) sowie Wikipedia (85 Prozent). Zum Forscherteam gehört der promovierte Soziologe Jan-Hinrik Schmidt. […] Das zentrale Ergebnis der me-

VT

Medien und ihre Nutzung bieten eine große Fülle von interessanten Aspekten. Forschungsergebnisse sind jedoch nicht selten umstritten, zumal die hohe Entwicklungsgeschwindigkeit rund um das Internet die Gültigkeit der Aussagen begrenzt.
Für diesen Abschnitt ist daher eine klare Schwerpunktsetzung notwendig. Soziologisch interessant, aber hier nicht thematisiert werden etwa folgende Fragestellungen: Wie stellt sich die Nutzerstruktur verschiedener Medien dar? Können alle Personengruppen gleichermaßen am Potenzial aller Medien teilhaben? Wie reagieren Menschen auf das Problem mit dem Datenschutz? Welchen Stellenwert nimmt Cybermobbing ein? Welches Suchtpotenzial und Gefahren bergen Browsergames oder Onlinerollenspiele? Nutzen Mädchen und Jungen das Internet gleichermaßen?
Der Focus dieses Abschnittes liegt stattdessen auf der vergleichsweise eng umrissenen Fragestellung „Wie stellt sich zur Zeit das Rollenhandeln und die Identitätsarbeit Jugendlicher in sozialen Netzwerken dar?". Lassen sich die theoretischen Überlegungen der vorherigen Abschnitte von der Face-to-Face-Interaktion auf mediale Interaktion übertragen? Gibt es Analogien oder Unterschiede? Ist es überhaupt sinnvoll, von soziologischer Identitätsarbeit im Internet zu sprechen, oder sind ja doch alles nur Fakes?

dienwissenschaftlichen Analyse bringt der Experte so auf den Punkt: „Das Social Web erfüllt Schlüsselfunktionen für die soziale Entwicklung von Jugendlichen und jungen Erwachsenen." [...]. „Das Social Web ist das Werkzeug für individuelle Entwicklungsaufgaben", sagt Schmidt. „Es ermöglicht Selbst-, Sozial und Sachauseinandersetzung." [...] So sehr das Internet für die „Digital Natives" unverzichtbar geworden ist, so sehr ist der Umstand hervorzuheben, dass es für ihr mediales Rollenverhalten keine Vorbilder gibt. Sie sind die erste Generation, die sich iPad und iPod, ICQ und StudiVZ gleichermaßen aneignen kann. Und wo das Handy vergleichsweise schon ein Medium von gestern ist.

Quelle: Hasse, Edgar S., www.welt.de/die-welt/vermischtes/hamburg/article8194950/Ich-chatte-also-bin-ich.html?print=true#reqdrucken vom 27.06.10 [Zugriff: 14.04.2011]

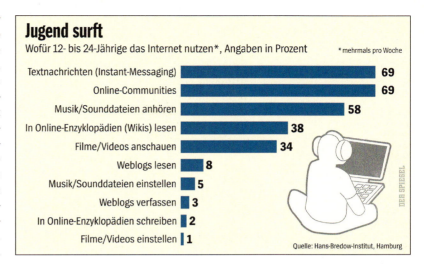

b) Null Blog

Die Jugend, zur „Netzgeneration" verklärt, hat in Wahrheit vom Internet wenig Ahnung. Und die Moden des Web 2.0 – von Bloggen bis Twittern – sind den Teenagern egal. Neue Studien zeigen: Es gibt für sie immer noch Wichtigeres im Leben.

Tag für Tag ist Jetlir online, oft viele Stunden bis spät in die Nacht. Fast immer ist auf dem Bildschirm das Fenster seines Chat-Programms offen. Freunde und Bekannte schreiben da gleichzeitig durcheinander. Ab und zu tippt Jetlir einen Halbsatz in den ruckelnden Strom der Dialogzeilen, irgendwas Witziges oder ein Hallo, während er sich nebenher durch die Sportvideos bei YouTube klickt. Jetlir, 17 Jahre alt, Gymnasiast aus Köln, könnte gut in einer der üblichen Geschichten über die „Netzgeneration" auftreten, die sich angeblich im Virtuellen zu verlieren droht. Der Junge ist aufgewachsen mit dem Internet; seit er denken kann, ist es da. Seine halbe Freizeit spielt sich ab zwischen Facebook, YouTube und dem Chat.

Wirklich wichtig aber sind ihm andere Dinge, allen voran der Basketball. „Der Verein geht vor", sagt Jetlir. „Nie würde ich ein Training auslassen." Auch sonst hat das echte Leben Vorrechte: „Wenn sich jemand mit mir treffen will, mache ich sofort die Kiste aus."

Was Jetlir vom Internet erwartet, ist eher bescheiden. Die Älteren mögen es für ein revolutionäres Medium halten, von den Segnungen der Blogs schwärmen und um die Wette twittern. Jetlir ist zufrieden, wenn seine Freunde in Reichweite sind und bei YouTube die Videos nie ausgehen. Nie würde es ihm einfallen, ein Blog zu schreiben. Er kennt auch sonst niemanden in seinem Alter, der auf so was käme. Getwittert hat er ebenfalls noch nie: „Wofür soll das gut sein?" In Jetlirs Alltag spielt das Internet eine paradoxe Rolle: Er nutzt es ausgiebig – aber es interessiert ihn nicht. Es ist unverzichtbar, aber nur, wenn sonst nichts anliegt. „Eine Nebensache", sagt er.

Jetlirs Abgeklärtheit ist typisch für die Jugend von heute; das bestätigen mehrere aktuelle Studien. Ausgerechnet die erste Generation, die sich ein Leben ohne Internet nicht mehr vorstellen kann, nimmt das Medium nicht übermäßig wichtig und verschmäht seine neuesten Errungenschaften: [...]. Das ganze hochgelobte Mitmach-Web, auch Web 2.0 genannt, ist den Netzbürgern der Zukunft offenbar völlig egal. [...] Die meisten Jugendlichen können problemlos gleichzeitig telefonieren, bei Facebook stöbern und nebenher Musik hören. Und sie sind wohl vor allem zu jenen Zeiten online, die sonst ungenutzt bleiben würden. [...]

Das Internet gehört schon nicht mehr zu den Dingen, an die sie freiwillig Gedanken verschwenden. [...] Sie [die Jugend] spricht kaum mehr vom „Internet", nur noch von Google, YouTube und Facebook. Erst recht versteht sie nicht mehr, was es heißen soll, „ins Netz zu gehen". „Der Begriff ist sinnlos", sagt Tom, 19 Jahre alt. Ein Relikt aus der Zeit, als es noch etwas Besonderes war,

Miniglossar

Als **Digital Natives** bezeichnet man Personen, die mit digitalen Technologien wie Internet und Handy aufgewachsen sind. Die Verwendung des Begriffs ist umstritten, da seine Aussagekraft unklar ist und nur bedingt Rückschlüsse auf das Nutzverhalten zulässt.

die Vorstellung eines separaten Raums, getrennt vom echten Leben, einer eigenen geheimnisvollen Welt, die man betritt und wieder verlässt. Tom und seine Freunde sind nur noch, wie sie sagen, „on" oder „off". Und das meint einfach: erreichbar oder nicht.

Dworschak, Manfred, http://www.spiegel.de/spiegel/0,1518,709492,00.html vom 02.08.2010 [Zugriff: 14.04.2011]

M3 „Mein Fakebook": Wie ein Mann zu drei Identitäten kam

Dazugehören wollte ich auch. Mich zeigen nicht. Darum erstellte ich mir unter falschem Namen ein Profil. So konnte ich mir all die älter gewordenen Gesichter meiner Jugendfreunde ansehen und wusste bald, wer dabei war und wer nicht. Ohne Freunde war ich zwar da, aber nicht wirklich drin. Wie sollte mich jemand „adden", ohne dass ich preisgab, wer ich bin? Dem falschen Namen gab ich ein falsches Gesicht. Google spuckte mir Partyfotos und Ferienfotos anderer Leute aus, sie illustrierten jetzt mein Leben. Sogar die Bilder einer Wohnung, dezent aber stilvoll eingerichtet, zeigte ich als meine eigenen vier Wände.

Stundenlang bastelte ich an meiner Figur, nahm an Diskussionen teil, fand Aufmerksamkeit. Es war schwierig, nicht den Überblick zu verlieren und Glaubwürdigkeit zu schaffen. Trotzdem wollte alles nicht so recht in Gang kommen, ein paar Facebook-Freunde fand ich zwar, aber meine Freundschaftsgesuche wurden meist zurückgewiesen.

Mit einem zweiten Profil stellte ich mir eine attraktive Freundin zur Seite. Ihr schrieb ich die Geschichte einer Musicaltänzerin auf den virtuellen Leib, veröffentlichte Songtexte, Fotos von Auftritten – alles aus dem Internet zusammengeklaubt. Meine Figuren schrieben sich gegenseitig auf die Pinnwand, kommentierten Fotos. Bald taten es andere auch. Meine virtuelle Tänzerin erhielt viel Post, wurde zur Facebook-Freundin geadelt – vorwiegend von Männern. Ich spielte mit – versandte Backstage-Bilder, versprach Gratistickets für die Auftritte. Wohlwissend immer denjenigen, die am weitesten weg wohnten und das Angebot nicht annehmen konnten. [...]

Ein reales und zwei virtuelle Leben zu führen, war unfassbar anstrengend und auf seltsame Weise schön. Bis mir eine junge Tänzerin schrieb: Sie suche eine Stelle, sei neu in der Stadt und würde mich gern kennen lernen. Da ich es auf die Bühne geschafft hätte, könne ich ihr vielleicht ein paar Tipps geben. [...] Ich klicke mich durch ihr Profil, ihre Fotos ließen mich erbeben. Sie war wunderhübsch. Ein Dutzend Mal las ich ihre Nachricht. Mit jedem Mal rötete sich mein Gesicht mehr, mir wurde heiß. Reumütig schrieb ich ihr, dass ich ein Hochstapler sei, ein Fake. Am selben Abend löschte ich meine Accounts und rührte seither dieses Teufelszeug nie wieder an.

Quelle: Schlüer, Benjamin, www.tagesanzeiger.ch/digital/internet/Mein-Fakebook-Wie-ein-Mann-zu-drei-Identitaeten-kam/story/13846910/print.html vom 26.03.2009 [Zugriff: 14.04.2011]

M4 Echte Menschen auf Facebook

Online-Profilen auf sozialen Netzwerken haftet der Ruf an, ein idealisiertes Selbstbild zu präsentieren. Eine Studie zeigt nun das Gegenteil. Die Teilnehmer sozialer Netzwerke wie StudiVZ oder Facebook verleihen mit ihren Profilen meist der eigenen Persönlichkeit Ausdruck und schaffen keine geschönte, künstliche Identität. Zu diesem Ergebnis kommt ein Psychologen-Team der Johannes Gutenberg-Universität Mainz, das in Zusammenarbeit mit deutschen und US-amerikanischen Kollegen 236 Nutzerprofile untersucht hat.

„Die Ergebnisse haben uns selbst überrascht, weil sie der weit verbreiteten Meinung widersprechen, dass Online-Profile nur dazu verwendet werden, ein Ideal der eigenen Person zu präsentieren", erläuterte Teammitglied Mitja Back vom Psychologischen Institut der Universität in einer Mitteilung vom Mittwoch. [...]

Die Ergebnisse der Untersuchung sprächen dafür, dass sich die Profile [...] gut dafür eigneten, die Persönlichkeit auszudrücken. [...] Die Nutzer könnten einander informieren, wer sie sind, und damit dem Bedürfnis nachkommen, wahrgenommen zu werden. „Zum anderen verlassen sich Nutzer sozialer Netzwerke auf die Informationen, die sie fremden Profilen entnehmen." Das fördere das Vertrauen in solche Netzwerke und begünstige deren Nutzung.

Quelle: dpa/Süddeutsche Zeitg./john: www.sueddeutsche.de/computer/583/494915/text/ (19.11.2009)

M5 „Eine intensivere Auseinandersetzung mit unserer Identität"

Danah Boyd, Doktorandin an der University of California (Berkeley), spricht mit Trendbüro über den Einfluss sozialer Netzwerke auf unsere Identität.

Trendbüro: In Ihrer Dissertation untersuchen Sie, wie sich Jugendliche in vernetzten Öffentlichkeiten wie Facebook oder MySpace sozialisieren. Welche Rolle spielen diese Netzwerke für Teenager?

Danah Boyd: Jugendliche benutzen diese sozialen Netzwerke, um mit bereits bekannten Personen in Kontakt zu bleiben, auch wenn sie sich nicht persönlich treffen können. Auf diesen Seiten haben sie nur selten mit Fremden Kontakt – und wenn, dann mit Freunden von Freunden. [...]

Trendbüro: Und welche Rolle spielen diese Technologien für einen veränderten Umgang mit unserer Identität?

Danah Boyd: Im Grunde geht es darum, herauszufinden welchen Eindruck wir von uns selbst haben und diesen mit jenem, den andere von uns haben, abzustimmen. Im Moment sehen wir es als selbstverständlich an, dass dies über Kleidung, Make-up und Accessoires geschieht. [...] Neue Technologien erlauben uns diesen Prozess wesentlich feiner abzustimmen. Das macht einige Dinge zwar leichter, andere aber wesentlich komplizierter. Technologie ist in diesem Zusammenhang tatsächlich eine treibende Kraft. Durch sie können Menschen verschiedene Seiten ihrer Persönlichkeit ausleben.[...] Wir spielen vor einem Publikum, das wir möglicherweise niemals kennen lernen werden.

[...] Feedback ist vielleicht nicht unmittelbar, aber trotzdem erhältlich. Vielleicht bekommt man nicht sofort einen strafenden Blick, aber dafür vielleicht morgen einen beißenden Kommentar. Auch Außenstehende können das wahrnehmen, genauso als wenn wir mit unseren Freunden an öffentlichen Plätzen herumalbern. Das ist jedoch weder in diesem Fall das beabsichtigte Publikum, noch das Publikum das die meisten ansprechen wollen, wenn sie bestimmte Dinge tun. [...]

Quelle: www.trendbuero.de/index.php?f_categoryId=155&f_articleId=2731 vom 05.04.2008 [Zugriff: 14.04.2011]

Online Link
065630-0105

Arbeitsvorschläge

1. Beschreiben Sie die Szene aus dem Videoclip in M1. Auf welche Problematik soll aufmerksam gemacht werden?

2. In M2 finden Sie zwei Zeitungsartikel, die sich beide auf dieselbe Studie zur Mediennutzung Jugendlicher stützen.
- Arbeiten Sie aus den Materialien wesentliche empirische Befunde zum Nutzungsverhalten Jugendlicher heraus.
- Vergleichen Sie die repräsentativen Ergebnisse der Studie mit Ihrem eigenen Nutzerverhalten oder dem Ihres Kurses oder Ihres Jahrgangs. Entwerfen Sie ggf. einen geeigneten Fragebogen.
- Formulieren Sie zu beiden Artikeln jeweils die Hauptaussage/Intention. Wie erklären Sie sich die Unterschiede?

3. In M2a wird der Forscher Jan-Hinrik Schmidt zitiert: „Das Social Web erfüllt Schlüsselfunktionen für die soziale Entwicklung von Jugendlichen und jungen Erwachsenen." Analysieren Sie, ob die in M2b genannten Fallbeispiele Jetlir und Tom dieser Aussage widersprechen oder sie untermauern.

4. Das Internet – Schlüsselfunktion für die soziale Entwicklung oder Nebensache? Erörtern Sie die Fragestellung und nehmen Sie begründet Stellung.

5. Alles nur Fake? Erörtern Sie anhand von M3 und M4 die Thematik der Fake-Accounts.

6. Erarbeiten Sie die Hauptaussagen von M5 zur Bedeutung der sozialen Netzwerke für die Identitätsfindung und erläutern Sie sie an Beispielen der vorigen Materialien oder aufgrund eigener Erfahrungen.

7. Erörtern Sie, ob es einen wichtigen Unterschied macht, ob ein Feedback auf das eigene Verhalten in einer „Face-to-Face-Interaktion" unmittelbar oder in der medialen Interaktion ggf. zeitversetzt über Kommentare erfolgt.

M6 Weblogs – nur eine moderne Version eines Tagebuchs?

a) „Shake shake your ass, bitch" – eine Vielbloggerin

Ch. ist eine 13jährige Schülerin aus Bremerhaven. Sie bloggt seit dem 19. Februar 2005 mehrmals täglich, an manchen Tagen bis zu 33mal. Im Mai kam sie auf 302 Posts an 27 Tagen. Ein durchschnittlicher Eintrag ist 51 Worte lang. Auf ihrem Weblog, dessen Design sehr oft geändert wird und aufwändig gestaltet ist, befinden sich viele eigene Fotos und Fotos ihres Freundes. Sie gibt keine Gründe für das Bloggen an.

Themen, um die es in ihrem Weblog geht, sind ihre Stimmung, ihr Tagesablauf, ihr Freund, Musik, die Schule und die Gestaltung des Weblogs. Ihre Sprache ist selbstbewusst und angriffslustig. „Yeah. Ich bin immer noch der Meinung das Bushido etc. Niveaulos & einfach scheiße sind. Uh.yah. Es ist mir völlig egal was jetzt manche denken – hier rein da raus am arsch vorbei!?! Denn es ist einfach nur die Wahrheit". Sie bloggt meist um die Mittagszeit und dann wieder später am Abend, ihr letzter Eintrag ist immer zwischen 22 Uhr und 1 Uhr morgens. Sie gibt sehr viele persönliche Informationen über ihr Aussehen, ihre Herkunft, ihre Vorlieben, Abneigungen und ihre Eigenschaften an. Fast täglich schreibt sie eine Liste mit „mood", „hear", „see", „missing", des Weiteren täglich eine Begrüßung „guten Morgen", „gute Nacht", Mitteilungen, wenn sie kurz weggeht, dass sie ihren Schatz liebt oder vermisst, welches Lied sie gerade hört. Auf ihrem Weblog finden sich 18 Blog-Links. Im Mai hatte sie 1.177 Kommentare und damit den höchsten Wert der untersuchten Weblogs.

b) „Als die weiße Schokolade die Wahrheit erfuhr" – Eine Geschichtenschreiberin

Rebella ist eine 24jährige Schülerin aus Hamburg. Sie bloggt seit Mai 2005, über Dinge aus ihrem persönlichen Leben, schreibt aber auch sehr viele Kurzgeschichten, die sich wie moderne Märchen anhören und Titel haben, wie „Als die weiße Schokolade die Wahrheit erfuhr" [...]. Allein im Mai waren es 15. Sie hat 75 Einträge, und hat an 28 Tagen gepostet, gehört also auch zu den Vielbloggerinnen. Ein durchschnittlicher Eintrag ist 2027 Zeichen lang. In ihren Einträgen geht es sehr oft um grundsätzliche Themen des Lebens: Beziehungen, Erfahrungen, Einstellungen, aber auch um Geld und Probleme des Alltags. Ein Ausschnitt aus einem Eintrag: „26.05.2005 um 19:37 Uhr – So-Solarenergie!!! von: rebella

In Hamburg hatte das Wetter heute ungefähr 937849823°. Es war also quasi fast überhaupt nicht warm. Das wird wohl auch der Grund gewesen sein, warum ich ein Longsleeveshirt, ein T-Shirt drüber UND einen schwarzen Zipper anhatte. Hätte ja noch auffrischen können. Soziologie fand dann auch promt im Freien statt. Da sass ich da nun also. Garte fröhlich vor mich hin und begutachtete meinen Arm. Nen paar Zwiebeln drauf, lecker mit Knoblauch und Sauce und es hätte nicht nur nach verbranntem Fleisch gerochen. [...]"

Sie hat im Mai 246 Kommentare erhalten. Ihre Gründe für das Bloggen schildert sie sehr ausführlich. Auf ihre Kurzgeschichten erhofft sie Resonanz, Kritik und Anregungen und sie bekommt auch sehr viele, sehr oft positive und bewundernde Reaktionen. Vorteile, die sie im Bloggen sieht: Es haben sich virtuelle Freundschaften gebildet, man sieht, dass man mit seinen Problemen nicht allein da steht. Zu den Nachteilen zählt sie negative Kommentare. Meist fügt sie hinzu, welche Stimmung sie hat, und welche Musik sie hört. Für sehr persönliche Dinge hat sie ein eigenes Weblog.

Quelle: Reichmayr, Ingrid, Weblogs von Jugendlichen als Bühnen des Identitätsmanagements, www.soz.uni-frankfurt.de/K.G/B8_2005_Reichmayr.pdf von 2005 [Zugriff: 14.04.2011]

M7 Weblogs – die Arbeit am Ich

Alle der untersuchten Weblogs haben Tagebuch-Charakter [...]. Die Ausführlichkeit und Darstellung der Tagesbeschreibung variiert von durchgestrichenen To-Do-Listen bis zu detaillierten Schilderungen. Die Darstellung der Lebenssituation erfolgt konsistent und oft akribisch. Das Spielen mit vorgegebenen Identitäten, manchmal in Chats und Online-Spielen als „Gender-Switching" betrieben, spielt bei den untersuchten Weblogs anscheinend keine Rolle. [...]

Die Arbeit am Ich erfolgt reflexiv. [Das] zeigt sich an den in den Einträgen behandelten Themen: Ereignisse in der Schule und Probleme mit Schule und Lehrern stehen an vorderster Stelle, gefolgt von der Freizeitgestaltung (ein weiterer Ort der Arbeit am Ich), der ausführlichen Beschreibung der jeweiligen Stimmungs- und Gefühlslagen, [...] Beziehungs-, Gesundheits- und finanziellen Problemen. Meist wird am späten Nachmittag (nach der Schule) oder am Abend gebloggt, um Zwischenbilanz oder Bilanz zu ziehen. Der Weblog-Titel „im-blick-zurück" drückt dies wohl am besten aus.

Die Arbeit am Ich erfolgt interaktiv und innerhalb der Peer-Group. Der Unterschied zu herkömmlichen Tagebüchern liegt darin, dass öffentlich für ein antizipiertes und zum Großteil bekanntes Publikum geschrieben wird, von dem man sich Antworten und Reaktionen erwartet. Laut eigener Aussagen kennen die meisten unserer Bloggerinnen die (wenigen) Menschen, mit denen sie verlinkt sind, persönlich und es war bei 39 von 40 Bloggerinnen keine Verlinkung zu einem der bekannten A-Blogs zu finden. Die Interaktivität innerhalb der kleinen Gruppen ist hoch, was sich an Kommentaren, Gästebucheinträgen oder an Formulierungen, in denen auf Ereignisse in der Schule, beim Sport etc. Bezug genommen wird, zeigt. Meinungsführerinnen, deren Einträge immer besonders viele Reaktionen hervorrufen und deren Weblogs häufig gelesen werden, sind zu erkennen. Manche Weblogs sind für Uneingeweihte rätselhaft und undurchschaubar: Man findet die Einträge nicht, kann die Scrollbars nicht sehen, Ordnungselemente wie die Sidebar

werden aufgelöst oder verändert, Begriffe wie „Archiv" werden umbenannt oder anders kodiert eingegeben, ersetzt durch Zahlen oder Zeichen. Die von (erwachsenen) Bloggern und Blog-Designern gewünschte Übersichtlichkeit wird von den Jugendlichen wieder außer Kraft gesetzt. Dies legt den Eindruck nahe, dass man sich den Zugang zum Weblog erst erarbeiten muss beziehungsweise sich sowieso nur Eingeweihte zurecht finden (sollen). Die Selbstdarstellung richtet sich hier deutlich an ein bekanntes, gleichaltriges, ähnlich denkendes Publikum, wenn auch nicht vielleicht ausschließlich an dieses.

Quelle: Reichmayr, Ingrid, Weblogs von Jugendlichen als Bühnen des Identitätsmanagements. /www.soz.uni-frankfurt.de/K.G/B8_2005_Reichmayr.pdf von 2005 [Zugriff: 14.04.2011]

> **Miniglossar**
>
> **A-Blogs** sind besonders bekannte Blogs mit Tausenden von Lesern. Neben der Auswertung von Zugriffen auf Blogs ist eine weitere relevante Kennzahl z. B. die Anzahl der Verlinkungen, hier gibt es auch deutsche „Blogcharts".

Arbeitsvorschläge

1. Arbeiten Sie aus den Fallbeispielen in M 6 Unterschiede und Gemeinsamkeiten der Blognutzung heraus.

2. Charakterisieren Sie anhand von M 7 die Bedeutung von Weblogs für die Identitätsarbeit Jugendlicher und erläutern Sie die einzelnen Aspekte anhand der beiden Beispiele (M 6).

3. Prüfen Sie anhand der Materialien und ggf. eigener Erfahrungen, ob sich die soziologischen Konzepte zum Rollenhandeln und zur Identität auf die „Identitätsarbeit" in Blogs anwenden lassen. Berücksichtigen Sie insbesondere Krappmanns Qualifikationen des Rollenhandelns und das Konzept der Ich-Identität als Balance zwischen personaler und sozialer Identität (vgl. S. 19–21).

4. Sie sind die Experten! Untersuchen Sie „Ihre" sozialen Netzwerken unter rollensoziologischer Perspektive: Finden sich Rollenerwartungen? Gibt es Rollenkonflikte? Sind Qualifikationen des Rollenhandelns nötig? Lässt sich Identitätsarbeit feststellen?

5. Abschließend: Lassen sich die bisher behandelten „alten" soziologischen Theorien zum Rollenhandeln und zur Identität sinnvoll auf die „neuen" sozialen Netzwerke übertragen? Nehmen Sie begründet Stellung.

1 Die Gesellschaft – eine ärgerliche Tatsache?!

Die Gruppe macht's?!
Phänomene der Gruppensoziologie

M1 Gruppen?

Am Rande der Auseinandersetzung behinderte eine Gruppe Schaulustiger die Arbeit der Polizei …

Unsere Rollenspiel-Gruppe spielt seit 1995 „Das schwarze Auge" und trifft sich regelmäßig alle 10 – 14 Tage zu einem Spielabend.

M2 Die Funktionen von Gruppen

Historisch betrachtet haben Gruppen immer eine Bedeutung für den Menschen gehabt. Selbst in früheren Kulturen schlossen Menschen sich zusammen (Jäger, Sammler, Siedler, Dörfer). Waren es damals noch überwiegend Gründe um gemeinsam zu überleben oder sich zu schützen, so haben Gruppen heute einerseits eine sozial-emotionale und psychologische Bedeutung, andererseits einen Nutzeneffekt im Sinne einer Sach- oder Informationsfunktion. […]
Aus sozial-emotionalen Bedürfnissen nach Kontakt, Anerkennung, Wertschätzung, Liebe und Unterstützung können Gruppen eine Schutzfunktion, Entlastung und Versorgungsbedeutung für ihre Gruppenmitglieder haben. Freunde und Familie können jemanden schützen und lieben. Durch mein Arbeitsteam kann ich Unterstützung, Wertschätzung und Anerkennung erfahren. […] Die Sach- und Informationsfunktion erfüllen Gruppen, in denen es um Aus- und Weiterbildung geht, in denen man Informationen erhält, seine Qualifikation verbessern kann. Vorrangig geht es um Nutzen und Gewinn. Eine Person will möglicherweise etwas Neues lernen, erhofft sich durch mehr Wissen und Können berufliche, finanzielle Verbesserungen. […] Auf der individuellen Ebene geht es um Ansehen, Lob, Können und Macht, um Anerkennung durch andere und das Individuum selbst. Sein persönliches Selbstwertgefühl kann dadurch gesteigert werden.

Quelle: Kulbe, Annette: Grundwissen Psychologie, Soziologie und Pädagogik, 2. Auflage, Stuttgart 2009, S. 129 – 130

Begriff

Menschen leben in **Gruppen** zusammen, das ist der Normalfall von Vergesellschaftung. Die Erfahrungen anderer Gruppenmitglieder, die sie uns durch Sprache oder ihr Verhalten mitteilen, machen uns unsere natürliche und gesellschaftliche Umgebung verständlich.

VT

„Das Soziale beginnt mit dem Anderen, der uns gegenübertritt, die Vergesellschaftung beginnt jedoch mit der Bildung einer Gruppe." (Udo Thiedeke 2000).
Da Sie selbst Mitglied in vielfältigen Gruppen sind, ist ein soziologischer Blick auf das Phänomen „Gruppe" plausibel und sinnvoll. Die Gruppe als „mittlere Instanz" zwischen Individuum und Gesellschaft ist Gegenstandsbereich vielfältiger soziologischer und sozialpsychologischer Ansätze.

M3 Gruppen – soziologisch definiert

Unter einer (sozialen) Gruppe wird
- eine Mehrzahl von Personen verstanden, die
- relativ überdauernd in direkter Interaktion (Wechselbeziehung) stehen,
- durch Rollendifferenzierung und
- gemeinsame Normen gekennzeichnet sind und die
- ein Wir-Gefühl verbindet.

Die Anzahl der Personen ist nach oben begrenzt. Als Untergrenze werden zwei oder drei Personen angenommen. Die Obergrenze ergibt sich aus der Möglichkeit direkter Interaktionen und hängt damit auch von der Zeitdauer des Gruppenbestandes ab. [...] Bildet sich eine Gruppe, so kommt es zu einer Spezialisierung/Arbeitsteilung der einzelnen Mitglieder, auch wenn dies von außen nicht gefordert wird. [...] Das bezeichnet man als Rollendifferenzierung. Gemeinsame Normen im Erleben und Handeln der Gruppenmitglieder zeigen sich darin, dass Unterschiede im Denken, Fühlen und Verhalten innerhalb der Gruppe viel geringer sind als bei voneinander unabhängigen Individuen. Das Wir-Gefühl ergibt sich in der Regel aus dem längeren Zusammensein einer überschaubaren Zahl von Personen (Gruppengröße). [...]

Von der Gruppe sind folgende verwandte Begriffe abzugrenzen:

Kategorie/Klasse: Kategorien bzw. Klassen werden gebildet nach der Gleichförmigkeit von Merkmalen und/oder Eigenschaften, Beispiele: Raucher, Rentner, Steuerzahler. Die Mitglieder kennen einander zum größten Teil gar nicht. [...]

Menge/Aggregat/Ansammlung: Die Menge bzw. Ansammlung bzw. das Aggregat bezeichnet Personen, die sich zur gleichen Zeit am gleichen Ort befinden, also in räumlicher Nähe. Dabei handelt es sich um ein reines Nebeneinander und nicht um ein Miteinander. [...]

Gruppen können nach den Merkmalen und/oder Funktionen in folgende Arten unterschieden werden: [...]

Primärgruppen und Sekundärgruppen: Diese Gruppenarten werden nach der Qualität bzw. Intensität der Interaktionen unterschieden. Charakteristisch für die Primärgruppe sind die engen und gefühlsmäßigen Bindungen, überschaubare und unmittelbare Beziehungen (face to face relations) sowie relativ freie Handlungsräume. [...] Der Prototyp ist die Familie. Bei den Sekundärgruppen handelt es sich um (Groß-)Gruppen, die auf bestimmte Ziele hin zweckhaft ausgerichtet und organisiert sind, wie z.B. Schulen, Vereine, Parteien, Organisationen. Die Interaktionen sind weniger gefühlsbetont, – sondern eher unpersönlich und sachlich bestimmt. [...]

Bezugsgruppen: Bezugsgruppen sind Gruppen, die zur Orientierung der eigenen Lage dienen, d.h. es ist die Gruppe, die das Wahrnehmen, Denken und Handeln von Personen beeinflusst. [...]

Formale und informale Gruppe: Diese Gruppenarten gibt es in Organisationen. Formale Gruppen sind das Ergebnis zweckrationaler Planung, alle Merkmale sind vorgegeben und schriftlich fixiert. Informale Gruppen werden von den Organisationsmitgliedern geschaffen und orientieren sich an deren persönlichen Bedürfnissen und Erfahrungen; ihre Merkmale sind nicht schriftlich fixiert. In Organisationen gibt es immer beide Gruppenarten.

Roepke-Abel, Helga: Soziologische Grundlagen des Verwaltungshandelns I, Hochschule Hof, S. 8–10, nach: www.andreas-dirigl.de [Zugriff: 25.06.2011]

Arbeitsvorschläge

1. Beschreiben Sie die verschiedenen in M1 auftretenden „Gruppen". Notieren Sie Unterschiede und Gemeinsamkeiten.

2. Erläutern Sie Beispiele für Gruppen, die eine sozial-emotionale, psychologische Funktion oder eine Sach- oder Informationsfunktion (M2) haben.

3. In M3 werden verschiedene „Gruppenbegriffe" und -arten bestimmt. Nennen Sie jeweils eigene Beispiele und ordnen Sie die Eingangsbeispiele aus M1 zu.

4. Erklären Sie, warum sich manche Beispiele mehrfach zuordnen lassen.

1 Die Gesellschaft – eine ärgerliche Tatsache?!

Gleichgesinnte unter sich

Miniglossar

Sozialisation ist ein lebenslanger Prozess der Entwicklung einer in die Gesellschaft integrierten handlungs- und entscheidungsfähigen Persönlichkeit

M1 Wochenende

Wie jedes Wochenende trifft sich der 14-jährige Malte mit seiner Clique bei Max. Max hat sturmfreie Bude und zwei Flaschen Korn besorgt. Nachdem sie schon ein bisschen angetrunken sind, ziehen sie los zum Zeltfest. Unterwegs versuchen sie an der Tankstelle noch mehr Alkohol zu bekommen. Der Tankwart kennt das Jugendschutzgesetz und schickt sie wieder weg. Vor der Tankstelle treffen sie den 19-jährigen Max, der für sie Alkohol besorgt. Mit alkoholgefüllten Rucksäcken zieht die Gruppe weiter zum Zeltfest. Auf dem Parkplatz ist Party, so dass sie gar nicht erst versuchen, in das Zelt zu kommen. Malte kann die Wirkung des Alkohols nicht einschätzen. Ihm wird schlecht, er muss sich übergeben.

Quelle: https://www.schleswig-flensburg.de/media/custom/146_4628_1.PDF [Zugriff: 14.04.2011]

M2 Die Funktion des Rauschs

„Die Mehrheit der Stuttgarter Jugendlichen haben einen unproblematischen Umgang mit Alkohol, aber für einen Teil gehört Alkohol zum Alltag", sagte Liss Dongus, Beauftragte für Suchtprophylaxe beim Gesundheitsamt Stuttgart. [...] Was sind aber die Gründe dafür, dass Jugendliche häufig bis zum Umfallen trinken? Umfassende Studien liegen hierzu bisher nicht vor, so Dongus. Nach ihrer Einschätzung sehen Jugendliche im Alkohol aber offenbar eine Hilfe, um ihr Leben zu meistern. Denn in der Pubertät machen sie tiefgreifende Veränderungen durch: sie müssen ihre eigene Identität finden, sich vom Elternhaus ablösen, eigene Werte entwickeln. Alkohol ist für Teenager Ausdruck des persönlichen Stils und ein Symbol fürs Erwachsenwerden. Zudem erleichtert er die Kontaktaufnahme zum anderen Geschlecht und wird häufig auch zum sozialen Protest eingesetzt. Beim Koma-Saufen könne ein Teenager zudem „die Älteren in der Clique beeindrucken und beweisen, wie viel er verträgt", so Dongus.

Quelle: www.eva-stuttgart.de/ts-03-2008.html vom 13.03.2008 [Zugriff: 14.04.2011]

M3 Sie trinken weiter

Ein britischer Getränkehändler will Jugendliche mit drastischen Bildern vom Saufen abhalten. Doch die reagieren auf die Anti-Alkohol-Kampagne ganz anders als erhofft. [...] Seit Anfang November zeigt der Getränke-Großhändler in Filmspots und Anzeigen betrunkene Jugendliche, die aus Nachtclubs rausgeworfen und nach Hause getragen werden oder in Hausfluren übernachten müssen. Doch anders als von den besorgten Erwachsenen erhofft, stehen solche Szenen bei den Jugendlichen eher für einen „lustigen" Abend. Und anstatt das Besäufnis im Freundeskreis zu missbilligen, honorieren es die Kumpels als Leistung. [...] „Ein Vollrausch erhöht unter jungen Leuten häufig die Achtung voreinander", erklärte Christine Griffin von der University of Bath. Missgeschicke oder Streiche im Suff würden Freundschaften vertiefen, die Bindung in einer Gruppe verstärken und das Ansehen in der Clique erhöhen. Chris Hackley [...], Mitautor der Studie, [...] erklärte, die Studie deute darauf, dass „Anti-Alkohol-Kampagnen, die auf dieses Verhalten zielen, katastrophal falsch verstanden werden".

Quelle: Schulte von Drach, Markus C., www.sueddeutsche.de/wissen/jugend-und-alkohol-sie-trinken-weiter-1.791490 vom 10.12.2007 [Zugriff: 14.04.2011]

M4 Peer-Group als Sozialisationsfaktor

Neben der Schule, die einen erheblichen Einfluss auf die Kinder und Jugendlichen ausübt, betätigen sich auch Peer-Groups und Jugendorganisationen in erzieherischer Weise. [Es] handelt [...] sich bei einer Peer-Group um eine Gleichaltrigen-Gruppe von Kindern oder Jugendlichen, die eine äußerst wichtige Ausgleichsfunktion gegenüber der Familie, der Schule, dem Betrieb oder dergleichen übernimmt.
Sie trägt in der Regel zur Verselbständigung und Ablösung von der Familie bei. Die Zugehörigkeit zu den Peer-Groups ist für die Jugendlichen meist eine vorübergehende

Phase, meist in der Zeit zwischen dem zwölften und 18ten Lebensjahr. Im Unterschied zu den Jugendorganisationen bilden sie sich durch Eigeninitiative der Jugendlichen und werden von ihnen selbst verwaltet. Sie zeichnen sich durch ein hohes Maß an freiwillig akzeptierter Gruppenkonformität und Solidarität aus. Dies erzwingt ein günstiges Klima für die Übermittlung von Einstellungen und Verhaltensmustern.

Auf diesen Einfluss ist es zurückzuführen, dass die Veränderungen der individuellen Moral, der Anschauungen und des Verhaltens, sich in keiner späteren Lebensphase so entscheidend und rapide ändern kann, wie in der Pubertät, der Lebensphase zwischen zwölf und 18 Jahren.

Als positiv lassen sich folgende Aspekte der Peer-Group zusammenfassen: Peer-Groups leisten eine Sozialisation in eigener Regie und erleichtern eine jugendspezifische Identitätsbildung. Peer-Groups bieten eine soziale Stütze gegen Ängste und Verunsicherungen. Peer-Groups sind wichtige Organe der Außenlenkung. Sie unterstützen und ergänzen die Sozialisation in der Familie und erweitern individualistische Einstellungen durch gruppenorientierte. Peer-Groups werden durch erotische und heterosexuelle Bedürfnisse zu einem wichtigen Erfahrungs- und Erlebnisraum.

Mögliche negative Auswirkungen der Peer-Group:

Doch diesen positiven Aspekten stehen auch mögliche negative Auswirkungen der Peer-Group gegenüber. So kann die Sozialisation in eigener Regie auch gefährlich werden. Dann, wenn in der Gruppe zum Beispiel Alkohol und/oder Drogen ausprobiert werden oder Mutproben als Aufnahmekriterien dienen, entwickelt sich die Gruppe zu einem Zusammenschluss mit negativem Sozialisationseffekt. Oft dienen Peer-Groups hauptsächlich der Gestaltung der Freizeit, wobei ein deutlicher Trend zu vermehrtem Konsumverhalten erkennbar ist. [...]

Quelle: Kanacher, Britta, http://politikwissenschaft-soziologie.suite101.de/article.cfm/peer-group-als-sozialisationsfaktor#ixzz0x5oGvp5v vom 16.07.2010 [Zugriff: 14.04.2011]

Online Link
065630-0106

Arbeitsvorschläge

1. Beschreiben Sie das in M1 dargestellte Problem. Vergleichen Sie die Darstellung mit Ihren eigenen Erfahrungen.

2. Die Ursachen des sogenannten „Komasaufens" sind wissenschaftlich noch nicht abschließend geklärt. Unstrittig ist jedoch, dass es sich nicht um ein „Unterschichtenproblem" handelt, sondern in allen Gesellschaftsschichten auftritt.
Erläutern Sie die in M2 angesprochenen Erklärungsversuche. Stellen Sie dabei insbesondere den Stellenwert der Gruppen heraus. Im Onlinelink finden Sie Zusatzmaterial zum Thema.

3. Ein Ansatze zur Problemlösung wird in M3 angesprochen. Sammeln Sie weitere Umgangsweisen mit diesesm Problem und erläutern Sie die Zugangsarten.

4. Beurteilen Sie sowohl die Erklärungsversuche als auch die Reaktionsmöglichkeiten aus Ihrer Sicht.

5. Der generelle Stellenwert der Gleichaltrigengruppe (Peer-Group) wird in M4 beleuchtet. Erläutern Sie die sehr fachsprachlich dargestellten Funktionen, Strukturen, Vor- und Nachteile von Gleichaltrigengruppen an eigenen Beispielen. Im Onlinelink finden Sie eine alltagssprachliche Erläuterung eines Jugendmagazins zum Phänomen „Clique", die Ihnen bei der Erschließung helfen kann.

Konformität, Autorität oder Autonomie?
Experimente in den Sozialwissenschaften

M1 Ein Experiment?

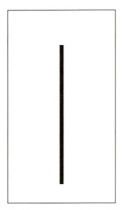
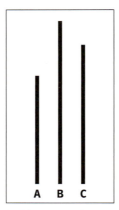

Welche der drei Linien A, B oder C ist genau so lang wie die erste Linie?

Völlig klar? Dann recherchieren Sie einmal unter „Asch-Experiment".

M2 Quiz mit Stromschlägen

Eine schrille Studiobühne, eine hübsche Moderatorin, ein johlendes Publikum – das Übliche scheinbar. Die Testpersonen mussten sich an ein Pult mit Stromhebeln setzen. Neben ihnen wurde der Kandidat auf einem elektrischen Stuhl festgeschnallt und unter einer Metallglocke verborgen. Die Probanden konnten ihn nicht sehen, aber hören. Sobald er eine Frage falsch beantwortete, befahl die Moderatorin, ihm einen Stromschlag zu versetzen. Anfangs stöhnte der Kandidat noch und rief: „Das tut wirklich weh." Später schrie er vor Schmerzen und flehte, das Ganze abzubrechen. Doch die Moderatorin feuerte, unterstützt vom Publikum, die Testperson an: „Lassen Sie sich nicht beeindrucken! Sie müssen bis zum Ende gehen!"

Bei 380 Volt war von dem Kandidaten nichts mehr zu hören. Dennoch schickten ihm vier Fünftel der Testpersonen einen Schlag von 460 Volt hinterher. Etliche zögerten zwar, versuchten zu mogeln oder die Moderatorin umzustimmen. Doch am Ende griffen sie zum Hebel. Dabei wussten sie nicht, dass der Stromschlag fingiert und der vermeintliche Kandidat ein Schauspieler war.

Der staatliche Sender France 2 wollte das schauerliche Experiment am Mittwochabend als Dokumentarfilm mit dem Titel Spiel des Todes ausstrahlen. Ein Sprecher erklärte dazu: „Dies (die Testpersonen) sind weder Sadisten noch Feiglinge, sondern ganz normale Leute. 80 Prozent von ihnen haben sich wie mögliche Folterknechte verhalten. Das zeigt die furchterregende Macht, die das Fernsehen erlangt hat."

Quelle: Ulrich, S., www.sueddeutsche.de/medien/78/506260/text vom 18.03.2010 [Zugriff: 14.04.2011]

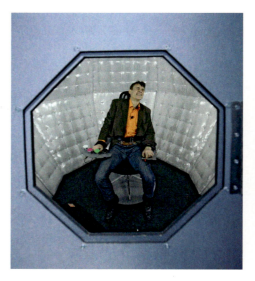

Begriff

Zahlreiche Wissenschaften bedienen sich des **Experiments** als Forschungsmethode. Es handelt sich dabei um eine Versuchsanordnung, in der die Probanden in eine speziell konstruierte Situation versetzt werden. Dabei werden die Faktoren kontrolliert, die eine mögliche Beziehung zwischen den fraglichen Variablen beeinflussen.

VT

Durch das Experiment erhält der Forscher bzw. die Forscherin zuverlässige Aussagen über Ursache-Wirkungs-Beziehungen und kann hieraus seine Schlussfolgerungen ziehen. Mit Experimenten können also Hypothesen gestützt oder widerlegt und neue Erkenntnisse gewonnen werden. Aber sind Experimente auch in der Soziologie möglich? Wo liegen technische und vielleicht sogar ethische Schranken?

M3 Verantwortung der Sozialwissenschaften

Die Sozialwissenschaften haben spätestens seit den berüchtigten Versuchen des Sozialpsychologen Stanley Milgram (1974) zum Autoritätsgehorsam ihre Debatte über moralische Zumutbarkeiten beim Humanexperiment. [...] Wer ist in welcher Hinsicht verantwortlich? Ist der Versuchsleiter allein verantwortlich gegenüber den Versuchspersonen, ist er ethisch und standesethisch verantwortlich? Trägt auch derjenige, der den Versuch entworfen hatte, eine Verantwortung – und welcher Art? [...] Es ist ein entscheidendes Charakteristikum der Humanwissenschaften, dass in ihnen spezifischere und strengere Normen gegenüber ihrem Untersuchungsgegenstand existieren. So sind methodenbedingte Täuschungen, sollten sie unerlässlich und nicht schädigend sein, moralisch nur dann vertretbar, wenn u.a. Maßnahmen der aufklärenden Vor- und Nachsorge stattfinden und keine Versuchsperson in ihren unveräußerlichen Personwerten und Menschenrechten verletzt wird. Auch sollten nur solche Versuche unternommen werden, denen sich der Forscher selbst bzw. er seine Angehörigen bedenkenlos unterziehen würde.

Quelle: Maring, Matthias: Ethik als Schlüsselqualifikation an Technischen Universitäten, in: Robertson-von Trotha, Caroline Y. (Hrsg.): Schlüsselqualifikationen für Studium, Beruf und Gesellschaft. Problemkreise der Angewandten Kulturwissenschaft, Band 14, Karlsruhe 2009, S. 327–328.

M4 Kommentare zu „Quiz mit Stromschlägen"

– filus: Das Ergebnis des „Experimentes" mit Wirkungen des Trash Fernsehens in Verbindung bringen zu wollen ist wohl wissenschaftlich nicht zu begründen. Es bringt auch im übrigen keine neue Erkenntnis. Nur ein Top-Aufreger, ein Quotenhit. 18.03.2010 um 10:57 Uhr

– Peter Goge schreibt @filus: Bei dem echten Experiment wurden die Probanden von „Wissenschaftlern" unter Druck gesetzt den Versuch zu Ende zu bringen. Diesmal war es das Publikum und die Moderatorin. Es ist wesentlich leichter sich einzureden, dass ein Wissenschaftler schon wisse was er tue – als der Mob. Auch wenn beides natürlich verheerend sein kann. 18.03.2010 um 11:48 Uh

– christoph-sz schreibt: Dass das Ergebnis so sein würde, wäre jedem auch vorher klar gewesen, das hat Herr Milgram gezeigt. Dass solche Experimente in der seriösen Wissenschaft nicht mehr stattfinden, hat gute Gründe. Man manipuliert die Teilnehmer in ethisch nicht vertretbarer Art und Weise. Welche Folgen das für das psychische Befinden hat, ist nicht abzusehen, das müssen die Menschen in ihr Selbstbild integrieren, dass sie so etwas getan haben. Dass das Leiden zufügen und Töten nur virtuell war, spielt keine Rolle, für den Teilnehmer war das Erleben real. 18.03.2010 um 11:26 Uhr

Quelle: siehe M2 (Leserkommentare)

Online Link
065630-0107

Arbeitsvorschläge

1. Zum Konformitätsexperiment von Salomon Asch (M1) finden Sie im Internet eine Vielzahl von Materialien. Erläutern Sie das Experiment. Erklären Sie, welche Hypothesen in Form von Ursache-Wirkungs-Zusammenhängen überprüft wurden.

2. Planen Sie ggf. eine Durchführung des Experimentes in anderen Kursen oder Klassen.

3. Beschreiben Sie das Fernsehshow-Experiment zum Gehorsam (M3).

4. Im Onlinelink finden Sie zum Vergleich Materialien und einen nachgestellten Film zum Ursprungsexperiment. Erörtern Sie, ob die Unterschiede in der Autoritätsperson („Wissenschaftler" im Original, „Moderatorin und Publikum") die Aussage des Experimentes verändern.

5. Nehmen Sie unter Rückgriff auf M3 und M4 Stellung zu der Frage, ob ein Experiment dieser Art sinnvoll und verantwortbar ist.

6. Was hat das mit Ihnen zu tun? Diskutieren Sie, ob und inwiefern die dargestellten psychologischen Forschungsergebnisse einen Bezug zu Ihrer Lebenswelt haben.

1 Die Gesellschaft – eine ärgerliche Tatsache?!

Anstöße zum Weiterdenken

M1 Worum geht es im Social Web?

In Selbstanalysen des Social Web werden immer wieder Gründe genannt, die sich grob in folgende Bereiche einteilen lassen:
- Informationen und Einschätzungen: Benutzer trauen ihresgleichen mehr als offiziellen Produktseiten, wenn es um die Qualität und Erfahrungsberichte geht. [...]
- Soziales Kapital und Anerkennung: Der Lohn von Autoren im Social Web ist die Anerkennung. Man kann sich in der Community einen gewissen sozialen Status erarbeiten, indem man sich um das Projekt verdient macht.
- Freunde finden. Im Social Web ist es relativ leicht, Gleichgesinnte in Bezug auf ein bestimmtes Thema zu finden.
- Politisches Engagement und Mitmachen. Im Social Web wird häufig ein Vertrauensvorschuss gewährt, indem man einfach [m]itschreiben kann und der eigene Beitrag sofort online ist (im Unterschied zu Redaktionssystemen). Dieses Gefühl, ernst genommen zu werden und seiner Meinung Gehör verschaffen zu können, scheint ein wichtiger Motivationsfaktor zu sein.
- Selbstdarstellung: Die Möglichkeit, virtuelle Identitäten zu schaffen, erzeugt auch neue Möglichkeiten, diese ins beste Licht zu rücken.

Quelle: Ebersbach, Anja; Glaser, Markus; Heigl, Richard: Social Web, Konstanz 2008, S. 13, 182–183

Die Analyse von Texten in sozialwissenschaftlichen Klausuren erfolgt i.d.R. aspektorientiert, d.h. unter einer spezifischen Fragestellung. Hierzu eine Übung!

M2 Nicht besonders cool …

Fürchterliche Kopfschmerzen, irgendwelche Gestalten in weißen und grünen Kleidern, die sich im Zimmer herumtreiben. Erst nach einer Weile dämmert es Daniel (14). Er ist im Krankenhaus. Allein, ohne seine Freunde, und – wie er nach einem kurzen Blick unter die Bettdecke feststellt – ohne seine Klamotten. Stattdessen trägt er eins dieser sehr luftigen Klinik-Hemden. Peinliche Angelegenheit. Das alles ist nicht besonders cool. Daniel starrt an die Decke und versucht sich zu erinnern. Aber da ist nicht viel. Ein paar Bilder der beginnenden kleinen Party im Zimmer von Jan, seinem besten Freund. Der hat coole Eltern. Sie lassen ihn in Ruhe. Was der in seinem Zimmer treibt, ist denen völlig egal. Ganz im Gegensatz zu Daniels Eltern. Ihm wird ein bisschen schlecht, als er an seine Eltern denkt. Vielleicht sind es aber auch nur die Nachwirkungen der letzten Nacht. Die beiden werden ausflippen. Hausarrest bis ans Ende seines Lebens, da kann er sich schon jetzt sicher sein. Er hätte es einfach lassen sollen.

Noch so ein Bild, an das er sich erinnern kann: Jan hatte ein paar Flaschen Wodka besorgt. Keine Ahnung, woher er das Zeug hatte. Sonst haben sie immer nur Bier getrunken, nicht wenig. Bei 14 Flaschen liegt Daniels Rekord. Jan schafft sogar noch mehr. Und gestern waren es dann ein paar Flaschen Wodka, mit reichlich Red Bull. Schmeckt dann nur süß und nicht nach Alkohol. Julia und Anja waren auch da. Getrunken haben sie alle. Vier oder fünf Mischungen, bis die Mädchen gesagt haben, dass es ihnen reichen würde. Bis sie nicht mehr wollten, lieber noch ein bisschen raus, in die Fußgängerzone. „Ist doch erst neun. Was wollt ihr denn jetzt schon draußen", hatte Jan sich aufgeregt. „Ich muss um zehn zu Hause sein", hatte Julia geantwortet. Und für allgemeines Gelächter gesorgt. „Na und, ich muss auch um zehn zu Hause sein", hatte Daniel gesagt. „Und, interessiert mich das? Eine Mischung geht noch." Julia hatte ihr Glas zugehalten, aber sich dann doch überreden lassen. „So eine Flasche trinke ich alleine auf ex." Ja, das hatte er gesagt. Und es dann auch getan. Danach verschwimmt Daniels Erinnerung. Sie waren kurz darauf raus gegangen, Richtung Fußgängerzone. Mehr ist nicht mehr zu holen in seinen Hirnwindungen. Der Kopf einer Schwester erscheint dort, wo gerade noch die Zimmerdecke war. „Na, junger Mann, aufgewacht?" fragt sie.

„Das siehst du doch", antwortet Daniel – seine Laune ist an diesem Morgen nicht unbedingt die beste. „Ich brauche mal mein Handy." Er muss unbedingt bei Jan anrufen, ihn fragen, was passiert ist.

„Das kannst du leider vergessen, junger Mann. Du hattest nichts dabei, kein Handy, kein Portemonnaie. Auch keine Jacke. Und das bei dem Wetter. Du kannst froh sein, dass jemand rechtzeitig den Krankenwagen gerufen hat. Verrätst du mir deinen Namen? Ich denke, deine Eltern werden wissen wollen, wo du bist."

Daniel erkennt den Hauch einer Chance. „Ich stehe jetzt auf und gehe", sagt er. „Warte, dann hole ich zuerst meinen Fotoapparat. Gibt sicher ein paar lustige Bilder, wenn du in deinem Hemdchen auf die Straße läufst." Daniel hat an diesem Morgen keinen Sinn für lustige Krankenschwestern. „Wo sind meine Klamotten?" fragt er. „Ich will jetzt meine Klamotten. Ich muss weg."

„Jetzt hör mir mal gut zu, junger Mann. Erstens bist du höchstens 15 Jahre alt. Und zweitens warst du gestern mehr tot als lebendig, als du hier angekommen bist. Wir haben 2,8 Promille festgestellt. Du hattest dich eingenässt, und was wir auf deinem T-Shirt gefunden haben, will ich dir mal besser ersparen. Deine Klamotten sind irgendwo in einem blauen Sack, und dort bleiben sie auch. Es gibt jetzt genau zwei Möglichkeiten: Du sagst mir, wie du heißt, dann rufen wir deine Eltern an. Oder du lässt es, dann rufe ich die Polizei an. Melden werden die sich sowieso noch bei euch die nächsten Tage. Aber ich kann sie auch gleich rufen, wenn dir das lieber ist. Darüber kannst du jetzt zehn Minuten nachdenken, dann komme ich wieder. Und noch etwas: Ich werde das nicht mit dir diskutieren. Wir haben hier nämlich Leute im Krankenhaus, die sind ernsthaft krank. Bis gleich."

Quelle: www.stadtkind-hannover.de/tag/2010-04/page/6/ vom 01.04.2010 [Zugriff: 14.04.2011]

Arbeitsvorschläge

1. Vergleichen Sie die Gründe für Aktivitäten im Social Web mit den Funktionen von Gruppen (M1).

2. Prüfen Sie anhand des Textes und aufgrund Ihrer eigenen Erfahrungen, welche Gruppenarten im Social Web auftreten können.

3. „Im Internet kann es keine sozialen Gruppen geben, da in der Regel die Face-to-Face-Kommunikation fehlt." Nehmen Sie zu dieser Aussage Stellung.

4. Analysieren Sie das Textmaterial M2
  a) unter rollentheoretischen Aspekten
  b) im Hinblick auf die Bedeutung von Gleichaltrigengrupppen.

2 Soziale Marktwirtschaft – eine über 60-jährige Erfolgsgeschichte?

„Die Würde des Menschen ist unantastbar. Sie zu achten und zu schützen ist Verpflichtung aller staatlichen Gewalt."
(Artikel 1 (1) Grundgesetz der Bundesrepublik Deutschland)

„Eigentum verpflichtet. Sein Gebrauch soll zugleich dem Wohle der Allgemeinheit dienen."
(Artikel 14 (2) Grundgesetz der Bundesrepublik Deutschland)

„Die Bundesrepublik Deutschland ist ein demokratischer und sozialer Bundesstaat."
(Artikel 20 (1) Grundgesetz der Bundesrepublik Deutschland)

Leergutsammler in einer deutschen Fußgängerzone

Online-Link
065630-0201

Voll automatisiert – Karosseriebau bei BMW

Denkanstöße

- Welche Facetten der sozialen und wirtschaftlichen Entwicklung der Bundesrepublik Deutschland spiegeln die Bilder wider?
- In welcher Beziehung stehen die Bilder zu den zitierten Artikeln des Grundgesetzes?
- Stellen Sie sich vor, die Bilder sollten Teil von politischen Wahlkampfplakaten werden. Entwickeln Sie aus unterschiedlichen politischen Parteiperspektiven mögliche Wahlparolen, die zu den einzelnen Bildern passen.

2 Soziale Marktwirtschaft

Neue Unsicherheiten und aktuelle Probleme
Wohlstand für alle?

Miniglossar

Arche
Katholisches Kinder- und Jugendwerk, das mit kostenlosem Mittagstisch, Nachhilfe und präventiver Kinder- und Jugendarbeit Minderjährige unterstützt, die unterhalb der Armutsgrenze leben.

M1 Fallbeispiel: Nina, 10, aus Hamburg

„Mein Vater weckt uns jeden Morgen um sechs Uhr über Telefon. Weil Mama und er dann schon unterwegs sind, arbeiten. Sie als Putzfrau im Krankenhaus und Papa als Bauarbeiter. Wir machen uns dann das Frühstück selbst und schmieren uns die Brote für die Schule, und abends essen wir dann alle zusammen, Mama, Papa und meine Geschwister. Und dann gucken wir gemeinsam Fernsehen, K 11, so eine Krimi-Reihe, wo Räuber Banken überfallen und so. Auch noch Lenßen und Partner und Alles was zählt, das geht bis kurz nach acht. Aber manchmal spiele ich auch mit Mama Schach. [...] Meine Mama sagt, sie hätte gern ein bisschen mehr Geld, weil es nicht reicht für Lebensmittel und Miete. Deshalb gehe ich mittags nach der Schule immer in die Arche, da können wir uns treffen und bekommen Essen und immer wieder neue Klamotten. Zu Weihnachten wünsche ich mir einen MP3-Player. Mein Vater sagt, er will's versuchen."

Quelle: Hauser, Uli: Stern vom 29.12.2007, www.stern.de/politik/deutschland/:Kinderarmut-Jung-Kinder-/605930.html [Zugriff: 14.04.2011]

Begriff

Armut
Es gibt zwei Armutsbegriffe: Absolute Armut ist gekennzeichnet durch ein Einkommen von weniger als 1,25 Dollar pro Tag. Relative Armut bezeichnet dagegen Einkommen, die im Verhältnis zu den Einkommen des jeweiligen sozialen Umfeldes gering erscheinen; in der Europäischen Gemeinschaft ist die Armutsgrenze definiert als Einkommen, die weniger als 60 % des mittleren Einkommens umfassen.

VT

1948 – Deutschlands Infrastruktur, große Teile der Industrie und der Wohnungen lagen in Schutt und Asche. Wohl nur wenige glaubten damals, dass Ludwig Erhards Ziel „Wohlstand für alle" einmal Wirklichkeit werden würde. Aber Erhard setzte in den Westzonen gegen viele Widerstände das „Gesetz über Leitsätze für die Bewirtschaftung und Preispolitik nach der Geldreform" (kurz „Leitsätzegesetz" genannt) durch, das den Weg zur Sozialen Marktwirtschaft bahnen sollte. Es hob parallel zur Währungsreform, der Einführung der D-Mark als Ersatz für die wertlos gewordene Reichsmark, Zwangsbewirtschaftung und Preiskontrollen auf. Ohne Lebensmittelmarken konnten die Menschen nun aus über Nacht gut gefüllten Schaufenstern und Regalen wählen, Schwarzmärkte und Zigaretten-Währung verschwanden. Auch wenn zunächst das Geld knapp war, es war der Anfang für einen langanhaltenden wirtschaftlichen Aufschwung, der als das (west)deutsche Wirtschaftswunder in die Geschichtsbücher eingegangen ist.

Zwar wurden die Gegensätze zwischen Arm und Reich nicht aufgehoben, aber fast alle profitierten von dieser Entwicklung. Armut und Arbeitslosigkeit wurden weitgehend überwunden, die Hoffnung auf mehr Wohlstand für alle schien sich in Westdeutschland in den 50er- und 60er-Jahren zu erfüllen.

In den letzten Jahren und Jahrzehnten gelangten dagegen neue Begriffe in den Vordergrund der politischen Diskussion: sozialer Abstieg, Langzeitarbeitslosigkeit, Prekariat, Working-poor, Ein-Euro-Jobs, Hartz IV. Markieren sie eine Wende in der wirtschaftlich-sozialen Entwicklung der Bundesrepublik?

M2 Fallbeispiel: Hermann Sommer, 55, aus Reutlingen

[...] Das Reihenhaus wird Hermann Sommer nicht verkaufen. „Nicht ums Verrecken", sagt er. Unten wohnen, oben schlafen, ein handtuchgroßer Garten. Die Arbeit eines Lebens steckt in diesen Mauern. Nach 30 Jahren Maloche hatte er sich vor sieben Jahren endlich das Eigenheim im schwäbischen Reutlingen leisten können. „Ich bin stolz darauf." Sommer, Industriemechaniker, kämpft um die Frucht seiner Arbeit. Seit Februar hat ihn eine Zeitarbeitsfirma unter Vertrag, er verdient im Monat 1 250 netto. Eine Krankheit kostete ihn den früheren Job, das Arbeitsamt wusste für den 55-Jährigen nur noch einen Rat: Leiharbeit. Zehn Euro brutto die Stunde, höchste Gehaltsstufe, weil er Facharbeiter ist. Verzicht auf Schichtzulage, keine Bezahlung von Überstunden, Streichung des 13. Monatsgehalts. „Weniger als hier", sagt er, „kann ich mit meiner Qualifikation nirgendwo verdienen." Unter seinem richtigen Namen will er das lieber nicht sagen. [...]
Weil seine Frau jetzt ihre Stelle verlor, reicht die Leiharbeit nicht mehr, um das Eigenheim zu retten. Sommer arbeitet schwarz. Gartenbau. Platten wuchten. Er wird sein Haus nicht verkaufen. Wer das glaubt, kennt Hermann Sommer nicht.

Quelle: Bauer, W./Pawlak, C./Wenderoth A.: www.focus.de/panorama/reportage/tid-10279/focus-reportage-die-alte-mitte_aid_303933.html, vom 26.05.2008 [Zugriff: 14.04.2011]

Miniglossar

Leiharbeit (auch Zeitarbeit)
Arbeitnehmer werden von ihrem Arbeitgeber, (zumeist Zeit-/Leiharbeitsagenturen) einem Dritten zeitweilig zur Arbeitsleistung überlassen.

M3

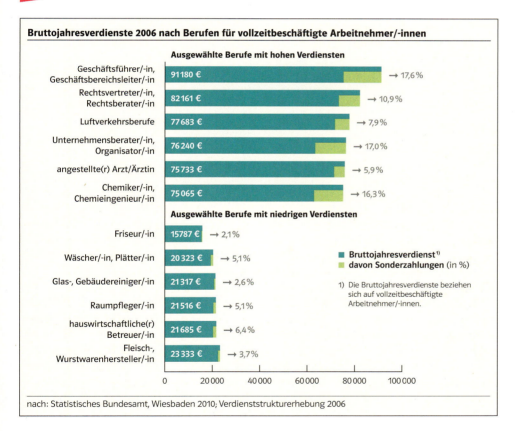

nach: Statistisches Bundesamt, Wiesbaden 2010; Verdienststrukturerhebung 2006

Bruttojahresverdienste nach Berufen: Bei der Verdienststrukturerhebung des Statistischen Bundesamtes wurden für rund 34 000 Betriebe (mit zehn und mehr Beschäftigten) und für mehr als drei Millionen Arbeitnehmer Angaben zu Verdiensten und Arbeitszeiten im Jahr 2006 erfragt. Der Bruttojahresverdienst umfasst die Lohn- und Gehaltszahlungen vor Abzug der Lohn- und Einkommenssteuern und Sozialabgaben wie Kranken-, Renten- und Arbeitslosenversicherung. Unter Sonderzahlungen fallen insbesondere Weihnachts-, Urlaubsgeld und Leistungsprämien.

Miniglossar

subtil
bedeutsam
(untergründig)

differenziert
abgestuft

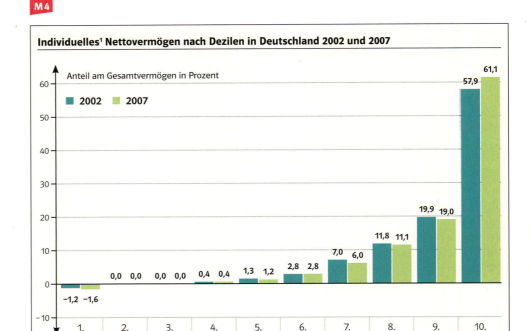

M4

Individuelles¹ Nettovermögen nach Dezilen in Deutschland 2002 und 2007

Anteil am Gesamtvermögen in Prozent

Dezil	2002	2007
1.	−1,2	−1,6
2.	0,0	0,0
3.	0,0	0,0
4.	0,4	0,4
5.	1,3	1,2
6.	2,8	2,8
7.	7,0	6,0
8.	11,8	11,1
9.	19,9	19,0
10.	57,9	61,1

1 Personen in privaten Haushalten im Alter ab 17 Jahren.

Dezil: Dezile teilen eine betrachtete Gruppe, hier die deutsche Bevölkerung, in zehn gleich große Teile, wobei das erste Dezil diejenigen 10 % der Bevölkerung umfasst, die das geringste Vermögen haben, das zweite Dezil diejenigen 10 % der Bevölkerung umfasst, die das zweitgeringste Vermögen haben, usw., während das 10. Dezil diejenigen 10 % der Bevölkerung umfasst, die das größte Vermögen haben.

Quellen: SOEP; Berechnungen des DIW Berlin. nach DIW Berlin, Wochenbericht 4/2009

M5 **Armut in einem reichen Land.**

Christoph Butterwegge ist Professor für Politikwissenschaft an der Universität Köln.

Armut, in den meisten Regionen vor allem der „Dritten" und „Vierten" Welt schon immer traurige Alltagsnormalität, hält seit geraumer Zeit auch Einzug in Wohlfahrtsstaaten wie die Bundesrepublik, wo sie zumindest als Massenerscheinung lange weitgehend unbekannt war. Obgleich die Armut hier noch immer viel geringere Ausmaße hat und auch weniger dramatische Formen annimmt, deshalb eher subtil in Erscheinung tritt und oft selbst von damit tagtäglich konfrontierten Fachkräften wie Erzieher(inne)n und Pädagog(inn)en nicht einmal erkannt wird, wirkt sie kaum weniger bedrückend als dort.

Über mehrere Jahrzehnte hinweg hörte und las man selten etwas über die Armut in der Bundesrepublik, und wenn, dann meistens im Zusammenhang mit besonders spektakulären Ereignissen bzw. tragischen Einzelschicksalen: dem Kältetod eines Obdachlosen, dem Verhungern eines Kleinkindes oder der Gründung einer „Tafel", wie die Suppenküchen heutzutage beschönigend genannt werden. Derweil interessierte sich die hypermoderne „Kapital-Gesellschaft" offenbar mehr für Aktienkurse als für Babyklappen, Straßenkinder, Sozialkaufhäuser, Kleiderkammern und Wärmestuben, wie es sie mittlerweile in vielen deutschen Städten gibt.

Zuletzt avancierte „Armut in Deutschland" aus einem Tabu- beinahe zu einem Topthema, das in Talkshows über die Wirkung der sog. Hartz-Gesetze, die Benachteiligung von Kindern und Familien, den Zerfall der Mittelschicht, die zu erwartenden Folgen der Weltfinanzkrise oder die Angst vieler Menschen vor einem sozialen Absturz sehr häufig erörtert wird. Man spricht jetzt zwar viel mehr darüber als noch vor wenigen Jahren, nimmt sie aber wie mir scheint, ebenso wenig als gesellschaftliches Kardinalproblem wahr bzw. ernst wie früher. Die in der wohlhabenden, wenn nicht reichen Bundesrepublik stark zunehmende Armut wird deshalb auch nicht konsequent bekämpft, sondern von den meisten Politiker(inne)n, Publizist(inn)en und Wissenschaftler(inne)n immer noch geleugnet, verharmlost und verschleiert.

Man muss kein Prophet sein, um voraussagen zu können, dass mit der Arbeitslosigkeit auch die Armut im Gefolge der globalen Finanz-, Wirtschafts- und Währungskrise stark zunehmen wird. Da die Angst vor dem sozialen Abstieg bis weit in die Mitte der Gesellschaft vorgedrungen ist, können sie Politiker/innen der etablierten Parteien nicht mehr ignorieren, wie das viel zu lange geschah. Deshalb werden das Problem der Armut und das Thema der sozialen Gerechtigkeit in nächster Zeit nicht wieder von der Tagesordnung verschwinden, vielmehr öffentliche Diskussionen, Parlamentsreden und Wahlkämpfe beherrschen.

Quelle: Christoph Butterwegge, Armut in einem reichen Land. Wie das Problem verharmlost und verdrängt wird, Frankfurt/New York 2009, S. 7 f.

M6 Armut in einem reichen Land.

Ulrich van Suntum, Geschäftsführender Direktor des Centrums für angewandte Wirtschaftsforschung der Universität Münster, erstellte im Auftrag des INMS eine Studie zur Entwicklung eines „Glücks-BIPs", die am 19.12.2009 veröffentlicht wurde.

Die Einkommensverteilung wird am Grad der Ungleichverteilung der Vorjahres-Haushaltseinkommen (nach Steuern und Transfers) gemessen. Überraschenderweise geht eine größere Ungleichheit tendenziell mit einer steigenden Lebenszufriedenheit einher. Eine mögliche Erklärung liegt darin, dass die Nivellierung von Einkommen nicht nur für die Wohlhabenden nachteilig ist, sondern auch die Anreize und Aufstiegschancen künftiger Leistungsträger reduziert. Zudem ist die im Zeitablauf zunehmende Ungleichverteilung vorwiegend dadurch zustande gekommen, dass die Einkommen der reicheren Haushalte gestiegen sind, während sich die Einkommen der ärmeren Schichten absolut gesehen nur wenig verändert haben. Die Einkommensungleichheit ist in Deutschland somit für sich genommen offenbar kein „Unglücks-Faktor". [...]

Dass mehr Umverteilung glücklicher macht, erscheint weit weniger gesichert. Ein steigendes Einkommen wirkt sich zwar glückssteigernd aus, allerdings konnte in dieser Studie kein Beleg dafür gefunden werden, dass die zunehmende Einkommensungleichheit unglücklich macht. Eher scheint in Deutschland das Gegenteil der Fall zu sein. Solange die Einkommen der unteren Einkommensschichten weiter zunehmen, sind überproportional höhere Einkommenszuwächse der reicheren Bevölkerungsschichten offenbar kein Unglücksfaktor. Möglicherweise ändert sich dies, wenn die Nettoeinkommen längere Zeit sinken und sich die Kaufkraft der ärmeren Haushalte spürbar verringert. Zu beachten ist aber auch, dass mit jeder Umverteilungsmaßnahme Leistungsanreize reduziert werden. Möglicherweise ist die Belastung der Leistungswilligen mit Steuern und Sozialabgaben auch bereits zu weit gegangen. [...]

Quelle: www.insm.de/insm/Presse/Pressemeldungen/Erstes-deutsches-Gluecks-BIP-berechnet.html vom 15.12.2009 [Zugriff: 14.04.2011]

Miniglossar

INSM
Initiative Neue Soziale Marktwirtschaft, ein seit 2000 bestehender Zusammenschluss von Wissenschaftlern, Unternehmern und Politikern mit dem Ziel, die Soziale Marktwirtschaft im Sinne marktwirtschaftlich-liberaler Vorstellungen zu reformieren.

„Glücks-BIP"
Maßstab, der die Lebenszufriedenheit der Menschen in Abhängigkeit von Größen wie Wachstum des Bruttoinlandsproduktes, Einkommensverteilung, Arbeitsplatzsicherheit, Gesundheit, Familienstatus, soziale Sicherheit etc. messen soll. Der Maßstab wurde durch Auswertung der Daten des sozioökonomischen Panels, einer repräsentativen, regelmäßig wiederholten Befragung durch das Deutsche Institut für Wirtschaftsforschung Berlin, entwickelt.

Arbeitsvorschläge

1. Untersuchen Sie die beiden Fallbeispiele (M1 und M2) im Hinblick auf Ursachen und Folgen von Armut in Deutschland.

2. Entwickeln Sie unter Bezugnahme auf die beiden Fallbeispiele thesenhaft politische Problemlösungsansätze. Diskutieren Sie die Durchsetzbarkeit dieser Lösungsansätze.

3. Analysieren Sie die Statistiken zur Einkommens- und Vermögensverteilung in Deutschland (M3 und M4) im Hinblick auf die Entwicklung sozialer Unterschiede und setzen Sie sie zueinander in Beziehung. Ziehen Sie dabei den Methodentext (S. 46/47) zur Statistikanalyse hinzu.

4. Die beiden Texte von Christoph Butterwegge und Ulrich van Suntum (M5 und M6) geben unterschiedliche Bewertungen der sozialen Ungleichheit und Armut in Deutschland wieder. Vergleichen Sie die Kernaussagen der beiden Texte und setzen Sie sich kritisch mit den Standpunkten beider Autoren auseinander.

2 Soziale Marktwirtschaft

Immer mehr Arbeitslose? Wirtschaftskrisen

M1 Wachstum der Zukunft?

M2 Arbeitslosigkeit lässt Familie abrutschen

Ein Fallbeispiel aus der täglichen Arbeit des Diakonischen Werks

Familie S. war bis vor drei Jahren gut situiert. Als Vater Michael damals arbeitslos wurde, erhielt die Familie Arbeitslosengeld I. Nachdem der Anspruch auf das Arbeitslosengeld I abgelaufen und die Ersparnisse aufgebraucht waren, musste Familie S. Hartz IV beantragen. Wegen der schwierigen finanziellen Situation kam es in der Familie zu immer neuen Spannungen.

Eines Tages zog Anja S. mit ihren drei Kindern im Alter von neun, zwölf und 15 Jahren aus. Anja S. bezieht seitdem 1 241 Euro Arbeitslosengeld, wobei ihr nach Abzug der Miete noch 522 Euro zum Leben bleiben. Hinzu kommen 200 Euro aus einem Nebenjob und das Kindergeld.

Den Kindern fällt es schwer, auf gewohnte Freizeitaktivitäten zu verzichten, die sie sich nicht mehr leisten können. Der Monatsbeitrag von 32 Euro für Gitarrenunterricht, den einer der Söhne gerne an der Musikschule nehmen würde, ist nicht drin. Zwei Kinder gehen bei der DLRG schwimmen, was pro Kind 40 Euro kostet.

Die Konfirmation eines Kindes wurde zum finanziellen Kraftakt, da passende Kleidung benötigt wurde und eine Freizeit 200 Euro kostete. Bei der Operation eines Kindes übernahm die Krankenkasse nur die Kosten für die Standard-OP. Der Eigenanteil für die komplikationslosere OP, zu der der Arzt dringend geraten hatte, belief sich auf 1 100 Euro, die Anja S. jetzt in Raten zu 50 Euro abzahlen muss. Zu den laufenden Kosten für Strom und Versicherungen kommen Kosten von 15,60 Euro pro Kind für Schülertickets.

Laut Diakonischem Werk bleibt keinerlei Spielraum für Extras wie Karnevalskostüme, Geburtstagsfeiern oder auch Taschengeld.

Quelle: Bonner General-Anzeiger vom 23.12.2009, www.general-anzeiger-bonn.de/index.php?k=loka&itemid=10001&detailid=679285 [Zugriff: 14.04.2011]

Begriff

Arbeitslos (im Sinne von „**unfreiwilliger Arbeitslosigkeit**") sind Menschen, die keine bezahlte Beschäftigung finden, die ihre Existenz sichert. In der amtlichen Statistik in Deutschland gelten Menschen als arbeitslos, die
- nicht in einem Beschäftigungsverhältnis stehen,
- dem Arbeitsmarkt zur Verfügung stehen und
- bei der Agentur für Arbeit als arbeitslos gemeldet sind.

M3 Das Arbeitslosengeld II

Zum 1. Januar 2005 wurden in Deutschland die bis dahin getrennt verwaltete Sozialhilfe (für Erwerbsfähige) und die Arbeitslosenhilfe zum Arbeitslosengeld II (ALG II), umgangssprachlich meist Hartz IV genannt, zusammengelegt. Sozialhilfe erhielten bis dahin Menschen, die aus unterschiedlichen Gründen (z. B. Alleinerziehende, Kranke) keiner Arbeit nachgehen konnten oder wollten. Sozialhilfe wurde von den Sozialämtern der Städte gezahlt. Arbeitslosenhilfe erhielten Langzeitarbeitslose, die bei der Agentur für Arbeit gemeldet waren. Die gewährten Leistungen nach ALG II sollen die materielle Grundsicherung gewähren, zugleich werden ihre Bezieher nach dem Prinzip „Fördern und Fordern" durch verschiedene Maßnahmen wieder an den Arbeitsmarkt herangeführt (Arbeitsgelegenheiten mit Mehraufwandsentschädigung, auch 1-Euro-Jobs genannt, Fortbildungen und Umschulungen, Beratungen, Vermittlungen). Dabei beziehen ALG II-Empfänger nach Alter und Familienstand differenzierte finanzielle Mittel, z. B.:

Alleinstehende oder alleinerziehende Person	364 €/Monat
Junge Erwachsene von 18–25 Jahren	291 €/Monat
Kinder von 14–18 Jahren	287 €/Monat
Kinder 6–14 Jahren	251 €/Monat
Kinder bis 6 Jahren	215 €/Monat

Hinzu kommt die Übernahme der Mietkosten bis zu bestimmten Obergrenzen, die von der Größe des Haushalts und der Wohnung abhängen.

Durch ein Urteil des Bundesverfassungsgerichts vom 9. Februar 2010 wurde dem Gesetzgeber auferlegt, bis Ende 2010 die Regelsätze neu zu berechnen, sodass sie dem Grundrecht auf ein menschenwürdiges Existenzminimum nach Art. 1 (1) GG entsprechen. zum 1. Januar 2011 wurden die Leistungen erhöht und ein Bildungspaket verabschiedet, das die Bildungs- und Teilhabechancen von Kindern und Jugendlichen aus bedürftigen Familien verbessern soll. Dabei wurden z. B. Leistungen für ein Schulmittagessen und Lernförderung berücksichtigt.

http://www.bmas.de/portal/22144/arbeitsmarktreform__fragen__und__antworten__zu__geldleistung.html#frage_14 [Zugriff:06.04.2011]

Miniglossar

Rezession wirtschaftlicher Abschwung, der durch sinkende Wachstumsraten und steigende Arbeitslosigkeit geprägt ist.

M4 Entwicklung der Arbeitslosigkeit

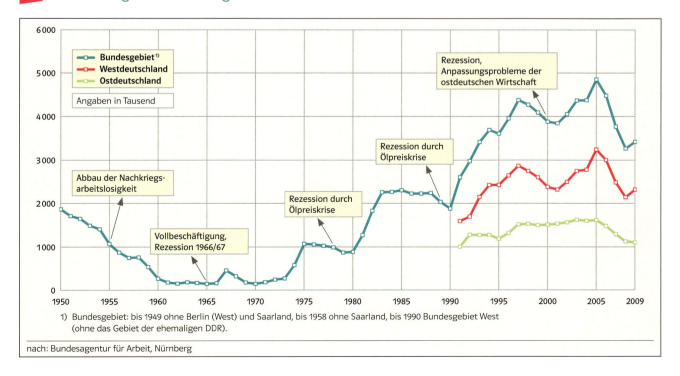

1) Bundesgebiet: bis 1949 ohne Berlin (West) und Saarland, bis 1958 ohne Saarland, bis 1990 Bundesgebiet West (ohne das Gebiet der ehemaligen DDR).

nach: Bundesagentur für Arbeit, Nürnberg

Miniglossar

Korrelation
lineare Beziehung zwischen zwei statistischen Variablen, die nicht notwendigerweise über ursächliche Zusammenhänge Auskunft gibt

Kausalität
bezeichnet die Beziehung zwischen Ursache und Wirkung (vgl. Methodenseite zum Umgang mit Statistiken, S. 46 f.).

Conditio humana
Bedingungen des Menschseins

M5 Modell Deutschland

Karen Horn, promovierte Volkswirtin, leitet das Berliner Hauptstadtbüro des Instituts der deutschen Wirtschaft Köln.

Diese Krise zählt zu den unvermeidbaren. Nicht der geringste Abstrich ist zulässig von den drei Hauptsätzen der einzig treffenden Diagnose: Es lebt sich gut am Vesuv. Leider bricht er gelegentlich aus. Aber niemand weiß, wann." So brachte kürzlich ein früheres Mitglied des Sachverständigenrats zur Begutachtung der gesamtwirtschaftlichen Entwicklung den aktuellen Tatbestand auf den Punkt. Bezeichnenderweise kommen die „drei Hauptsätze" ohne die Worte „Kapitalismus", „Marktwirtschaft", „Wettbewerb" oder auch nur „System" aus. Der Vesuv, das sind wir Menschen selbst.

Was sich da als krisenanfällig erweist und gelegentlich ausbricht, das ist nämlich nicht irgendein System in all seiner Abstraktion. Der Vesuv, das ist mitnichten die freie Marktwirtschaft, wie man heute von Kritikern aller denkbaren Schattierungen immer wieder hören muss. Auch nicht der Kapitalismus, jenseits jeder klassenkämpferischen Terminologie schlicht und wohl verstanden als eine Wirtschaftsform, die zukunftsgerichtet durch Kapitalbildung, also Sparen und Investieren, auf Wohlstandsmehrung zielt – ein ökonomisches Miteinander, das sich in freiwilligen Austauschbeziehungen auf der Basis von Privateigentum an den Produktionsmitteln konkretisiert. [...]

Natürlich ist die Beobachtung korrekt, dass wir in der Marktwirtschaft Krisen erlebt haben, erleben und erleben werden. Es trifft auch zu, dass hier die Krisen häufiger vorkommen als in weniger freien Systemen. Doch selbst wenn hier Korrelation und Kausalität in eins fallen, so ist der Saldo doch immer noch positiv, wie es Wissenschaftler vom Massachusetts Institute of Technology (MIT) vor einigen Jahren in einer gründlichen Studie nachgewiesen haben: Die dauerhaften Wohlstandsgewinne sind immer noch mit Abstand größer als die temporären Verluste im krisenhaften Kollaps.

Unabhängig von dieser materiellen Bilanz liegt in der Korrelation von Krise und Markt aber vor allem noch nicht die Antwort auf die eigentliche, systemische Schuldfrage. Die Wurzel des Übels liegt vielmehr woanders: in der Conditio humana. Und die ändert sich auch nicht mit einem anderen Wirtschaftssystem. Die Krisenanfälligkeit ist dem Menschsein an sich immanent. Denn unser menschliches Dasein ist geprägt von fundamentaler Unsicherheit und von regelmäßigen Interessenskonflikten. [...]

Der Kapitalismus ist das einzige System, das sich aufgrund der idealerweise von externen Eingriffen unverzerrten, die individuellen Interessen abbildenden und koordinierenden Rückkopplungsprozesse immer wieder selbst korrigieren kann. Er ist das einzige System, das einen Mangel an Moral oder an Regeln nach gewisser Zeit anzeigt und uns dazu bringt, Moral oder Regeln neuerlich einzufordern. Nur in der Marktwirtschaft kann es solche Krisen überhaupt geben – und vor allem die damit verbundene Selbstreinigung und Innovation. [...]

Quelle: F.A.Z., Zukunft des Kapitalismus (2) vom 05.05.2009, www.faz.net/s/Rub9A19C8AB8E84EE-F8640E9F05A69B915/Doc~EE7141176048B4C339BBA18 53D98B0D96~ATpl~Ecommon~Sspezial.htm [Zugriff: 14.04.2011]

M6 Urteil im „Bankentribunal"

Vom 9. bis 11. April 2010 führte Attac Deutschland in Berlin ein öffentliches „Tribunal" durch, das die Ursachen des Finanzcrashs, die Schuldigen und Folgen beleuchten sollte. Teilnehmer waren insbesondere kapitalismuskritische Wissenschaftler, Ergebnis war nach Anklageerhebung, Zeugenbefragung und Verteidigung ein Urteil, das in Auszügen hier wiedergegeben wird.

[...] Unser Bankentribunal ist kein staatliches Gerichtsverfahren, sondern ein zivilgesellschaftlicher Prozess. Es wurden Anklagepunkte vorgetragen und begründet, die Argumente der Verteidigung gehört, Sachverständige und Zeugen befragt und es wird ein Urteil gesprochen. Dieses Urteil ist ein Zeichen zivilgesellschaftlichen Protests.

Worüber wird geurteilt? Über die aktuelle beispiellose Finanz- und Wirtschaftskrise, die allenfalls mit der Finanz- und Wirtschaftskrise vor 80 Jahren vergleichbar ist. Über die Dynamik einer kapitalistischen Wirtschaft, die sich in drei Dimensionen als destruktiv erwiesen hat: das Kreditschöpfungspotential des Bankensystems hat sich aus der realwirtschaftlichen Verankerung gerissen. Der gesellschaftliche Wohlstand hat das Naturvermögen, die Sparbüchse des Planeten zum Nulltarif verschlissen. Das

Konstituierung des „Gerichts" beim Attac-Bankentribunal

wirtschaftliche Wachstum ist immer mehr ungleich verteilt und hat den gesellschaftlichen Zusammenhalt gesprengt.

Über wen wird geurteilt? Nicht über eine Krise, die wie ein finanzwirtschaftlicher Sachzwang, eine Naturgewalt oder eine geschichtliche Notwendigkeit über die Gesellschaft hereingebrochen ist. Die Finanzmärkte sind keine leblose Maschine, sie sind das Produkt gesellschaftlicher Entscheidungen und bestimmt durch das, was Menschen aus ihnen machen und machen wollen, durch Interessen, die sie bedienen. Deshalb wird geurteilt über kollektive Akteure, über staatliche Organe und finanzwirtschaftliche Institutionen.

Was will dieses Tribunal erreichen? Erstens das Desaster der für die meisten Experten überraschend eingetretenen Finanzkrise als gesellschaftlichen und politischen Skandal brandmarken und so der Wut und Empörung breiter Bevölkerungsgruppen einen Ausdruck verschaffen. Zweitens eine Spurensuche einleiten: Wie konnte es dazu kommen? Aufklärungsarbeit leisten gegen den nicht versiegenden Hauptstrom marktradikaler Deutungsmuster. Drittens denen eine Stimme geben, die am wenigsten zu der Krise beigetragen haben, nämlich die unteren Bevölkerungsschichten bei uns und die Masse der Weltbevölkerung, die jedoch am meisten die Folgen der Finanzkrise zu spüren bekommen. [...]

Quelle: www.attac.de/fileadmin/user_upload/Kampagnen/casino/Aktionen/Bankentribunal/Urteil-Endfassung.pdf vom 11.04.2010 [Zugriff: 14.04.2011]

Miniglossar

Attac
association pour une taxation des transactions financières pour l'aide aux citoyens, dt. „Vereinigung für eine Besteuerung von Finanztransaktionen zum Nutzen der Bürger"; internationale globalisierungskritische Nichtregierungsorganisation

Kreditschöpfungspotential
Möglichkeit der Banken, durch Handel untereinander die Geldmenge und damit die Möglichkeit der Kreditvergabe zu erhöhen

Arbeitsvorschläge

1. Analysieren Sie das Fallbeispiel (M 2) im Hinblick auf die Folgen von Arbeitslosigkeit; ziehen Sie zur Erläuterung M 3 hinzu. Diskutieren Sie, ob sich daraus politischer Handlungsbedarf ableiten lässt.

2. Beschreiben Sie die Entwicklung der Arbeitslosigkeit in Deutschland seit 1947 und ermitteln Sie die Gründe für diese Entwicklung (M 4).

3. Karen Horn und das Tribunal von Attac (M 5 und M 6) beurteilen Wirtschaftskrisen aus unterschiedlicher Perspektive.

– Stellen Sie die jeweiligen Wertungen der beiden Texte zu Wirtschaftskrisen in Form einer Tabelle einander gegenüber.
– Welche Interessenlage vertreten die beiden Texte jeweils?
– Nehmen Sie kritisch Stellung zu den beiden Positionen.

4. Recherchieren Sie, inwiefern die aktuelle wirtschafts- und sozialpolitische Diskussion die Argumente von M 5 und M 6 aufgreift.

Methode

Umgang mit Statistiken –
Sozialwissenschaftliche Statistikanalyse

Täglich begegnen uns Statistiken: in Zeitungen, im Fernsehen und natürlich auch in Schulbüchern. Um sie lesen, verstehen und kritisch hinterfragen zu können, braucht man einige methodische Fähigkeiten.

1. Welche Darstellungsformen von Statistiken gibt es?

Grundsätzlich lassen sich Tabellen, d. h. zahlenmäßige Darstellungen, von grafischen Darstellungen unterscheiden. Grafische Darstellungen sind z. B.
- Kurvendiagramme, die sich insbesondere eignen, um zeitliche Entwicklungen bestimmter Größen (Preise, Beschäftigung etc.) zu veranschaulichen,
- Kreis- oder Halbkreisdiagramme, um Größenverhältnisse zu zeigen, oder
- Säulen- und Stabdiagramme, die insbesondere Vergleiche erleichtern, aber auch Entwicklungen verdeutlichen können.

2. Wie arbeitet man mit Statistiken?

Beschreibung der Statistik:
- Überschrift: Was stellt die Statistik dar? Welche Werte werden angegeben (Prozentzahlen, absolute Zahlen, Indexzahlen)? Auf welchen Zeitraum, auf welche Region bezieht sie sich?
- Kopfzeile und Kopfspalte bzw. Legende: Welche Werte, in welchen (zeitlichen) Abständen etc. gibt die Tabelle an? Was bedeuten die benutzten Begriffe?
- Quellenangabe: Wer hat die Statistik verfasst? (Dies kann wichtig sein für die kritische Bewertung am Ende der Analyse.)
- Darstellungsform: Welche wurde gewählt? Welcher Maßstab wurde gewählt?

Analyse:
- Informationen: Auf welche Fragen gibt die Statistik eine Antwort? Was lässt sich aus ihr ablesen?
- Zusammenhänge/Korrelationen: Gibt es zwischen den einzelnen Werten Beziehungen? Lassen sich Entwicklungen oder Gesetzmäßigkeiten ableiten?

Aber Vorsicht! Statistische Werte sagen allein nichts über Wirkungszusammenhänge (Kausalität) aus; selbst wenn Werte sich z. B. parallel entwickeln, könnte dies reiner Zufall sein. Ein Beispiel ist der statistische Nachweis, dass gleichzeitig mit dem Rückgang der Zahl der Störche in Deutschland auch die Zahl der Geburten abnahm. Ist damit die alte Legende bewiesen, dass die Störche die Kinder bringen?

Ob man aus statistisch nachgewiesenen parallelen oder auch gegensätzlichen Entwicklungen ökonomischer Größen tatsächlich Aussagen über Ursache und Wirkung ableiten kann, lässt sich erst mithilfe von Modellen und soziologischen oder ökonomischen Theorien beurteilen.

Auswertung:
- Einordnung: In welchem Verhältnis steht das Ergebnis der Statistikanalyse zum bisher Bekannten?
- Weiterführung: Bleiben Fragen offen? Wo sind die Grenzen der Aussagefähigkeit?

Kritik:
- Herkunft: Ist die Quelle, der die Statistik entstammt, zuverlässig?
- Absicht: Könnte jemand (z. B. eine Partei, eine Organisation) ein besonderes Interesse daran haben, die Aussagen der Statistik für sich oder gegen jemanden zu nutzen?
- Manipulation: Wird durch die Darstellung (z. B. verzerrte Größenverhältnisse) die Aussage der Statistik beeinflusst oder gar verfälscht?

Arbeitsvorschlag

Drei Journalisten bzw. Journalistinnen wird jeweils eine der drei Grafiken rechts zur Umsatzentwicklung einer Bank vorgelegt. Stellen Sie dar, welches Fazit die drei jeweils ziehen würden.

Dazu ein Beispiel:

Wenn man die Umsatzentwiklung eines Unternehmens präsentieren will, so kann man durch Strecken oder Stauchen der senkrechten oder waagerechten Achsen sowie durch Abschneiden eines Teils der senkrechten Achsen, bei an sich gleichen Werten allein durch die Manipulation die Umsatzentwicklung glänzender darstellen, als sie tatsächlich ist. So könnte ein Bankenvorstand seine Aktionäre über die tatsächliche Geschäftsentwicklung täuschen und seine Arbeit als erfolgreicher darstellen, als sie tatsächlich ist.

Kritische Aktionäre könnten ebenso eine andere grafische Darstellung als Beleg für ihre negative Bewertung der Geschäftsentwicklung verwenden.

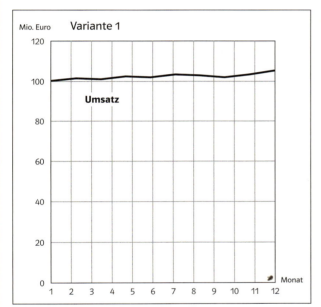

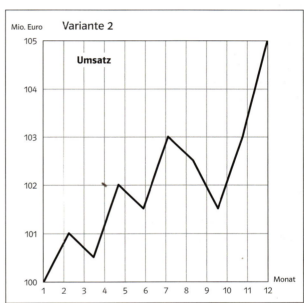

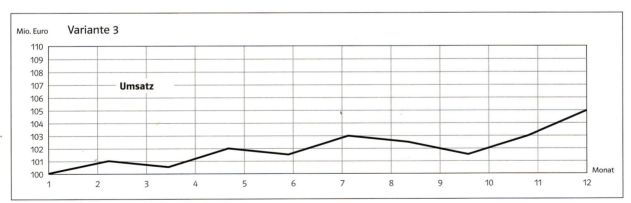

2 Soziale Marktwirtschaft

Anstöße zum Weiterdenken

Miniglossar

Bruttoinlandsprodukt real preisbereinigte Summe des Wertes aller in einem Jahr in einem Land produzierten Güter und Dienstleistungen; Preissteigerungen oder -senkungen werden also herausgerechnet

Kapazitätsauslastung Auslastungsgrad der Maschinen und Produktionsanlagen; Indikator für den Auftragsbestand der Industrie und damit die wirtschaftliche Lage eines Landes (Vollauslastung entspräche 100 %)

M1 Daten zur wirtschaftlichen Entwicklung in Malta

Entwicklung des Bruttoinlandsprodukts real

2006	5 215 Mio €
2007	5 413 Mio €
2008	5 527 Mio €

Kapazitätsauslastung der Industrie

2009, 1. Vierteljahr	69,0 %
2009, 2. Vierteljahr	65,9 %
2009, 3. Vierteljahr	71,0 %
2009, 4. Vierteljahr	73,0 %

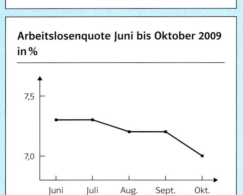

Arbeitslosenquote Juni bis Oktober 2009 in %

Inflationsrate im Jahr 2008

Malta	4,7 %
Portugal	7,7 %
Slowakei	9,5 %
Spanien	11,3 %

M2 Daten zur wirtschaftlichen Entwicklung in Malta

Wachstum des Bruttoinlandsprodukts real

2006	+ 3,8 %
2007	+ 3,7 %
2008	+ 2,1 %

Kapazitätsauslastung der Industrie

2007	80,8 %
2008	79,0 %
2009	69,7 %

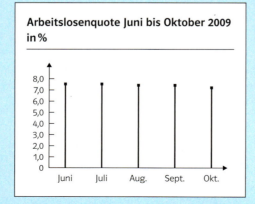

Arbeitslosenquote Juni bis Oktober 2009 in %

Inflationsrate im Jahr 2008

Luxemburg	4,1 %
Malta	4,7 %
Niederlande	2,2 %
Österreich	3,2 %

M3

1. Ermitteln Sie arbeitsteilig in zwei Gruppen mithilfe der Daten M 1 oder M 2 die wirtschaftliche Lage Maltas. Begründen Sie jeweils Ihre Einschätzung der wirtschaftlichen Lage mithilfe der statistischen Daten.
2. Vergleichen Sie die Ergebnisse der Gruppen, ziehen Sie die Daten der jeweils anderen Gruppe hinzu und begründen Sie unterschiedliche Bewertungen der wirtschaftlichen Lage Maltas durch eine Statistikkritik.
3. Werten Sie in Gruppen von vier bis fünf Schülerinnen und Schülern für ein EU-Land Ihrer Wahl aktuelle Wirtschaftsindikatoren aus den Daten des aktuellen Monatsberichts der Bundesbank aus (siehe Online Link).
4. Entwerfen Sie, unterstützt durch eine Folie mit selbst zu erstellenden grafischen Darstellungen, aus diesen Daten einen Redebeitrag im Parlament des gewählten Landes aus Sicht
   – der jeweiligen Regierung oder
   – der Opposition
   zur wirtschaftlichen Lage in „Ihrem" Land.
5. Diskutieren Sie die jeweiligen Ergebnisse unter Nutzung der methodischen Hinweise zur sozialwissenschaftlichen Statistikanalyse.
6. Diskutieren Sie ausgehend von der Karikatur die Aussage „Armut ist in einem reichen Land wie Deutschland kein großes Problem".

Online Link
065630-0202

2 Soziale Marktwirtschaft

Was will die Soziale Marktwirtschaft?
Ordnungselemente und normative Grundannahmen

M1 Weichenstellungen

Die Wahlkampfplakate stammen aus der Zeit unmittelbar nach dem Zweiten Weltkrieg und den Anfangsjahren der Bundesrepublik, als die Auseinandersetzung um die „richtige" Wirtschaftsordnung in Deutschland sehr kontrovers geführt wurde.

Begriff

Die **Marktwirtschaft** ist eine Wirtschaftsordnung, in der Privateigentum an den Produktionsmitteln und die Koordination der wirtschaftlichen Handlungen über den Markt typisch sind. Eine Marktwirtschaft besteht aus einer Vielzahl von Märkten (Gütermarkt, Arbeitsmarkt, Kapitalmarkt u. a.). Jedes Unternehmen entscheidet nach betriebswirtschaftlichen Gesichtspunkten (Gewinnerzielung), welche Güter und Leistungen produziert werden sollen. Der Wettbewerb der Unternehmen um Käufer beeinflusst indirekt Qualität, Angebotsmenge und Preis der Waren und Leistungen.

VT

Soll der Staat aktiv in das Wirtschaftsgeschehen eingreifen? Oder regelt es der Markt allein am besten? Soll jeder Einzelne ausschließlich seine eigenen Interessen verfolgen? Wer sorgt dann für das allgemeine Wohl? Diese jahrhundertealten Fragen sind bis heute strittig.
Dieses Kapitel informiert darüber, welche Antworten der klassische Liberalismus – vertreten durch Adam Smith und sein Hauptwerk „Der Wohlstand der Nationen" (1776) – sowie nach dem Zweiten Weltkrieg Alfred Müller-Armack, wie Ludwig Erhard einer der Väter der Sozialen Marktwirtschaft – darauf geben. Damit greift das Kapitel zugleich Kontroversen auf, die schon in der frühen Geschichte der Bundesrepublik, aber auch in der aktuellen Debatte um die „richtige" Wirtschaftspolitik eine entscheidende Rolle spielen.
Dabei berufen sich sehr gegensätzliche Politiker, Verbandsvertreter und Theoretiker auf die Verteidigung von Grundprinzipien der Sozialen Marktwirtschaft. Die Diskussion und wirtschaftspolitische Praxis prägte die grundsätzliche Frage, ob mehr oder weniger Staat die Probleme lösen könne,

M2 Start in die Marktwirtschaft

Während in der sowjetischen Zone die Aufgabe der Zentralverwaltungswirtschaft mit staatlich gelenkten Produktionsplänen, Preisen und Löhnen gar nicht zur Debatte stand, bekannte sich die Bizone zur wettbewerbsorientierten Marktwirtschaft. Das erschien 1948 als atemberaubendes Experiment, das von vielen mit Argwohn und Skepsis beobachtet wurde. Verantwortlich für den kühnen Schritt war Ludwig Erhard, der im März 1948 auf Vorschlag der FDP mit den Stimmen der CDU/CSU vom Frankfurter Wirtschaftsrat zum Direktor der Verwaltung für Wirtschaft gewählt worden war, zum „Wirtschaftsminister" der Bizone also. Vom Wirtschaftsrat, dem Bizonen-Parlament, ließ sich Erhard im Juni 1948 die nötigen Vollmachten zum Abbau der Zwangswirtschaft geben, in Gestalt eines „Gesetzes über Leitsätze für die Bewirtschaftung und Preispolitik nach der Geldreform". Es trat 1948 zugleich mit der Währungsreform in Kraft und war eines der eigenartigsten Gesetze, die in der Ära des Bizonen-Parlaments verabschiedet wurden, weil es mehr ein in die Zukunft weisendes Programm als ein in Paragraphen gekleideter Normenkatalog war.

In rascher Folge wurden mit Hilfe des Leitsätzegesetzes ab 20. Juni 1948 die Preis-Rationierungsvorschriften in der Bizone aufgehoben. Nur besonders wichtige Güter blieben noch eine Zeitlang mit festgesetzten Höchstpreisen bewirtschaftet, darunter Kohle, Stahl, Düngemittel, Treibstoff. Auch für Grundnahrungsmittel und Mieten gab es noch überwachte Festpreise. [...]
In den ersten Monaten nach der Währungsreform schien es, als würden die Skeptiker recht behalten, die Erhards Kurs für falsch hielten. Solche gab es auch in den Reihen von CDU und CSU. Die Schere zwischen Löhnen und Preisen ging nach der Währungsreform erst einmal weit auf, die Leidtragenden waren die Lohnabhängigen. Die Marktwirtschaft, bei der sich Angebot und Nachfrage durch freie Preise gegenseitig regulieren, war mit dem Kaufkraftstoß zu plötzlich über die Bevölkerung hereingebrochen. Weder Käufer noch Verkäufer zeigten sich der Situation gewachsen. In den ersten Tagen waren die Läden leer gekauft worden, dann reagierten die ratlosen Konsumenten erbost gegen die Hektik, mit der die Preise in die Höhe kletterten. Ein großer Teil der Presse verlangte den Abbruch des marktwirtschaftlichen Experiments und die Entfernung des allem Anschein nach unfähigen Politikers Erhard. Im Frankfurter Wirtschaftsrat stellte die Opposition im Sommer und Herbst 1948 zweimal Misstrauensanträge gegen ihn.

Die Gewerkschaften der britischen und amerikanischen Zone, die viereinhalb Millionen organisierte Arbeiter repräsentierten, riefen schließlich im November 1948 zum Generalstreik „gegen die Anarchie auf den Warenmärkten und gegen das weitere Auseinanderklaffen von Löhnen und Preisen" auf. Etwa neun Millionen Arbeiter folgten der Aufforderung am 12. November 1948 und demonstrierten mit einer 24-stündigen Arbeitsniederlegung gegen die Marktwirtschaft. Der Höhepunkt des Protestes war mit dieser Aktion im November 1948 erreicht. Die Auseinandersetzungen um die Wirtschaftsordnung dauerten nach wie vor an, sie standen ein halbes Jahr später im Mittelpunkt des Wahlkampfes für den ersten Deutschen Bundestag. Zu diesem Zeitpunkt war Ludwig Erhard aber schon die „Wahllokomotive" der CDU/CSU, weil sich der Erfolg der Frankfurter Wirtschaftspolitik bereits gezeigt hatte. Das westdeutsche „Wirtschaftswunder" hatte begonnen.

Quelle: Benz, Wolfgang: Wirtschaftsentwicklung von 1945 bis 1949, in: Informationen zur politischen Bildung, Heft 259, www.bpb.de/publikationen/8ZU9SN,4,0,Wirtschaftsentwicklung_von_1945_bis_1949.html [Zugriff: 14.04.2011]

Online Link
065630-0203

Arbeitsvorschläge

1. Beschreiben Sie die Plakate.

2. Erläutern Sie ausgehend von Ihrem Vorwissen aus dem Geschichtsunterricht und von M 2 den wirtschaftlichen und politischen Hintergrund der in M 1 wiedergegebenen Kontroversen.

3. Analysieren Sie, welche wirtschaftlichen Grundüberzeugungen die Plakate jeweils widerspiegeln.

4. Erörtern Sie, ob die dahinter stehenden Kontroversen noch heute aktuell sind. Recherchieren Sie Beispiele.

M3 Adam Smith, Der Wohlstand der Nationen (1776)

Adam Smith (1723–1790) war Moralphilosoph und Wirtschaftstheoretiker; er gilt als Begründer der modernen Nationalökonomie und des Wirtschaftsliberalismus.

Fast jedes Tier ist völlig unabhängig und selbstständig, sobald es ausgewachsen ist, und braucht in seiner natürlichen Umgebung nicht mehr die Unterstützung anderer. Dagegen ist der Mensch fast immer auf Hilfe angewiesen, wobei er jedoch kaum erwarten kann, dass er sie allein durch das Wohlwollen der Mitmenschen erhalten wird. Er wird sein Ziel wahrscheinlich viel eher erreichen, wenn er deren Eigenliebe zu seinen Gunsten zu nutzen versteht, indem er ihnen zeigt, dass es in ihrem eigenen Interesse liegt, das für ihn zu tun, was er von ihnen wünscht. Jeder, der einem anderen irgendeinen Tausch anbietet, schlägt vor: Gib mir, was ich wünsche, und du bekommst, was du benötigst. Das ist stets der Sinn eines solchen Angebotes, und auf diese Weise erhalten wir nahezu alle guten Dienste, auf die wir angewiesen sind. Nicht vom Wohlwollen des Metzgers, Brauers und Bäckers erwarten wir das, was wir zum Essen brauchen, sondern davon, dass sie ihre eigenen Interessen wahrnehmen. Wir wenden uns nicht an ihre Menschen-, sondern an ihre Eigenliebe, und wir erwähnen nicht die eigenen Bedürfnisse, sondern sprechen von ihrem Vorteil. Niemand möchte weitgehend vom Wohlwollen seiner Mitmenschen abhängen. [...]

Da aber jeder Mensch Kapital zur Unterstützung seines Erwerbsstrebens nur mit Aussicht auf Gewinn einsetzt, wird er stets bestrebt sein, es zur Hilfe für solche Erwerbe anzulegen, deren Ertrag voraussichtlich den höchsten Wert haben wird, oder für den er das meiste Geld oder die meisten anderen Waren bekommen kann. Nun ist aber das Volkseinkommen eines Landes immer genau so groß wie der Tauschwert des gesamten Jahresertrags oder, besser, es ist genau dasselbe, nur anders ausgedrückt. [...] Wenn daher jeder Einzelne so viel wie nur möglich danach trachtet, sein Kapital zur Unterstützung der einheimischen Erwerbstätigkeit einzusetzen und dadurch diese so lenkt, dass ihr Ertrag den höchsten Wertzuwachs erwarten lässt, dann bemüht sich auch jeder Einzelne ganz zwangsläufig, dass das Volkseinkommen im Jahr so groß wie möglich werden wird. Tatsächlich fördert er in der Regel nicht bewusst das Allgemeinwohl, noch weiß er, wie hoch der eigene Beitrag ist.

Wenn er es vorzieht, die nationale Wirtschaft anstatt die ausländische zu unterstützen, denkt er eigentlich nur an die eigene Sicherheit, und wenn er dadurch die Erwerbstätigkeit so fördert, dass ihr Ertrag den höchsten Wert erzielen kann, strebt er lediglich nach eigenem Gewinn.

Und er wird in diesem wie auch in vielen anderen Fällen von einer unsichtbaren Hand geleitet, um einen Zweck zu fördern, den zu erfüllen er in keiner Weise beabsichtigt hat. Auch für das Land selbst ist es keineswegs immer das Schlechteste, dass der Einzelne ein solches Ziel nicht bewusst anstrebt, ja, gerade dadurch, dass er das eigene Interesse verfolgt, fördert er häufig das der Gesellschaft nachhaltiger, als wenn er wirklich beabsichtigt, es zu tun. Alle, die jemals vorgaben, ihre Geschäfte dienten dem Wohl der Allgemeinheit, haben meines Wissens niemals etwas Gutes getan. Und tatsächlich ist es lediglich eine Heuchelei, die unter Kaufleuten nicht weit verbreitet ist, und es genügen schon wenige Worte, um sie davon abzubringen. Der Einzelne vermag ganz offensichtlich aus seiner Kenntnis der örtlichen Verhältnisse weit besser zu beurteilen, als es irgendein Staatsmann oder Gesetzgeber für ihn tun kann, welcher Erwerbszweig im Lande für den Einsatz seines Kapitals geeignet ist und welcher einen Ertrag abwirft, der den höchsten Wertzuwachs verspricht. Ein Staatsmann, der es versuchen sollte, Privatleuten vorzuschreiben, auf welche Weise sie ihr Kapital investieren sollten, würde sich damit nicht nur höchst unnötig eine Last aufbürden, sondern sich auch eine Autorität anmaßen, die man nicht einmal einem Staatsrat oder Senat, geschweige denn einer einzelnen Person getrost anvertrauen könnte, eine Autorität, die nirgendwo so gefährlich wäre wie in der Hand eines Mannes, der, dumm und dünkelhaft genug, sich auch noch für fähig hielte, sie ausüben zu können. [...]

So wird in jeder Wirtschaftsordnung, in der durch besondere Förderung mehr volkswirtschaftliches Kapital in einzelne Erwerbszweige gelenkt werden soll, als von selbst

Deutsche Erstausgabe

Porträt von Adam Smith

dorthin fließen würde oder durch außerordentliche Beschränkung Teile des Kapitals von Branchen ferngehalten werden, in denen sie sonst investiert worden wären, in Wirklichkeit das Hauptziel unterlaufen, das man zu fördern vermeint. Sie verzögert den Fortschritt des Landes zu Wohlstand und Größe, anstatt ihn zu beschleunigen, und sie verringert den wirklichen Wert des Jahresprodukts aus Boden und Arbeit, statt ihn zu vergrößern.

Gibt man daher alle Systeme der Begünstigung und Beschränkung auf, so stellt sich ganz von selbst das einsichtige und einfache System der natürlichen Freiheit her. Solange der Einzelne nicht die Gesetze verletzt, lässt man ihm völlige Freiheit, damit er das eigene Interesse auf seine Weise verfolgen kann und seinen Erwerbsfleiß und sein Kapital im Wettbewerb mit jedem anderen oder einem anderen Stand entwickeln oder einsetzen kann. Der Herrscher wird dadurch vollständig von einer Pflicht entbunden, bei deren Ausübung er stets unzähligen Täuschungen ausgesetzt sein muss und zu deren Erfüllung keine menschliche Weisheit oder Kenntnis jemals ausreichen könnte, nämlich der Pflicht oder Aufgabe, den Erwerb privater Leute zu überwachen und ihn in Wirtschaftszweige zu lenken, die für das Land am nützlichsten sind. Im System der natürlichen Freiheit hat der Souverän lediglich drei Aufgaben zu erfüllen, die sicherlich von höchster Wichtigkeit sind, aber einfach und dem normalen Verstand zugänglich: Erstens die Pflicht, das Land gegen Gewalttätigkeit und Angriff anderer unabhängiger Staaten zu schützen, zweitens die Aufgabe, jedes Mitglied der Gesellschaft so weit wie möglich vor Ungerechtigkeit oder Unterdrückung durch einen Mitbürger in Schutz zu nehmen oder ein zuverlässiges Justizwesen einzurichten, und drittens die Pflicht, bestimmte öffentliche Anstalten und Einrichtungen zu gründen und zu unterhalten, die ein Einzelner oder eine kleine Gruppe aus eigenem Interesse nicht betreiben kann, weil der Gewinn ihre Kosten niemals decken könnte, obwohl er häufig höher sein mag als die Kosten für das ganze Gemeinwesen.

Quelle: Smith, Adam: Der Wohlstand der Nationen. Eine Untersuchung seiner Natur und seiner Ursachen, aus dem Englischen übertragen und herausgegeben von H.C. Recktenwald, 10. Auflage, München 2003, S. 16 f., S. 370 f., S. 582 f.

Arbeitsvorschläge

1. Analysieren Sie das Verhältnis von Eigennutz und Gemeinwohl nach Adam Smith (M 3). Welche Rolle kommt dabei der „unsichtbaren Hand", d.h. dem Markt, zu?

Miniglossar

Interventionisten
Vertreter verstärkter Staatseingriffe in das Wirtschaftsgeschehen

modellgläubige Deterministen
Vertreter glauben, künftige Entwicklungen seien – entsprechend der Annahmen ökonomischer Modelle – bereits eindeutig festgelegt.

M4 Vorschläge zur Verwirklichung der Sozialen Marktwirtschaft

Alfred Müller-Armack (1901–1978), Ökonom, Soziologe und Politiker (CDU), prägte den Begriff der „Sozialen Marktwirtschaft". Ab 1952 arbeitete er im Wirtschaftsministerium unter Ludwig Erhard als Leiter der Grundsatzabteilung. Von 1958 bis 1963 war er Staatssekretär für Europäische Angelegenheiten.

Die Lage unserer Wirtschaft zwingt uns zu der Erkenntnis, dass wir uns in Zukunft zwischen zwei grundsätzlich voneinander verschiedenen Wirtschaftssystemen zu entscheiden haben, nämlich dem System der antimarktwirtschaftlichen Wirtschaftslenkung und dem System der auf freie Preisbildung, echten Leistungswettbewerb und soziale Gerechtigkeit gegründeten Marktwirtschaft.

Alle Erfahrungen mit wirtschaftlichen Lenkungssystemen verschiedenster Schattierungen haben erwiesen, dass sie unvermeidlich zu einer mehr oder weniger weitgehenden Vernichtung der Wirtschaftsfreiheit des einzelnen führen, also mit demokratischen Grundsätzen unvereinbar sind, und zweitens mangels zuverlässiger Maßstäbe infolge der Aufhebung des Preismechanismus nicht in der Lage sind, die verschiedenen Knappheitsgrade zuverlässig zu erkennen. Jede Lenkungswirtschaft hat daher in der Praxis am wirklichen volkswirtschaftlichen Bedarf „vorbeigelenkt".

Wir stützen uns auf die Erfahrung, wenn wir feststellen, dass allein durch die freie Bildung echter Preise die Signale für volkswirtschaftlich dringlichste Produktionen gewonnen werden können und dass zweitens durch Wiederherstellung der Freiheit des Wirtschaftens für alle und Schaffung eines echten Leistungswettbewerbs diejenigen Energien freier Menschen wieder für das Gesamtwohl wirksam werden, die unter dem Zwange bürokratischer Planung und Enge kein Interesse mehr an zusätzlicher Erzeugung haben.

Die angestrebte moderne Marktwirtschaft soll betont sozial ausgerichtet und gebunden sein. Ihr sozialer Charakter liegt bereits in der Tatsache begründet, dass sie in der Lage ist, eine größere und mannigfaltigere Gütermenge zu Preisen anzubieten, die der Konsument durch seine Nachfrage entscheidend mitbestimmt und die durch niedrige Preise den Realwert des Lohnes erhöht [...].

Durch die freie Konsumwahl wird der Produzent gezwungen, hinsichtlich Qualität, Sortiment und Preis seiner Produkte auf die Wünsche der Konsumenten einzugehen, die damit eine echte Marktdemokratie ausüben. [...] Liegt also bereits in der Produktivität der Marktwirtschaft ein starkes soziales Moment beschlossen, so wird es gleichwohl notwendig sein, mit aller Entschiedenheit eine Reihe von Maßnahmen durchzuführen, die eine soziale Sicherheit gewährleisten und die durchaus im Rahmen einer Marktwirtschaft zu verwirklichen sind.

Quelle: Müller-Armack, Alfred: Vorschläge zur Verwirklichung der Sozialen Marktwirtschaft, in: ders.: Genealogie der Sozialen Marktwirtschaft, 2. Auflage, Bern, Stuttgart 1981, S. 99ff. (Erstveröffentlichung: Mai 1948)

M5 Zwischen Staatseingriff und den freien Kräften des Marktes

Rede des Staatssekretärs im Bundesministerium für Wirtschaft und Technologie, Dr. Walther Otremba, anlässlich der XIV. Internationalen Kartellkonferenz am 27.04.2009 in Hamburg

[...] Ausblick – Die Renaissance von Freiheit und Verantwortung

Weder die Turbulenzen auf den Finanzmärkten noch die weltweite wirtschaftliche Rezession rechtfertigen eine Abkehr von unternehmerischer Eigenverantwortung, von Vertragsfreiheit und freiem Wettbewerb. Staatseingriffe müssen die Ausnahme, freie Märkte die Regel bleiben.

Die Finanz- und Wirtschaftskrise gibt Anlass, sich auf Freiheit, Verantwortung und Wettbewerb als die wesentlichen Ordnungsprinzipien der Sozialen Marktwirtschaft zurückzubesinnen. Es ist Aufgabe der Ordnungspolitik, sie in den politischen und wirtschaftlichen Entscheidungsprozessen zum Tragen zu bringen.

Entgegen der Auffassung staatsgläubiger Interventionisten oder modellgläubiger Deterministen ist die Ordnungspolitik auch nicht veraltet. Der Staat ist nicht der bessere Unternehmer. Staatliche Markteingriffe laufen stets Gefahr, wesentliche Anreizmechanismen außer Kraft zu setzen. Politischer Einfluss auf Unternehmen führt leicht zu Fehlentscheidungen zulasten der Steuerzahler und zukünftiger Generationen.

[...] Der Staat hat nur einzugreifen, wenn der Markt sich nicht mehr selbst helfen kann. Staatliche Interventionen müssen unabhängig von Inhalt, Form und Zeitpunkt immer sorgfältig und kritisch geprüft bzw. überprüft werden. [...] Konjunkturelle Rettungsmaßnahmen müssen schnellstmöglich wieder beendet und der Ausstieg aus Rettungsszenarien frühzeitig überlegt werden. [...]

Quelle: www.bmwi.de/BMWi/Navigation/Presse/reden-und-statements,did=299832.html vom 06.01.2010 [Zugriff: 14.04.2011]]

M6 Lehren aus der Finanzkrise

Vom großen Irrtum des Adam Smith [...]

Joseph E. Stiglitz ist Professor an der Columbia University in New York. Er erhielt 2001 den Nobelpreis für Ökonomie.

Das Beste, was über 2009 gesagt werden kann, ist: Es hätte schlimmer kommen können. Es gelang uns, von dem Abgrund zurückzuweichen, an dem wir uns Ende 2008 befanden, und 2010 wird für die meisten Länder ziemlich sicher besser werden.

Die Welt hat zwar ein paar wertvolle Lehren gezogen, aber zu einem hohen Preis, was den gegenwärtigen und zukünftigen Wohlstand betrifft – ein unnötig hoher Preis, zumal diese Lehren eigentlich schon früher hätten gezogen werden können.

Die erste Lehre ist, dass Märkte sich nicht selbst korrigieren. Ohne angemessene Regulierung tendieren sie vielmehr zum Exzess. Im Jahr 2009 wird uns wieder einmal klar, warum Adam Smiths unsichtbare Hand oft unsichtbar bleibt: weil es sie gar nicht gibt. [...]

Das eigennützige Streben der Banker führte eben nicht zum Wohl der Gemeinschaft, es war nicht einmal für Aktionäre von Nutzen. Ganz sicher nichts davon hatten die Hausbesitzer, die ihr Heim verloren; Arbeitnehmer, die ihre Jobs einbüßten; Rentner, die zusehen mussten, wie sich ihre Altersvorsorge in Luft auflöste oder die Steuerzahler, die Hunderte Milliarden Dollar zur Rettung der Banken zahlen mussten.

Angesichts des drohenden Zusammenbruchs des ganzen Systems wurde das Sicherheitsnetz des Staates – das eigentlich für Menschen in Not gedacht ist – generös auf Banken, dann auf Versicherungen, Autohersteller, ja sogar auf Autokreditfirmen erweitert. Noch nie wurde derart viel Geld von so vielen Menschen zu so wenigen umgeleitet. Normalerweise nehmen wir an, dass der Staat das Geld von den Reichen zu den Armen umverteilt. In diesem Fall aber wurden die Mittel der Armen und Durchschnittsverdiener zu den Reichen dirigiert. Sie mussten genau jenen Institutionen Geld zukommen lassen, von denen sie vorher jahrelang abgezockt wurden [...]. Und dann mussten die Steuerzahler auch noch zusehen, wie ihr Geld benutzt wurde, exorbitante Boni und Dividenden auszuzahlen. Dividenden sind eigentlich Anteile am Gewinn, in diesem Fall waren sie einfach Anteile an staatlichen Geschenken.

Die Bankenrettung enthüllte die allumfassende Heuchelei. Diejenigen, die unter Hinweis auf den Staatsetat Zurückhaltung gepredigt hatten, als es um kleine Sozialprogramme für die Armen ging, forderten nun lautstark das größte Sozialprogramm der Welt. [...]

Quelle: www.sueddeutsche.de/wirtschaft/641/498927/text vom 01.01.2010 [Zugriff: 14.04.2011]

Arbeitsvorschläge

1. Erörtern Sie das Verhältnis von politischer und wirtschaftlicher Freiheit nach Müller-Armack (M4).

2. Vergleichen Sie die Rolle des Staates bei Smith mit der bei Müller-Armack (M3 und M4).

3. Untersuchen Sie am Beispiel aktueller politischer Kontroversen zur Rolle des Staates in Wirtschaft und Gesellschaft, inwiefern sich darin verwandte Vorstellungen über die Rolle des Staates wie in den Plakaten auf S. 50 widerspiegeln.

4. Analysieren Sie die Rede Walther Otrembas (M5) im Hinblick auf die Rolle, die er Staat und Wettbewerb zuordnet. Vergleichen Sie seine Position mit der Adam Smiths.

5. Analysieren Sie die Kritik Stiglitz' (M6) und seine Widerlegung der Thesen von Adam Smith. Bewerten Sie diese Kritik.

Methode
Umgang mit ökonomischen Modellen
Beispiel: Markt und Preisbildung

Auf der Anbieterseite, also den Unternehmen, nehmen wir an, dass sie ihren Gewinn maximieren wollen, um auf Dauer auch gegenüber ihren Mitbewerbern am Markt bestehen zu können und sich ihre Investitionen rentieren. Daher werden Unternehmen von einem Produkt mehr anbieten, wenn der Preis steigt, bzw. es treten zusätzliche Anbieter auf, die durch die steigenden Preise angelockt werden.

An einem Beispiel sei dies verdeutlicht: Nehmen wir an, ein Tüftler hat ein neues Fitness-Gerät für junge Leute entwickelt und bietet davon zunächst 100 Stück in einer Online-Auktion an. Bald werden immer mehr Kunden darauf aufmerksam, in sozialen Netzwerken spricht sich die Neuigkeit herum, das Gerät wird bald zum begehrten „Kultobjekt".

Was geschieht nun? Die von den Kunden gebotenen Preise werden zunächst steigen, solange das Fitness-Gerät am Markt knapp ist, d.h. die Nachfrage (N) größer als das Angebot (A) ist. Aber auch der Tüftler wird reagieren, er wird seine Produktion wegen der gestiegenen Preise und Gewinnchancen steigern, wird Arbeitskräfte einstellen und mehr Produktionsmittel kaufen. Gleichzeitig ahmen andere Anbieter das „Kultobjekt" nach; das Angebot steigt.

So lange die Nachfrage schneller steigt als das Angebot, steigt auch der Preis. An irgendeinem Punkt sind Kunden nicht mehr bereit, immer höhere Preise zu bieten – und „steigen aus". Übersteigt schließlich die angebotene die nachgefragte Menge, so wird der Preis sinken. Die alten und neuen Produzenten des „Kultobjektes" werden ihre Produktion senken bzw. aus dem Markt ausscheiden.

Daraus lässt sich also verallgemeinernd schließen:

Der Preis steigt bei $N > A$;
der Preis sinkt bei $N < A$.
Steigender Preis: A steigt, N sinkt.
Sinkender Preis: A sinkt, N steigt.

Stellt sich nach einem langen Suchprozess schließlich ein Preis heraus, bei dem Angebot und Nachfrage sich ausgleichen, spricht man vom sogenannten Gleichgewichtspreis bzw. Marktgleichgewicht.

Wie unterscheiden sich verschiedene Marktformen?

Märkte können unterschieden werden nach der Zahl der Marktteilnehmer auf der Angebots- und Nachfrageseite.

Marktformen

Anbieter \ Nachfrager	einer	wenige	viele
einer	bilaterales Monopol	beschränktes Monopol	Monopol
wenige	beschränktes Monopol	bilaterales Monopol	Oligopol
viele	Monopson	Oligopson	(bilaterales) Polypol

Erfüllt das Polypol zusätzlich noch die Kriterien
- der Homogenität der Güter, d.h. alle Güter sind gleich,
- vollständiger Markttransparenz, d.h. alle Marktteilnehmer haben vollständige Informationen, insbesondere über Qualitäten und Preisbildung, und
- fehlen auf Seiten von Anbietern und Nachfragern sachliche, persönliche, zeitliche und räumliche Präferenzen,

so spricht man auch von einem vollkommenen Markt. Da die Annahmen für diesen Markt sehr selten in der Realität anzutreffen sind, sprechen wir hier auch von einem Marktmodell. Es erlaubt durch seine vereinfachenden Annahmen bestimmte verallgemeinerbare Erkenntnisse, bildet aber nicht die Wirklichkeit ab.

Wie verhalten sich die Marktteilnehmer im Modell des vollkommenen Marktes? Den Zusammenhang von Angebot, Preis und Nachfrage kann man auch grafisch darstellen:

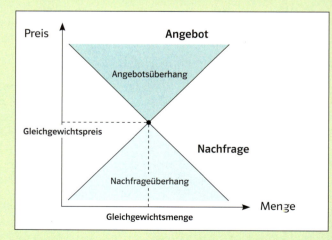

Dort, wo sich Angebots- und Nachfragekurve schneiden, liegt ein Marktgleichgewicht vor, d.h. Angebot und Nachfrage sind gleich, es kommt zur Markträumung. Bei einem höheren Preis als dem Gleichgewichtspreis kommt es zu einem Angebotsüberschuss, bei einem zu niedrigen zu einem Nachfrageüberschuss.

Wie kommt es zur Verschiebung von Angebots- und Nachfragekurven?

Äußere Einflüsse können Angebots- und Nachfragekurven und damit auch den Gleichgewichtspreis im Modellmarkt verschieben. Nehmen wir das Beispiel des Kaffeemarktes: Die Erntemenge sinkt drastisch; folglich sinkt das Angebot an Kaffee, die Nachfrage nach Kaffee aber bleibt gleich. Folglich verschiebt sich die Angebotskurve nach links. Der umgekehrte Effekt tritt ein, wenn die Nachfrage bei gleichem Angebot steigt (vgl. Aufgabe 5 und 6).

Es ist auch vorstellbar, dass sich die äußeren Einflüsse auf Angebots- und Nachfragekurve gleichzeitig vollziehen und es daher zu einer gleichzeitigen Verschiebung beider Kurven kommt; auch dies sollten Sie zeichnerisch nachvollziehen (vgl. Aufgabe 7).

Online Link
065630-0204

Arbeitsvorschläge

1. Betrachten Sie als einen Teilmarkt den der Friseure und Friseurinnen in einer Stadt:
- Ordnen Sie ihn in das Marktformenschema ein.
- Beurteilen Sie, ob er die Merkmale eines vollkommenen Marktes erfüllt.

2. Begründen Sie den Verlauf der Angebots- und Nachfragekurven in der Grafik.

3. Zeichnen Sie in ein Koordinatensystem die Angebotskurve für Roh-Kaffee vor der Missernte. Dabei werden folgende Angebotsmengen bei den jeweiligen Preisen angenommen:

Kilo-Preis in Euro	0,50	1,00	1,50	2,00	2,50	3,00
Angebotene Menge in 1000 Tonnen	3	6	9	12	15	18

4. Zeichnen Sie in ein Koordinatensystem die Nachfragekurve für Roh-Kaffee vor der Marketingaktion für Kaffee. Dabei werden folgende Nachfragemengen bei den jeweiligen Preisen angenommen:

Kilo-Preis in Euro	0,50	1,00	1,50	2,00	2,50	3,00
Nachgefragte Menge in 1000 Tonnen	18	15	12	9	6	3

Welcher Gleichgewichtspreis ergibt sich?

5. Zeichnen Sie in dasselbe Koordinatensystem die Angebotskurve für Roh-Kaffee nach der Missernte. Dabei wird angenommen, dass die Angebotsmengen bei den jeweiligen Preisen um drei Tonnen niedriger liegen. Wie verändert sich der Gleichgewichtspreis?

6. Zeichnen Sie in dasselbe Koordinatensystem die Nachfragekurve für Roh-Kaffee nach erfolgreichen Marketingstrategien. Dabei wird angenommen, dass die Nachfragemengen bei den jeweiligen Preisen um drei Tonnen steigen. Wie verändert sich der Gleichgewichtspreis?

7. Nehmen Sie an, dass die Vorgänge der Aufgaben 5 und 6 sich gleichzeitig ereignen. Stellen Sie die Veränderung des Gleichgewichtspreises dar.

8. Erläutern Sie am Beispiel eines realen Teilmarktes der Bunderepublik, welche Abweichungen vom Modell des vollständigen Marktes festzustellen sind und welche Folgen das für die Preisentwicklung hat.

Miniglossar

bilateral
beidseitig

Präferenz
subjektive Bewertung zweier Güter A und B aufgrund der erwarteten Bedürfnisbefriedigung
sachliche Präferenz:
z. B. grundsätzliche Bevorzugung des Gutes A gegenüber B
persönliche Präferenz:
z. B. Bevorzugung eines bestimmten Anbieters aufgrund persönlicher Vorlieben/Sympathie
zeitliche Präferenz:
z. B. Bevorzugung eines Anbieters wegen kurzer Lieferfristen
räumliche Präferenz:
z. B. Bevorzugung eines Anbieters wegen räumlicher Nähe

2 Soziale Marktwirtschaft

Konsumenten in der Marktwirtschaft
Vom Bedürfnis zur Nachfrage

I have just one more question – will it make me happy?

M2 Mündige Konsumenten?

Es gibt immer weniger, doch die Wirtschaft buhlt um sie wie nie zuvor: Kinder. Zwar reden alle vom demografischen Wandel, aber Kinder und Jugendliche sind eine der wichtigsten Zielgruppen überhaupt. Sie haben häufig die Macht über die Kaufentscheidungen in der Familie und müssen entsprechend in Zukunft noch mehr als mündige Konsum-Akteure wahrgenommen werden. [...]

Kinder kosten nicht nur Geld, sie geben es auch aus. Heute noch für Handys, Computerspiele, Zeitschriften oder Spielzeug. Aber die Strategien richten sich auch auf die Zukunft, denn Kinder werden älter. Studien haben belegt, dass Marken, die sich bereits im Kindesalter in den Köpfen festsetzen können, auch später noch beliebt sind und gekauft werden. Hinzu kommt der Einfluss der Kinder bei den Kaufentscheidungen der Eltern. Eine aktuelle Studie von Konsumentenforschern der Universität Wien hat gezeigt, dass nur die Hälfte der Spontankäufe, die im Supermarkt von Kindern ausgelöst werden, den Eltern überhaupt bewusst ist. Rund zehn Artikel pro Woche legen Mutter oder Vater spontan in den Einkaufswagen, weil die Kinder es wollen. Und dieser Einfluss beschränkt sich längst nicht mehr auf Joghurt, Schokolade und Fruchtsaft, sondern erstreckt sich vom Autokauf über die Anschaffung von Computer, Handy & Co. bis hin zur Wahl des Urlaubsorts.

Eine aktuelle Studie des deutschen Zukunftsinstituts (www.zukunftsinstitut.de) definiert „die geheimen Wünsche und Wa(hr)en Bedürfnisse der Konsumenten von morgen". [...] Eine zentrale Erkenntnis der Studie ist, dass sich die Konsumwünsche von Kindern inzwischen auf fast alle Lebensbereiche erstrecken. [...]

Begriff

Während die physiologischen Grundbedürfnisse weitgehend unabhängig sind von äußeren Einflüssen (man sagt auch endogen, d. h. sie kommen aus dem Menschen selbst heraus), sind die weitergehenden **Bedürfnisse** beeinflusst und abhängig von der Umgebung. Sie unterliegen im Zeitablauf Veränderungen (z. B. Mode) und differieren auch nach Alter, Geschlecht, Einkommen, Beruf und Wohnort. Man nennt sie deshalb auch exogen, d. h. von außen beeinflusst.

VT

Jeder Mensch hat Bedürfnisse, sei es das grundlegende Bedürfnis, seinen Hunger und Durst zu befriedigen, ein Dach über dem Kopf zu haben oder auch in der Freizeit seinen manchmal teuren Hobbys nachzugehen. Zu diesen materiellen Bedürfnissen kommt das Streben nach menschlichen Kontakten, nach Zuwendung, nach Sicherheit. Dabei sind diesen Bedürfnissen letztlich keine Grenzen gesetzt; das Streben nach immer mehr und größeren Gütern ist den meisten Menschen zu eigen und treibt sie dazu, diesen als Mangel empfundenen Zustand zu überwinden.

Da wir uns aber nicht im Zustand des Schlaraffenlandes befinden, sind der Befriedigung dieser Bedürfnisse Grenzen gesetzt: die finanziellen Ressourcen sind für die aller meisten Menschen beschränkt. Gerade Jugendlichen sind hier in der Regel enge Grenzen gesetzt, die oft vom Einkommen der Eltern abhängen. Wie die Volkswirtschaftslehre diesen Zusammenhang betrachtet, ist Fragestellung dieses Abschnitts.

Primär müssen sich die Hersteller aller Branchen überlegen, ob sie zunächst die Kinder oder die Erwachsenen ansprechen möchten. Dazwischen können mitunter Welten liegen, obwohl die Bedürfnisse häufig gar nicht so weit voneinander entfernt sind: Kreativität, Bildung, Gesundheit, Sicherheit und Ästhetik sind auch für die Kids wichtige Schlüsselbegriffe. Ebenfalls nicht zu unterschätzen ist ihr Bewusstsein für Moral und Gerechtigkeit: Hält ein Produkt sein Versprechen nicht, so kommunizieren die Kids dies gnadenlos. Und zwar nicht nur auf dem heimischen Spielplatz, sondern inzwischen kinderleicht auch in Social Networks quer über den Globus.

Sybertz, Babette, www.interpack.de, interpack Magazin, Kategorie Wirtschaft und Aktuelles [Zugriff: 14.04.2011]

M4 Bedürfnisse

Alle Menschen haben unabhängig von der jeweiligen Wirtschafts- und Gesellschaftsordnung, in der sie leben, unbegrenzte Bedürfnisse [...]. Wirtschaften ist [...] nichts anderes als das Spannungsverhältnis zwischen den unbegrenzten Bedürfnissen und den nur knappen Mitteln, die zur Bedürfnisbefriedigung bereitstehen, so weit wie möglich zu verringern. Bedürfnisse treten bei den Menschen in Abhängigkeit von Zeit und Raum auf, und eine Messung des Grades der Bedürfnisbefriedigung ist kardinal (zahlenmäßig) nicht möglich. Auch sind Bedürfnisse intersubjektiv nicht vergleichbar, weil sie bezogen auf jeden einzelnen Menschen einzigartig sind und in ihrer Konkretheit die Individualität des Menschen manifestieren. Woher stammen aber die Bedürfnisse, was ist ihr Ursprung? „Schon früh wurde erkannt, dass die Bedürfnisse als spezifisch menschliche Kategorie anzusehen sind, dass sie darüber hinaus bei verschiedenen Menschen, Klassen und Völkern nicht dieselben sind. Zugleich wurden vielfältige Unterscheidungen getroffen zwischen Wohlfahrts-, Verwendungs- und Verfügungsbegehren, periodischen und kontinuierlichen, körperlichen und geistigen, natürlichen und willkürlichen, wahren und falschen, Grund- und Nebenbedürfnissen und Rangordnungen sowie Hierarchien von Bedürfnissen entworfen." (Herbert Schaaff: Kritik der eindimensionalen Wirtschaftstheorie: Zur Begründung einer ökologischen Glücksökonomie, Frankfurt/M. 1991, S. 47). So teilt beispielsweise Abraham H. Maslow die Bedürfnisse in einer Bedürfnishierarchie ein, wobei der Grundgedanke dieser Bedürfnispyramide in der Annahme besteht, dass die Befriedigung von Bedürfnissen der jeweils übergeordneten Ebene erst dann möglich ist, wenn eine Befriedigung der in der Hierarchie auf niedrigerem Level angesiedelten Bedürfnisse vorausgegangen ist.

M3

Quelle: Bontrup, Heinz-Josef: Volkswirtschaftslehre. Grundlagen der Mikro- und Makroökonomie, 2. Auflage, München/Wien 2004, S. 29f.

Arbeitsvorschläge

1. Analysieren Sie die Karikatur M1 und diskutieren Sie in Ihrem Kurs, ob Konsum glücklich macht.

2. Erarbeiten Sie aus M2 und M3 die Bedeutung Jugendlicher als Konsumenten.

3. Erklären Sie die Bedürfnishierarchie nach Maslow (M4) und setzen Sie sich kritisch damit auseinander, ob sie allgemein (z. B. in unterschiedlichen Zeiten und Kulturen) gilt.

Miniglossar

Nutzen
Maß für die Fähigkeit von Gütern, Bedürfnisse zu befriedigen; Messbarkeit über Marktpreise nicht immer möglich

Grenznutzen
zusätzlicher Nutzen der letzten konsumierten Einheit

Erstes Gossensches Gesetz
nach Hermann Heinrich Gossen (1801–58) benannte Regel, dass mit zunehmender konsumierter Menge eines Produktes der Grenznutzen abnimmt. Beispiel: Während die ersten Eiskugeln bei Hitze noch angenehm kühlen und damit den Nutzen erhöhen, wird der Genuss bei weiteren Eiskugeln immer mehr abnehmen und irgendwann gegen Null bzw. bei Übelkeit sogar negativ werden.

M5 Handeln nach dem ökonomischen Prinzip

Zweckmäßiges Handeln liegt vor, wenn das Verhältnis von Zweck zu Mitteln bestmöglich ausfällt. Die optimale Relation gewinnt man durch Fixierung des einen und Extremierung des anderen Bestandteiles. Eine simultane Veränderung beider Teile ist denklogisch unmöglich, wie das gern am Beispiel des Wettläufers veranschaulicht wird. Dieser kann nicht zugleich schnell und weit laufen, sondern man gibt die Laufzeit (Mitteleinsatz) vor und misst die gelaufene Wegelänge (Zwecksetzung) oder macht es – was messtechnisch einfacher ist – umgekehrt: legt zum Beispiel 100 m fest und nimmt die Zeit ab. [...]

Mit gegebenen Mitteln einen maximal möglichen Zweck erreichen, bezeichnet man als *Maximalprinzip*. Da man den Zweck häufig mit dem Ziel identifiziert und das Ziel ökonomisch kategorisiert, finden sich auch die Bezeichnungen ziel-, nutzen-, ergebnis-, output-, einnahmen-, ertrags- oder erlösorientiertes Wirtschaftlichkeitsprinzip. Es sei aber daran erinnert, dass eine günstige Zweck-Mittel-Relation nicht das eigentliche Ziel, sondern bestenfalls ein Vor- oder Teilziel, genau genommen lediglich die Grundbedingung für die Zielerreichung darstellt. [...]

Beim *Minimalprinzip* wird ein bestimmter Zweck mit möglichst minimalen Mitteln zu erreichen versucht. Unter Verwendung ökonomischer Kategorien ist von einsatz-, input-, ausgaben-, aufwand- oder kostenorientiertem Wirtschaftlichkeitsprinzip die Rede. Bezüglich des Letzteren lässt sich beispielhaft zeigen, wie schwer man sich allein mit der wirtschaftlichen Zweckmäßigkeit tut. Denn [...] es stellt sich die Frage nach dem Umfang einzubeziehender interner (betrieblicher) und externer Faktoren (natürliche Umwelt). Bei einer umfassenden Zweckmäßigkeitsanalyse wären wohl alle irgendwie gearteten Nachteile zu erfassen und den Vorteilen gegenüberzustellen. [...]

Quelle: Eichhorn, Peter: Das Prinzip Wirtschaftlichkeit, 3. Auflage, Wiesbaden 2005, S. 158f.

M6 Bedürfnisse – Bedarf – Nachfrage

Bedürfnisse sind einem historischen Wandel unterworfen. Man unterscheidet zwischen Kulturbedürfnissen (z.B. Bildung, Theaterbesuch, Bücher) und Luxusbedürfnissen (z.B. Schmuck, Auto, Markenmode). Aber auch diese Zuordnung zu Existenz- und Luxusbedürfnissen ist im Laufe der Zeit einem Wandel unterzogen: Galt vor 50 Jahren ein Fernseher noch als Luxusbedürfnis, gilt er heute weitgehend als Existenzbedürfnis.

Wenn diese Bedürfnisse konkret werden, d.h. sich das Bedürfnis, seinen Hunger zu stillen, auf eine Pizza der Firma Leckerofen bezieht, spricht man vom Bedarf. Einen Bedarf, der zu einer tatsächlichen Kaufentscheidung führt, bezeichnet man als Nachfrage.

Da Bedürfnisse unendlich, die Ressourcen, d.h. das Einkommen, aber begrenzt sind, können nicht alle Bedürfnisse erfüllt werden. Der Konsument muss sich entscheiden, was er von seinem Einkommen kauft, bzw. worauf er verzichtet. Um ein Bedürfnis zu befriedigen, muss er also auf die Befriedigung eines anderen Bedürfnisses verzichten; diesen Verzicht bezeichnet man auch als Opportunitätskosten.

Auf dem Konsumgütermarkt beschränkt neben dem Einkommen der Konsumenten auch der Preis der Güter die Nachfrage nach Gütern und damit den Grad der Bedürfnisbefriedigung. Güterpreise sind dabei – wie bereits S. 56/57 dargestellt – abhängig vom Verhältnis von Angebot und Nachfrage.

(Autorentext)

Arbeitsvorschläge

1. Erläutern Sie das grundlegende Ökonomische Prinzip (M5) an Beispielen für Konsumenten und Unternehmer und beurteilen Sie seine Konsequenzen.

2. Erklären Sie den Zusammenhang zwischen Bedürfnissen und Nachfrage mithilfe von M4–M6 nach den Grundannahmen der Volkswirtschaftslehre. Erörtern Sie mögliche Einflussfaktoren, die zu einem Konsumverhalten führen könnten, das von diesen Grundannahmen abweicht.

Anstöße zum Weiterdenken

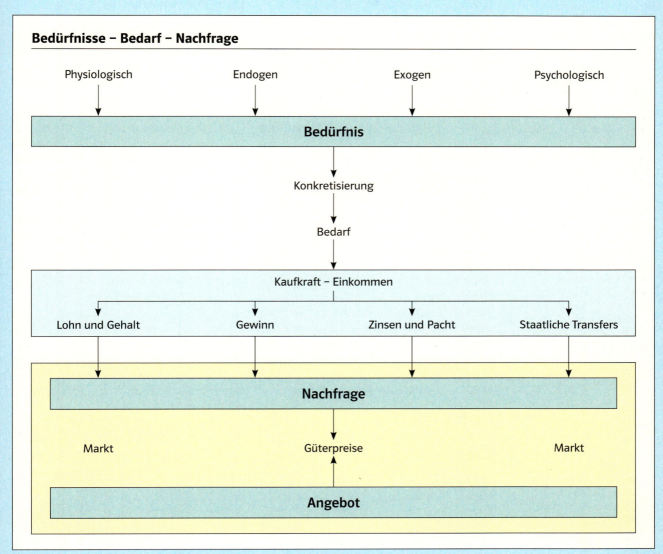

Grafik nach: Bontrup, Heinz-Josef: Volkswirtschaftslehre. Grundlagen der Mikro- und Makroökonomie, 2. Auflage, München/Wien 2004, S. 32

Arbeitsvorschlag

1. Erläutern Sie den Zusammenhang, den die Grafik wiedergibt, an konkreten Beispielen.

2 Soziale Marktwirtschaft

In den Fängen der Werbung?

Miniglossar

Axiom
Hier: Voraussetzung

M1 Werbung verleitet Jugendliche zum Trinken

Je mehr Alkoholwerbung Jugendliche schauen, desto mehr Alkohol trinken sie. Zu diesem Ergebnis kommt die Deutsche Angestellten Kasse (DAK) in einer aktuellen
5 Studie. [...]
Alkoholwerbung ist auch in Deutschland für den Großteil der Jugendlichen allgegenwärtig: Lediglich 1,5 Prozent der befragten 3 400 Schüler gab an, noch nie
10 eine der vorgegebenen Alkoholwerbungen gesehen zu haben. Ein weiteres Ergebnis der Studie: Jungen trinken nicht nur mehr und exzessiver, sie sind auch anfälliger für promillehaltige Werbebotschaften. „Jun-
15 gen nehmen Alkoholwerbung eher wahr als Mädchen", erklärt Erbe.
Bei Kontrollwerbungen, beispielsweise für Handys und Süßigkeiten, sei dieser Effekt nicht aufgetreten. Auch das so genannte
20 Koma-Saufen wird durch Alkoholwerbung beeinflusst: So konsumiert die Gruppe mit dem höchsten Werbekontakt doppelt so oft exzessiv Alkohol wie die mit dem niedrigsten Werbekontakt. [...]

Quelle: www.aerzteblatt.de/nachrichten/36538/Werbung_verleitet_Jugendlichen_zum_Trinken.htm vom 12.05.2009 [Zugriff: 14.04.2011]

M2 Werbung als Information

Werbung fördert den Wettbewerb insofern, als sie die Verbraucher über Arten, Eigenschaften, Herkunft und Preise der Güter- und Dienstleistungen informiert. Diese
5 Sprachrohrfunktion der Werbung hilft [den Nachfragern], sich in der vielfältigen Warenwelt einen Überblick zu verschaffen. Jede Information, die der Nachfrager nicht über die Werbung erhält, müsste er sich an-
10 sonsten selber beschaffen. Daher erspart Werbung den Nachfragern Transaktionskosten (Suchkosten).
Allerdings zielen die Informationen in der Werbung oft nur darauf ab,
15 – als problematisch erlebte Kaufentscheidungen durch rechtfertigende Argumente abzustützen (Bendson & Hedges: „Mutter Erde raucht doch auch!"),
– den Produkten einen psychologischen
20 Zusatznutzen zu geben, um sie aus dem Feld der [...] weitgehend austauschbaren Konkurrenzprodukte[n] herauszuheben. Es werden daher keine sachlichen, rationalen Informationen vermittelt, sondern
25 Emotionen oder Lebensgefühle [...].
Überdies erfährt der Konsument in der Werbung lediglich die halbe Wahrheit, da die nicht werbewirksamen Wareneigenschaften verschwiegen werden.

Quelle: Schmalen, Helmut; Pechtl, Hans: Grundlagen und Probleme der Betriebswirtschaft, 14. Auflage, Stuttgart 2006, S. 346

M3 Entwicklung der Werbeeinnahmen

Nettoeinnahmen verschiedener Werbeträger in Deutschland

	2006	2009
Tageszeitungen	4 532,90	3 694,30
Fernsehen	4 114,26	3 639,60
Werbung per Post	3 318,87	3 080,51
Anzeigenblätter	1 943,00	1 966,00
Publikumszeitschriften	1 855,89	1 855,89
Online-Angebote	495,00	764,00

Angaben (Auszug) in Mio. €

Quelle: www.zaw.de/doc/Netto-Werbeeinnahmen_2009.pdf [Zugriff: 14.04.2011]

Begriff

Konsumentensouveränität
Ein grundlegendes Axiom der Wirtschaftswissenschaften ist die Vorstellung vom souveränen Konsumenten. Der Konsument entscheidet danach im Rahmen seines Budgets rational und entsprechend seinem freien Willen, welche der angebotenen Waren er kauft und welche nicht. Damit bestimme letztlich nicht der Unternehmer, welche Güter überhaupt auf den Markt kommen und konsumiert werden, sondern der souveräne Konsument.

VT

Nach der Vorstellung von der Konsumentensouveränität trägt der Konsument letzlich auch die Verantwortung für sein Handeln. Dieser Argumentation wird vorgeworfen, sie diene lediglich als Rechtfertigungsstrategie für Produzenten- und Marketingstrategen. Die Gegenthese besagt, dass der Konsument wegen fehlender oder falscher Informationen und durch ausgeklügelte Beeinflussungsstrategien gelenkt werde.

M4 Nutzer zahlen für Kostenlos-Seiten mit ihren Daten

[...] Auch wer keinen Account bei Netzwerken wie Facebook, Xing oder etwa Myspace hat: Netznutzer hinterlassen Spuren, wenn sie sich online bewegen. Und geben damit Daten preis. Doch in welchen Momenten passiert das genau? Wer hat es aus welchem Grund auf die Daten abgesehen? Und können oder sollten Nutzer dagegen etwas unternehmen?

Sämtliche Datensammel-Bestrebungen – Zugriffe von Kriminellen auf der einen und gegebenenfalls von staatlichen Organen auf der anderen Seite außer Acht gelassen – haben im Prinzip nur ein Ziel: Netznutzer sollen Werbung eingespielt bekommen, die sie persönlich interessant finden und am besten auch anklicken.

Die Werbetreibenden müssen daher über möglichst viele Nutzer so viel wie möglich herausfinden. Das geht oft denkbar einfach [...]. So fragen manche Onlineshop-Betreiber beim Bestellen einfach mal etwas mehr ab, als nötig wäre – und viele Kunden sind so freundlich, jede Antwort zu geben. [...]

Doch das Sammeln beginnt früher und ohne Zutun des Nutzers: Schon wer den Webshop oder überhaupt jede x-beliebige Webseite auch nur besucht, liefert dem Betreiber seine sogenannte IP-Adresse. Davon allein hat dieser allerdings nichts, erläutert Dehmel: Die Adressen werden in der Regel dynamisch, also immer wieder neu, vergeben und lassen sich nicht einzelnen Nutzern zuordnen. Daher werden von den Websites häufig Cookies genutzt.

„Das sind kleine Infokrümel, die mein Browser beim Besuch der Seiten speichert und die die Betreiber auswerten können", erklärt Jo Bager von der Zeitschrift „c't". Häufig übernehmen dabei nicht die Betreiber das Auswerten, sondern Werbevermarkter. Sie können sich mit jedem weiteren gespeicherten Cookie ein genaueres Bild vom Nutzer machen – und dann vielleicht folgendes Nutzer-Profil erstellen: „Er ist 35 bis 50 Jahre alt, männlich, interessiert sich für Mittelklassewagen deutscher Bauart und hat schon bei diesem oder jenem Modelabel etwas gekauft." [...]

Was heißt all das für Anwender? Sollte man vielleicht mit Lösungen wie der freien Software Tor (www.torproject.org/index.html.de) oder auch JAP, hinter der die Uni Dresden steht (anon.inf.tu-dresden.de), seine Identität beim Surfen verschleiern, sich also nicht so einfach als Sportwagenfan oder Markenkleidungskäufer zu erkennen geben?

„Ich weiß nicht, ob man sich mit so etwas vor Werbenetzen schützen sollte, ich halte das für übertrieben", sagt Bager. [...] „Das ist eben der Deal bei Google." Man nutzt etwas gratis, muss im Gegenzug mit personalisierter Werbung leben [...]. Ähnlich ist es letztlich bei Facebook & Co.: kostenloser Zeitvertreib gegen Werbung.

Quelle: Gotthold, Kathrin, www.welt.de/die-welt/finanzen/article7934628/Web-Surfer-zahlen-fuer-Kostenlos-Seiten-mit-ihren-Daten.html vom 07.06.2010 [Zugriff: 14.04.2011]

Miniglossar

Cookies sind kleine Textdateien, die ein Webserver ausliefert und auf die Festplatte desjenigen Computers schreibt, der eine bestimmte Webseite besucht. Beim nächsten Besuch sieht der Server nach, ob es für den anfragenden Computer bereits ein Cookie gibt, und erhält so Informationen über den Standort und die Klicks der Nutzer. Diese werden an die Werbetreibenden zurückgemeldet.

Arbeitsvorschläge

1. Diskutieren Sie unter Einbeziehung des VT, M1 und M2 eigene Erfahrungen über den Einfluss der Werbung auf Ihr Konsumverhalten.

2. Entwerfen Sie ein Werbekonzept, das die Konsumentensouveränität (unter Berücksichtigung des VT, M1 und M2) ernst nimmt, und diskutieren Sie auftretende Schwierigkeiten.

3. Setzen Sie sich mit möglichen Konsequenzen der in M1 deutlich werdenden Gefahren von Werbung auseinander.

4. Analysieren Sie die Trends auf dem Werbemarkt (M3).

5. Überprüfen Sie die Aussagen von M4 durch eigene Tests bei verschiedenen Suchmaschinen und Onlineshops.

6. Diskutieren Sie in Ihrem Kurs die abschließende Aussage von M4: ‚Das ist eben der Deal bei Google.' Man nutzt etwas gratis, muss im Gegenzug mit personalisierter Werbung leben."

2 Soziale Marktwirtschaft

Konsum und Verantwortung

M1 Fallbeispiel 1: Der Turnschuh

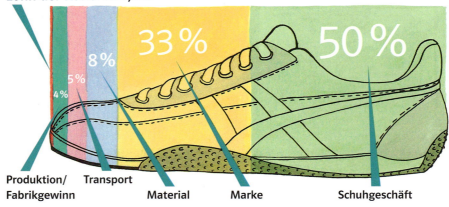

Lohn der Näherin: 0,4 %
Produktion/Fabrikgewinn: 4 %
5 %
Transport: 8 %
Material: 33 %
Marke: 50 %
Schuhgeschäft

M2 Fallbeispiel 2: Discounter in der Kritik

Der Preis spricht für sich: Ein T-Shirt und eine kurze Hose für Kinder kosten bei Lidl zusammen 4,99 Euro. „Welcher Kunde ist denn noch so dickfellig und weiß nicht, dass jemand für solche Preise büßen muss?", fragt Kirsten Brodde. „Trotzdem werden die Sachen weiter gekauft." Brodde betreibt einen Blog für „Grüne Mode" und ärgert sich darüber, dass es immer wieder einen Aufschrei der Empörung über die Methoden der Discounter gibt, sich aber nichts ändert.
So wie jetzt bei der Klage gegen Lidl. Die Verbraucherzentrale Hamburg und die Kampagne für saubere Kleidung werfen dem Discounter vor, unzulässigerweise mit sozialer Verantwortung zu werben. Schließlich würden die Arbeiter in den Fabriken von Bangladesch ausgebeutet und erniedrigt.
„Ich finde die Klage gut", sagt Brodde. „Aber die Vorwürfe gegen Lidl sind doch hinlänglich bekannt. Trotzdem ändert sich erstaunlich wenig." Brodde kritisiert: „Die Firmen sitzen das einfach aus. Wenn der mediale Skandal abflaut, machen sie weiter wie bisher."
Auch Gisela Burckhardt von der Kampagne für saubere Kleidung (CCC) hält nichts von den Versprechen der Discounter. „Wenn sie einerseits von den Lieferanten Sozialstandards einfordern, zugleich aber immer weiter die Preise drücken, dann passt das nicht zusammen." [...]
In einem Punkt nimmt Burckhardt Lidl immerhin in Schutz: Sie hält nichts davon, zum Boykott der Discounter aufzurufen. „Dann würden die Näherinnen in Bangladesch ganz ohne Arbeit dastehen." Um sie vernünftig zu bezahlen, müssten die Klamotten aber teurer werden. Allerdings geht es nur um ein paar Cent. Denn der Lohn der Näherinnen mache laut CCC nur ein Prozent des Preises aus.
Die Verbraucher ganz von der billigen Ware wegzubekommen, wird ohnehin kaum möglich sein, sind sich die Experten einig.

Begriff

Nachhaltigkeit bezeichnet ein Prinzip des Handelns, bei dem darauf geachtet wird, dass die Handlungsfolgen die späteren Handlungsmöglichkeiten nicht wesentlich beschränken. Das bedeutet z. B. im ökonomischen Bereich, dass die Güterproduktion daraufhin überprüft wird, welche langfristigen Folgen die mit ihr verbundene Ressourcennutzung und Umweltverschmutzung haben. Im Sinne der Nachhaltigkeit sollen gegenwärtige Generationen ihre Bedürfnisse befriedigen, ohne die Bedürfnisbefriedigung zukünftiger Generationen zu gefährden.

VT

Sind unsere Konsumentscheidungen nur bedürfnisgetrieben und von Werbung manipuliert oder gibt es auch eine ethische Verantwortung des Konsumenten? Welche Grenzen und Konflikte können sich hierbei ergeben? Und welche Möglichkeiten hat der Konsument, dieser Verantwortung bewusst nachzukommen?

Ulrich Schneider, Hauptgeschäftsführer des Paritätischen Wohlfahrtsverbands, sagt, Hartz-IV-Empfängern etwa bliebe „überhaupt keine andere Chance, als die Billigprodukte zu kaufen".

„Die Kleidungspauschale für einen 13-jährigen Jugendlichen beträgt bei Hartz IV 21 Euro im Monat, also 242 Euro im Jahr", sagt Schneider. Davon müsse alles bezahlt werden – Turnschuhe, Hosen, Pullover, T-Shirts, Unterwäsche. „Sicher würden gerade Alleinerziehende ihren Kindern gerne bessere und teurere Klamotten kaufen", sagt Schneider. „Doch sie können einfach nicht."

Doch natürlich kaufen nicht nur Hartz-IV-Empfänger bei Discountern ein. Burckhardt hat deshalb vor allem die Näherinnen in Bangladesch im Blick. „Ein paar Cent mehr tun den Kunden nicht weh. Aber dann würde kein Blut mehr an der Kleidung kleben."

Quelle: Teevs, Christian, www.spiegel.de/wirtschaft/unternehmen/0,1518,687968,00.html vom 08.04.2010 [Zugriff: 14.04.2011]

Raus aus der Nische? Bio-Supermarkt in Bamberg

M3 Das Leitbild

Bisher denken wir bei „Konsum" ausschließlich an „Verbrauch". Und Verbraucherpolitik belohnt Verbrauch. Dieses Verständnis greift viel zu kurz.

Eine Wirtschaftsweise und eine Konsumkultur, die natürliche Ressourcen vernutzt und sie nach Gebrauch nicht in den Naturkreislauf zurückgibt, sind ebenso wenig zukunftsfähig wie ungerechte Arbeitsbedingungen und unfairer Warenaustausch im Handel.

Konsum wird dann zukunftsfähig, wenn Einwegdenken durchbrochen wird. Natürliche Ressourcen müssen im Kreislauf geführt werden. Ein zukunftsfähiger Lebensstil umfasst den Kauf der dafür „richtigen" Produkte, einen „anderen" Konsum und den bewussten Nicht-Konsum. Verzicht ist kein Unwort, sondern seit Urgedenken eine menschliche Tugend. „Verzicht" ist durch die Konsumkultur aus der Mode gekommen. Zu Unrecht. Jeder bewussten Kaufentscheidung geht die Frage voraus: „Was brauche ich wirklich und was nicht?"

[...] Unsere Produktions- und Konsummuster sind erst dann weltweit übertragbar und im umfassenden Sinne ökologisch, gesellschaftlich und wirtschaftlich nachhaltig, wenn wir der Natur nicht mehr Rohstoffe entnehmen, als nachwachsen können. Nachhaltiger Konsum unterscheidet sich von dem immer noch vorherrschenden Konsum dadurch, dass man die mit der Produktion und Nutzung von Gütern verbundenen ökologischen und sozialen Probleme vermeidet oder verringert, sodass die Art und Weise der Produktion und der Nutzung von Gütern räumlich und zeitlich übertragbar wird. Den Einstieg kann jeder Mensch schaffen. [...]

Auch mit Perspektive auf die Auswirkungen des Klimawandels müssen wir die Bedürfnisse kommender Generationen im Konsum von heute berücksichtigen. [...] Viele Menschen kommen heute schon einem klimagerechten Lebensstil nahe, ohne sich dessen bewusst zu sein. Wer heute eine Wohnung in einem gut gedämmten Haus mit moderner Warmwasserbereitung bewohnt, nur ab und zu und nie allein Auto fährt und sich vorwiegend von pflanzlichen Lebensmitteln ernährt, konsumiert klimafreundlicher als der Durchschnitt.

„Nachhaltigkeit im Konsum" hat Konjunktur, sei es durch die wachsende Nachfrage zum Beispiel nach Bio-Lebensmitteln, nachhaltigen Geldanlagen oder nachhaltigen Tourismusangeboten. Individuell nachhaltige Kaufentscheidungen stehen jedoch in Kontrast zur allgemeinen Wirtschaftspolitik.

Besonders in konjunkturschwachen Phasen werden Fehlorientierungen offenbar. Übersteigertes Wachstum um seiner selbst willen und die Blindheit des Marktes gegenüber Langfristkosten sind eine Ursache der

Wirtschafts- und zum Teil auch der Klimakrise. Deshalb ist die Politik gefragt, die staatlichen Rahmenbedingungen für alle Marktteilnehmer zu verändern.

Das Politikfeld nachhaltiger Konsum ist wesentlich für die Glaubwürdigkeit nationaler Nachhaltigkeitspolitik. Der Durchbruch wäre, wenn die Ziele einer nachhaltigen Entwicklung auch zur wirtschaftspolitischen Leitschnur und damit zur Orientierung für Investitionen, Forschung und Entwicklung auf Unternehmensseite würden. [...] Eine gemeinsame, aber differenzierte Verantwortung für Konsumpolitik zur nachhaltigen Entwicklung erstreckt sich auf Politik, Unternehmen, Wissenschaft und die Bürgerinnen und Bürger.

Quelle: Konsum und Nachhaltigkeit. Wie Nachhaltigkeit in der Konsumgesellschaft käuflich und (er)lebbar wird, in: Rat für nachhaltige Entwicklung (Hg.): texte Nr. 31, März 2010, S. 2 ff., http://www.nachhaltigkeitsrat.de/uploads/media/Broschuere_Konsum_und_Nachhaltigkeit_texte_Nr_31_Maerz_2010.pdf [Zugriff: 14.04.2011]

M4

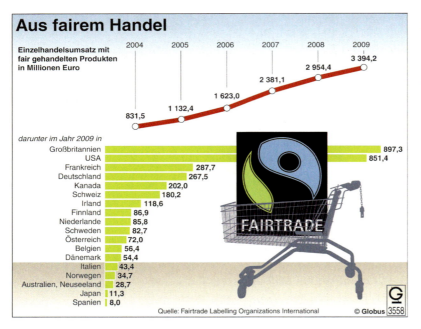

M5 Umweltschutz aktiv

Seener Aktas ist misstrauisch. Zwei Männer reden auf seinen Schwager in dessen Obst- und Gemüseladen ein. Das kann nichts Gutes bedeuten. Schnell läuft er vom Büro in den Verkaufsraum. Sein Schwager versteht schlecht Deutsch. Was sie wollen, fragt Aktas die Fremden. Was diese nun sagen, hat er noch nie gehört: Sie wollen dem türkischen Laden im Hamburger Schanzenviertel Kunden beschaffen, 200 bis 300 mehr für einen Tag. Sein Schwager Mehmet Bozkurt müsse dafür nur einen Teil dieses einen Tagesumsatzes in die Energieeffizienz seines Ladens investieren. In neue Kühlgeräte etwa.

Die Fremden sind Jörn Hendrik Ast und Gerrit Jessen, beide junge Unternehmer. Sie organisieren mit vier anderen Mitstreitern einen Carrotmob (Mob ist englisch für Meute). Im Gegensatz zu den klassischen Flashmobs, bei denen sich Hunderte Menschen etwa zu einer Kissenschlacht vor dem Kölner Dom verabreden, hat der Carrotmob eine Botschaft. Um Unternehmen zum Stromsparen zu bewegen, wird ihnen statt einer Peitsche eine Karotte vor die Nase gehalten. Das Lockmittel ist das Geld von Kauflustigen, die sich über das Internet zum Konsum verabreden.

In den USA startete die Protestform vor zwei Jahren, in Deutschland kauften das erste Mal vor einem Jahr 400 junge Leute gemeinsam in einem Kiosk ein. Der Besitzer hatte innerhalb von drei Stunden 2000 Euro in der Kasse.

Riss in der Kühlschranktür

Die neue Aktionsform steht für eine Veränderung der Protestkultur. Spontan und unkompliziert soll sie sein, die kritische Meinungsäußerung, und Spaß machen natürlich auch. Der Soziologe Dieter Rucht von der Freien Universität Berlin sagt: „Junge Leute wollen nicht mehr in Vereinen sitzen und sich an einer Geschäftsordnung entlang hangeln. Sie wollen sich situationsbedingt, ihren eigenen Interessen folgend, engagieren." Das hat auch Greenpeace erkannt und im Juni 2009 die Internet-Plattform Greenaction gegründet. Dort kann jeder zu Kampagnen aufrufen, auch ohne Mitglied zu sein. Das senkt die Hemmschwelle für politisches Engagement. [...]

Bozkurt jedenfalls hat sich überzeugen lassen. 40 Prozent eines Tagesumsatzes will er für den Klimaschutz im Laden investieren. Möglichkeiten gibt es genug: Die Kühltheke ist über 13 Jahre alt, die Kühlschranktür hat einen Riss. Für Strom muss Bozkurt monatlich 430 Euro zahlen.

Am Samstag, den 5. Juni, ist es so weit. Die ganze Familie ist da. Brüder, Schwestern, Schwager, Enkel, Söhne und Töch-

Teilnehmer am Carrotmob in Köln

ter tragen grüne T-Shirts mit dem Namen des Ladens vorne drauf: Yesilirmak Markt, extra für den Tag gekauft. [...] Schnell unterschreibt Bozkurt noch den Vertrag, der ihn zur Investition verpflichtet.
Von 11 Uhr bis 15 Uhr sollen die Kunden kommen, so steht es auf der Facebook-Seite. Gegen 13 Uhr klingelt die Kasse im Minutentakt. In vier Stunden kaufen 276 Kunden für 1670 Euro in dem Hamburger Laden ein. Das ist das Dreifache eines ganzen Tagesumsatzes. So macht Umweltschutz Freude.

Quelle: Heide, Dana: Die Jugend entdeckt den positiven Protest, Wirtschaftswoche Nr. 24 vom 14.06.2010, S. 28, www.wiwo.de/politik-weltwirtschaft/die-jugend-entdeckt-den-positiven-protest-432791 [Zugriff: 14.04.2011]

Online Link
065630-0205

Arbeitsvorschläge

1. Erörtern Sie unter Einbeziehung von M1–3, welchen Stellenwert ethische Fragen beim Einkauf einnehmen sollen. Setzen Sie sich dabei noch einmal mit dem Axiom der Konsumentensouveränität (vgl. S. 62) auseinander.

2. Ordnen Sie das Leitbild nachhaltigen Konsums (M 3) in den Kontext der vorangegangenen Kapitel ein und überprüfen Sie mögliche Übereinstimmungen und Widersprüche dazu.

3. Ermitteln Sie exemplarisch die Wertschöpfungskette eines Markenturnschuhs (M 1) und stellen Sie die Interessen- und Machtverhältnisse der verschiedenen beteiligten Gruppen einander gegenüber.

4. Analysieren Sie die Entwicklung fair gehandelter Waren in Deutschland und im internationalen Vergleich (M 4) und entwerfen Sie Hypothesen hinsichtlich der Ursachen dieser Entwicklung.

5. Setzen Sie sich kritisch mit der Wirksamkeit von Aktionen wie Carrotmobs (M 5) auseinander.

6. Bewerten Sie in Arbeitsgruppen die über den Online-Link abrufbaren Seiten von Organisationen und Informationsportalen in einem vergleichenden Test. Bewerten Sie nach folgenden Kriterien und erarbeiten Sie eine Auswertungstabelle:
– Optische Gestaltung und Menü-Führung (maximal 25 Punkte);
– Inhalte: Qualität, Verständlichkeit, Aktualität (maximal 50 Punkte);
– Kommunikations- und Kontaktmöglichkeiten (maximal 25 Punkte).

7. Vergleichen Sie Ihre Bewertungen.

Rollen, Interessen und Konflikte in der Marktwirtschaft
Wer bestimmt die Unternehmensziele?

M1 Unternehmerinstinkt?

„Er hat einfach diesen Instinkt!..."

Miniglossar

Manager/-in
angestellte Führungskraft eines Unternehmens, die unternehmerische Aufgaben wie Planung, Organisation, Führung und Kontrolle übernimmt.

Begriff

Unternehmer (bzw. Unternehmerin)
Eigentümer eines Unternehmens, das er (sie) selbstständig und eigenverantwortlich und auf eigenes Risiko führt. Dabei kann es sich sowohl um eine natürliche Person, d. h. einen Menschen handeln als auch um eine juristische Person oder Personengesellschaft wie z. B. eine GmbH (§ 14 BGB).

M2 Unternehmerin des Jahres gewählt

Sie ist zielstrebig, enthusiastisch und versteht es, Durststrecken zu meistern – die neue Unternehmerin des Jahres 2010: Alexandra Knauer. Die Geschäftsführende Gesellschafterin des Familienunternehmens Wissenschaftliche Gerätebau Dr. Ing. Herbert Knauer GmbH in Berlin hat den Prix Veuve Clicquot erhalten und ist für ihren unternehmerischen Elan, ihren Wagemut, ihre Risikobereitschaft und ihre herausragenden Leistungen ausgezeichnet worden. [...] Die Jury urteilte: „Alexandra Knauer formte aus einem wenig konkurrenzfähigen Familienunternehmen ebenso entschieden wie behutsam ein international wettbewerbsfähiges Top-Unternehmen. Dabei beschränkte sie sich nicht auf den wirtschaftlichen Aspekt der Modernisierung, sondern richtete die Firma auch in anderen Bereichen, wie sozialen und die Umwelt betreffenden Entscheidungen nachhaltig und umfassend auf die Zukunft aus."

Die studierte Betriebswirtin, die als Unternehmensberaterin gearbeitet hat, stieg 1994 in die elterliche Firma ein, als diese in den roten Zahlen steckte. Knauer leitete eine grundlegende Veränderung der Strukturen ein. Heute führt sie ein weltweit agierendes Unternehmen mit 104 Angestellten, meist Wissenschaftler und hochqualifizierte Techniker, die Analysegeräte für Wissenschaft und Technik entwickeln und fertigen. [...]

Ihr Lieblingsthema ist die „gesellschaftliche Verantwortung" und wie diese in ihrem vielfach ausgezeichneten Betrieb gelebt wird. So führte Knauer in ihrem Unternehmen zahlreiche Maßnahmen für die bessere Vereinbarkeit von Familie und Beruf sowie höhere freiwillige Sozialleistungen ein: Knauer-Mitarbeiter bekommen eine arbeitgeberfinanzierte Betriebsrente, sind am Gewinn beteiligt, erhalten Familienprämien und einiges mehr.

Quelle: www.t-online-business.de/-prix-veuve-clicquot-unternehmerin-des-jahres-gewaehlt/id_22480412/index vom 04.05.2010 [Zugriff: 14.04.2011]

VT

Unternehmen sind wirtschaftliche und soziale Aktionszentren. Neben die wirtschaftlichen Grundfunktionen von der Finanzierung über die Beschaffung von Rohstoffen, Energie und Vorprodukten bis hin zur Produktion, Lagerung und dem Absatz der hergestellten Produkte treten auch soziale Leitungsaufgaben in einem Unternehmen. Hier sind zunächst Unternehmer und Management gefragt, aber ohne die „Menschenführung" im Betrieb und die Mitwirkung der Arbeitnehmer und ihrer Vertreter ließe sich die wirtschaftliche Leistungsfähigkeit von Unternehmen nicht aufrecht erhalten. Interessenskonflikte zwischen Arbeitnehmern und Arbeitgebern bedürfen der Regelung. Was kennzeichnet dabei einen Unternehmer?

M3 Die Unternehmerfunktion

Joseph Alois Schumpeter (*8. Februar 1883, †8. Januar 1950) war ein österreichisch-amerikanischer Ökonom.

Jede Wirtschaftsperiode gleicht in den Grundzügen [...] der vorhergehenden und erledigt im Wesen, produzierend und konsumierend, dieselben Aufgaben wie diese. Das liegt nicht nur daran, dass der stetige Kreislauf von Produktion und Konsumtion immer wieder – gleichsam bei jeder Umdrehung jahraus jahrein – dieselbe objektive Situation schafft, die wesentlich immer dieselben Möglichkeiten darbietet und andere ausschließt, sondern auch daran, dass die Wirtschaftssubjekte mit wesentlich immer der gleichen, festgewordenen und sich nur langsam ändernden Mentalität, denselben Kenntnissen und Erfahrungen, [...] denselben Produktionsmethoden, Geschäftsgewohnheiten, Geschmacksrichtungen und im Besitz derselben Beziehungen zu Kunden, Lieferanten, Konkurrenten an sie herantreten und unter dem Druck der Notwendigkeiten des Alltags in der Regel herantreten müssen. [...]

Auf drei Arten erfolgt nun der Übergang von einem solchen gegebenen Zustand der Volkswirtschaft zu einem anderen, [...] vollzieht sich „wirtschaftliche Entwicklung": Erstens durch stetiges Wachstum, besonders der Bevölkerung und des Apparats an produzierten Produktionsmitteln. Zweitens durch außerwirtschaftliche Ereignisse, die in die Wirtschaft hereinwirken, wie Naturereignisse, soziale Umwälzungen, politische Eingriffe. Drittens dadurch, dass manche Individuen über die erprobte und gewohnte Routine hinausgreifend in den jeweils gegebenen Verhältnissen des Wirtschaftslebens neue Möglichkeiten erkennen und durchsetzen. Diese dritte Art von Entwicklung ist die weitaus wichtigste. [...] Im Erkennen und Durchsetzen neuer Möglichkeiten auf wirtschaftlichem Gebiet liegt das Wesen der Unternehmerfunktion. Diese wirtschaftliche Führerschaft betätigt sich also an Aufgaben, die sich in die folgenden Typen fassen lassen:

1. die Erzeugung und Durchsetzung neuer Produkte oder neuer Qualitäten von Produkten,
2. die Einführung neuer Produktionsmethoden,
3. die Schaffung neuer Organisationen der Industrie (Vertrustung z. B.),
4. die Erschließung neuer Absatzmärkte,
5. die Erschließung neuer Bezugsquellen.

Immer handelt es sich um die Durchsetzung einer anderen als der bisherigen Verwendung nationaler Produktivkräfte, darum, dass dieselben ihren bisherigen Verwendungen entzogen und neuen Kombinationen dienstbar gemacht werden. Die Natur der dabei zu bewältigenden Leistung ist charakterisiert einmal durch die objektive und subjektive Schwierigkeit, neue Wege zu gehen, und sodann durch die Widerstände der sozialen Umwelt dagegen. Objektiver sind die Daten z. B. für Produktion und Absatz eines bisher nicht bekannten Fabrikates offenbar nicht in dem gleichen Sinn erfahrungsmäßig bekannt wie für eine Produktion und Absatzorganisation, die nur das wesentlich Gleiche zu tun gibt wie im Vorjahre. Die Daten müssen vielmehr geschätzt (zu erwartende Nachfrage z. B.) oder selbst erst geschaffen werden. Die Fehlerquellen sind infolgedessen nicht nur graduell, sondern wesentlich größer. [...] Dazu kommt, dass es uns subjektiv schwerer fällt, Neues als Gewohntes zu tun, dass wir dabei nicht von demselben Gefühl fester Wirklichkeit gestützt sind [...]. Endlich widerstrebt unsere Umwelt ungewohntem Verhalten. Im jährlichen Kreislauf des Gewohnten kooperieren die Leute automatisch und in der Regel willig. Neuen Methoden widerstrebt der Arbeiter, neuen Produkten der Konsument, neuen Betriebsformen die öffentliche Meinung, Behörden, Recht, Kreditgeber. Während es im Wesen der Routinearbeit in ausgefahrenen Bahnen liegt, dass ihr die durchschnittliche Intelligenz und Willenskraft der Individuen des betreffenden Volkes und der betreffenden Zeit gewachsen ist, so erfordert die Überwindung der eben erwähnten Schwierigkeiten Eigenschaften, die nur ein geringer Prozentsatz der Individuen hat, und daher bedarf es, um eine ganze Volkswirtschaft in solche neue Bahnen zu ziehen und den Fond ihrer wirtschaftlichen Erfahrung neu zu gestalten, einer wirtschaftlichen Führerschaft durch diese Individuen.

Schumpeter, J. A. (1996), Die Unternehmerfunktion, in: Leube, K. R. (Hg.), The Essence of J. A. Schumpeter. Die wesentlichen Texte. Wien: Manz, S. 167 ff.

Joseph Schumpeter

M4 Unternehmensziele – mehr als nur Gewinnmaximierung?

Gewinnerzielung, längerfristige Gewinnmaximierung und Maximierung der Eigenkapitalrendite gelten gemeinhin als primäre Ziele unternehmerischer Tätigkeit entsprechend dem erwerbswirtschaftlichen Prinzip.

Gewinne sind in privatwirtschaftlich geführten Unternehmen notwendig, um das eingesetzte Kapital der Eigentümer zu verzinsen, um Investitionen tätigen und damit auch künftige Wettbewerbsfähigkeit des Unternehmens gewährleisten zu können. Ohne Gewinne würden Banken nur schwerlich Kredite an Unternehmen vergeben, da Gewinne einen wichtigen Indikator für die Produktivität und Rentabilität eines Unternehmens und damit auch für seine Zukunftsfähigkeit darstellen.

Daher wird ein Unternehmen durch Innovationen, Kostensenkungen, Optimierung der Betriebsabläufe, aber auch durch die Erhöhung seines Umsatzes und die Gewinnung neuer Kunden und Märkte bestrebt sein, seinen Gewinn zu erhöhen und unter den gegebenen Bedingungen zu maximieren. Unternehmen versuchen aber auch durch Umgehung und Beschränkung des Wettbewerbs ihre Ertragssituation zu verbessern, indem sie sich z.B. mit Marktkonkurrenten zusammenschließen (Fusion) oder verbotene Kartelle bilden, um beispielsweise ihre Preise abzusprechen (Preiskartell) und damit höhere Preise am Markt durchsetzen zu können (vgl. dazu S. 56 ff.).

Unternehmensziele werden aber auch mitbestimmt von Personen oder Personengruppen, deren Ansprüche und Einflüsse das Gewinnziel unterstützen oder in Konkurrenz zu ihm stehen können; dies sind z.B. die Arbeitnehmer eines Betriebs, die Kunden, die Lieferanten, aber auch die Kommune, in der das Unternehmen produziert, schließlich der Staat und die Gesellschaft als Ganzes (vgl. S. 72 f.).

Inwiefern sich diese auch konkurrierenden Interessen durchsetzen können bzw. zumindest ansatzweise berücksichtigt werden, hängt einerseits von formal rechtlichen und gesetzlichen Vorgaben ab:

- die Rechtsform von Unternehmen entscheidet, inwieweit unternehmerische Entscheidungen einer Kontrolle und Mitwirkung unterliegen (vgl. Online-Link);
- Regelungen zu Mitbestimmung, Betriebsrat, Tarifvertrag, Streikrecht usw. markieren weitere Einflüsse auf unternehmerische Entscheidungen und Zielsetzungen (vgl. S. 74 f.);
- gesetzliche Vorgaben und Auflagen, z.B. im Umweltschutz, geben Unternehmenszielen eine zusätzliche Richtung vor.

Moralische und ethische Werthaltungen bestimmen teilweise auch nicht-ökonomische Ziele von Unternehmen, sodass neben die ökonomische Dimension von Unternehmenszielen nach dem Betriebswirtschaftler Henner Schierenbeck auch soziale und ökologische Dimensionen treten.

Soziale Aspekte des Wirtschaftens sind nach Schierenbeck insbesondere:

- gerechte Entlohnung für die im Interesse der Unternehmung geleistete Arbeit,
- menschenwürdige Arbeitsbedingungen,
- Arbeitsplatzsicherheit,
- Beteiligung der Arbeitnehmer am Gewinn und Vermögen,
- Mitspracherechte bei der Formulierung und Verfolgung der Unternehmungsziele.

Ökologische Aspekte des Wirtschaftens beziehen sich nach Schierenbeck insbesondere auf

- die Problembereiche der Ressourcenerschöpfung durch ein Ungleichgewicht von Ressourcenabbau und natürlicher Regeneration (z.B. bei fossilen Brennstoffen),
- die Umweltverschmutzung, z.B. durch Emissionen im Rahmen des Produktionsprozesses.

(Autorentext)

Grafik nach: Schierenbeck, Henner: Grundzüge der Betriebswirtschaftslehre, 16. Auflage, München/Wien 2003, S. 62

M5 Das Leiden an der Ökonomie ohne Menschlichkeit

*Karl Georg Zinn (*1939) war von 1970 bis 2004 Professor für Volkswirtschaftslehre an der Rheinisch-Westfälischen Technischen Hochschule Aachen mit den Arbeitsschwerpunkten „Außenwirtschaft und Geschichte der politischen Ökonomie".*

[...] 3. These: „Die herrschende Lehre ist die Lehre der Herrschenden"

Kapitalistische Unternehmen sollen höchstmöglichen Gewinn erzielen. Dieser Zielfunktion werden alle anderen Normen untergeordnet, eben auch die humanistischen Normen der Menschenwürde und der sozialökonomischen Gerechtigkeit. Die zielgerechte Frage des Managements eines kapitalistischen Unternehmens lautet: Was ist gut für den Gewinn? Und nicht etwa: Was ist gut für die Menschen? Den Sachverhalt so einfach darzustellen, mag ein wenig naiv erscheinen, aber es ist doch eine Tatsache, dass die Folgen des gewinnwirtschaftlichen Handelns für die betroffenen Menschen nur insoweit beachtet werden, als dafür Opportunitätsüberlegungen sprechen. Die kluge, human maskierte Rücksichtnahme auf mögliche Widerstände, die dem Gewinnstreben abträglich sein könnten, ist eben nur Ausfluss der Profitlogik; mit der normativen Eigenständigkeit humanistischer Normen hat das wenig zu tun.

In der Rechtfertigungsrhetorik der gewinnwirtschaftlichen Ökonomie wird jener faktische Widerspruch zwischen kapitalistischer Zielfunktion und dem Anspruch auf Humanität umgedeutet. Umgedeutet zur harmonischen Komplementarität. Gewinnmaximierung sichere den Bestand des Unternehmens und schaffe oder erhalte Arbeitsplätze. Der schwarze Peter geht dann an die abhängig Beschäftigten. Sie verhielten sich falsch; sie seien unflexibel und bequem; ihre Ansprüche seien zu hoch; es fehle an Eigenverantwortung und der Bereitschaft zur Eigenvorsorge usw. Nicht die Verhältnisse seien inhuman, nicht die sozialökonomischen Strukturen reformbedürftig, sondern die Menschen müssten sich anpassen. Mehr Bescheidenheit, mehr Anpassungsbereitschaft, mehr Flexibilität sei das Gebot der Stunde. Das übersetzt sich dann konkret in Lohnzurückhaltung, Abbau sozialer Sicherung, verstärkte Einkommensspreizung, d. h. mehr für die Reichen und sehr Wohlhabenden einerseits und weniger für die Normalverdiener und Armen. Es ist paradox: die Maßhalteappelle werden stets von denen verkündet, die davon nicht betroffen sind. Wenn die Reichen und Mächtigen den Armen Bescheidung und Bescheidenheit predigen, geht es nicht um Wahrheit und realistische Notwendigkeiten, sondern um pure Herrschaftsideologie.

Quelle: www.memo.uni-bremen.de/docs/m2209.pdf, S. 8 f. [Zugriff: 14.04.2011]

Miniglossar

Profitlogik
Ausrichtung des unternehmerischen Handelns am Ziel der Gewinnmaximierung

normativ
gesellschaftliche Regeln setzend

humanistisch
an der Würde und den Werten des Menschen orientiert

Rhetorik
Redekunst

Opportunität
Zweckmäßigkeit

Komplementarität
Zusammengehörigkeit (scheinbar) widersprüchlicher, sich aber ergänzender Eigenschaften eines Sachverhaltes

Online Link
065630-0206

Arbeitsvorschläge

1. Beschreiben Sie das Bild vom Unternehmer, das die Karikatur M1 vermittelt.

2. Arbeiten Sie aus M2 heraus, was die Unternehmerin des Jahres 2010 auszeichnet. Diskutieren Sie dabei auch eventuelle geschlechtsspezifische Eigenschaften und Stärken dieser Unternehmerin.

3. Vergleichen Sie die Leistungen und Eigenschaften der Unternehmerin aus M2 mit der Aussage von M1 und M3.

4. Erschließen Sie in Gruppen den Text M5 mithilfe der Methode des reziproken Lernens (siehe Online-Link). Arbeiten Sie Wertungen Zinns heraus. Charakterisieren Sie die soziale Perspektive, aus der der Autor argumentiert. Setzen Sie sich kritisch mit der Position Zinns auseinander.

Unternehmenskonzepte in der Diskussion

M1

"What I do is very simple, Jason. In order to increase shareholder value, Daddy's job is to get rid of thousands and thousands of little people."

Begriff

Ein **Unternehmen** ist eine rechtlich selbstständige Wirtschaftseinheit, die zum Zweck der Gewinnerzielung Produktionsfaktoren (insbesondere Arbeit und Kapital) kauft, zusammenbringt und Güter bzw. Dienstleistungen erstellt, die auf dem Markt angeboten werden. Während ein Betrieb eine technisch-organisatorische Einheit ist (z. B. ein Werk oder eine Produktionsstätte), kann ein Unternehmen mehrere Betriebe umfassen. Unterschieden wird z. B. nach der Unternehmensform, nach dem Eigentümer des Unternehmens (Privatunternehmen, öffentliches Unternehmen) oder nach der Größe in kleine, mittelständische und Großunternehmen.

M2 Konkurrierende Unternehmenskonzepte

Shareholder-Value-Konzept

[...] Bei Kapitalgesellschaften wird das Eigenkapital durch viele Personen, so genannte Anteilseigner, aufgebracht. Anteilseigner heißen auf Englisch Shareholder. Deshalb wird die Sichtweise, bei der das Interesse der Anteilseigner dominiert, als Shareholder-Value-Konzept bezeichnet. [...]

Stakeholder-Konzept

Das Stakeholder-Konzept ist so etwas wie ein Gegenmodell zum Shareholder-Value-Konzept [...]. Hier steht die Überlegung im Vordergrund, dass es eine Vielzahl von Interessengruppen in einem Unternehmen und in seinem Umfeld gibt, zwischen deren Interessen in angemessener Weise vermittelt werden muss.

Zentrale Aufgabe des Managements ist es deshalb, einen Ausgleich zwischen den verschiedenen Interessengruppen herzustellen. Stakeholder in diesem Sinne sind die Anteilseigner, die Gläubiger, Kunden, Arbeitnehmer, aber auch Verbände wie die Verbraucherverbände, der Staat u. v. a.

Weber, Wolfgang: Unternehmen als ökonomische und soziale Aktionszentren, 2005, S. 24 f.

M3 Was ist und wozu dient Shareholder Value?

Klaus Dörre ist Professor für Arbeits-, Industrie- und Wirtschaftssoziologie an der Friedrich-Schiller-Universität Jena. Hajo Holst ist wissenschaftlicher Mitarbeiter an der Friedrich-Schiller-Universität Jena.

In der arbeitspolitischen Debatte löst der Begriff Shareholder-Value-Steuerung Assoziationen zu einem Management der kurzen Frist und zu einer Kultur der Maximalprofite aus. Das Konzept selbst verheißt allerdings das genaue Gegenteil. Danach stellt die Stärkung der Eigentümerinteressen eine angemessene Lösung des Prinzipal-Agent-Problems der Unternehmenssteuerung dar. Dem Managerkapitalismus der fordistischen Ära wird der Kampf angesagt; die Orientierung an den Interessen der Kapitalmarktakteure soll die Autonomisierung des Top-Managements eindämmen und längerfristig für eine größere Effizienz

VT

In einem Unternehmen treffen viele verschiedene Gruppen von Beteiligten aufeinander, die unterschiedliche Interessen vertreten. So stehen sich Unternehmer und Arbeitnehmer gegenüber, wobei letztere in zahlreiche Untergruppen einzuteilen sind. Neben diese Gruppen innerhalb eines Unternehmens treten auch Zulieferer, Kunden, Kapitalgeber, Banken, der Staat bis hin zur Kommune am jeweiligen Unternehmensstandort. Welche Auswirkungen hat die Artikulation der verschiedenen Interessen auf das Handeln von Unternehmen? Unterschiedliche Konzepte haben sich hier herausgebildet mit unterschiedlichen Folgen für die Beteiligten.

der Unternehmenssteuerung sorgen. Damit entspricht die Shareholder-Value-Doktrin passgenau einer zentralen Annahme der zeitgenössischen Marktorthodoxie. Aus deren Perspektive stellt das Ideal eines Unternehmers mit sozialer Verantwortung eine besonders problematische Verzerrung des Wettbewerbsgedankens dar. [...] Eine strikte Ausrichtung an Eigentümerinteressen soll den „Opportunismus" des strategiefähigen Managements, dessen Neigung, Partialinteressen zulasten des Unternehmens zu verfolgen, wirksam und nachhaltig begrenzen. [...]

Drei Phasen der Durchsetzung

[...] Die erste Phase (1990 bis etwa 1997) beinhaltet die Durchsetzung von Elementen einer flexiblen Produktionsweise. Zwar existieren auch in dieser Zeit bereits Unternehmen, die nach Shareholder-Dokrin geführt werden. Dabei handelt es sich jedoch um Töchter von Konzernen mit Sitz im Ausland. Die Auswirkungen der straffen Profitsteuerung werden in dieser Phase durch die noch einigermaßen intakten korporativen Praktiken eines sozial-bürokratischen Kapitalismus abgefedert. [...]

Erst in der zweiten Phase (zwischen 1997 und 2002) folgt die Anwendung der Shareholder-Value-Doktrin in einer größeren Zahl weltmarktorientierter Unternehmen. [...] Über Entgeltsysteme und Boni-Regelungen werden nicht nur Unternehmensvorstände, sondern ganze Hierarchien bis in die dritte und vierte Ebene hinein auf Renditeerwartungen und Gewinnvorgaben verpflichtet. [...]

In der dritten Phase (2002–2006) entfaltet sich schließlich die regelverändernde Kraft des neuen Kontrollregimes in vollem Maße. [...] Mit der Installierung des Shareholder-Value-Regimes geht es nicht mehr, wie noch in der ersten Phase, um Profitabilität an sich. Vielmehr ist die Sicherung von Mindestrenditen bzw. Mindestgewinnen ein wesentliches Managementziel. Dies führt in der Konsequenz dazu, dass selbst solche Werke und Betriebsteile in die Mühlen des Standortwettbewerbs geraten, die eigentlich gewinnbringend produzieren. Werksaufspaltungen, Ausgründungen und Auslagerungen sorgen dafür, dass unternehmensübergreifende Regelwerke an Verbindlichkeit verlieren. [...] Formal bleiben Mitbestimmung und Kollektivvereinbarungen in Kraft. Mehr noch: Betriebsräte und betriebliches Management werden geradezu in Wettbewerbskoalitionen hineingezwungen; ihre gemeinsamen „Kontrahenten" – Unternehmenszentralen oder institutionelle Anleger – befinden sich nicht selten außerhalb der Landesgrenzen. Eine ständige Konkurrenzsituation unter und zwischen den Beschäftigten lässt die Schutzfunktion kollektiver Vereinbarungen verblassen.

aus: Dörre, Klaus; Holst, Hajo: Nach dem Shareholder Value? Kapitalmarktorientierte Unternehmenssteuerung in der Krise, in: WSI Mitteilungen 12/2009, S. 667ff.
Anmerkung: Eingeklammerte Literaturverweise im Text wurden gestrichen.

Miniglossar

Prinzipal-Agent-Problem beschreibt das Verhältnis zwischen dem Vorgesetzten (Prinzipal) und dem Agent, dem Untergebenen. Dabei ergibt sich in der Praxis oft die Problematik, dass der Agent über mehr Informationen verfügt als der Prinzipal und daher im Entscheidungsprozess bessergestellt ist. Es besteht eine asymmetrische Informationsverteilung.

fordistische Ära/Fordismus Phase der Unternehmensorganisation nach dem Zweiten Weltkrieg, die geprägt ist von Massenproduktion und Fließbandarbeit bei gleichzeitiger Sozialpartnerschaft im Unternehmen. Der Begriff geht zurück auf den amerikanischen Unternehmer Henry Ford (1863–1947) und wurde geprägt von marxistischen Wissenschaftlern.

Autonomisierung Verselbstständigung

Marktorthodoxie/Marktfundamentalismus absoluter „Glaube" an die alleinige und optimale Regelungsfähigkeit des Marktes in der Ökonomie, zumeist gegen staatliche Reglementierung gerichtet

---

Arbeitsvorschläge

1. Charakterisieren Sie die spezifischen Interessen und Ziele, die die folgenden Anspruchsgruppen (Stakeholders) gegenüber einem Unternehmen geltend machen:
   - interne Anspruchsgruppen: Eigentümer, Management, Mitarbeiter;
   - externe Anspruchsgruppen: Fremdkapitalgeber/Banken, Lieferanten, Kunden, Konkurrenten, Staat/Gesellschaft.

   Vergleichen Sie Ihre Ergebnisse ggf. mit den Ausführungen des Gabler-Wirtschaftslexikons: http://wirtschaftslexikon.gabler.de/Archiv/1202/anspruchsgruppen-v5.html.

2.
   a) Erläutern Sie, welche Interessen- und Zielkonflikte sich zwischen den verschiedenen Anspruchsgruppen ergeben können.
   b) Entwickeln Sie exemplarisch für einen Konflikt Lösungsstrategien.

3. Erschließen Sie in Gruppen den Text M 3 mithilfe der Methode des reziproken Lernens (siehe Online-Link S. 71). Setzen Sie sich kritisch mit der Position der Autoren auseinander.

2 Soziale Marktwirtschaft

Kooperation und/oder Konflikt? Unternehmer, Management und Arbeitnehmer

M1 Fallbeispiel: Arbeitskampf – Schlecker bezahlt in Zukunft nach Tarif

Monatelang haben Schlecker und ver.di verhandelt, ehe sie sich auf neue Tarifverträge einigten.

Die neuen Arbeitsbedingungen für die bundesweit rund 41 000 Beschäftigten des Drogeriekonzerns Schlecker stehen fest. Wie inzwischen auch die Gewerkschaft ver.di bestätigte, haben sich beide Parteien auf neue Tarifverträge geeinigt – nach monatelangen Verhandlungen, in denen die Arbeitnehmervertreter schwere Vorwürfe gegen die Unternehmensführung erhoben hatten.

Grund für die Auseinandersetzung war die Neugründung des Tochterunternehmens Schlecker XL, das in den vergangenen Monaten mehrere Großfilialen eröffnet hatte. Ver.di warf dem Drogeristen vor, kleinere Filialen der Mutter Schlecker AS zu schließen, den Angestellten zu kündigen und für die neu eröffneten XL-Märkte Personal fast ausschließlich über die Leiharbeitsfirma Meniar zu deutlich schlechteren Bedingungen einzustellen.

Kurz danach errang ver.di einen ersten Sieg: Schlecker lenkte nach massiver Kritik auch seitens der Politik ein und kündigte an, keine neuen Verträge mit Meniar zu schließen. Kurz darauf rief die Drogeriemarktkette zu neuen Tarifverhandlungen auf.

Diese sind nun erfolgreich beendet worden. In Zukunft sollen auch die Mitarbeiter von Schlecker XL nach dem Tarifvertrag für den Einzelhandel in Baden-Württemberg bezahlt werden. Für die Beschäftigten der Mutter Schlecker AS wurde eine Beschäftigungssicherung vereinbart.

Nicht verhindern konnte die Gewerkschaft, dass 500 kleine Filialen geschlossen werden. Allerdings sollen die Mitarbeiter nicht entlassen, sondern zu gleichen Bedingungen in den neuen Großfilialen weiterbeschäftigt werden.

Quelle: www.zeit.de/wirtschaft/unternehmen/2010-06/schlecker-tarif-einigung vom 01.06.2010 [Zugriff: 14.04.2011]

M2 Tarifbindung der Beschäftigten 2009 (in Prozent)

	West*	Ost
Branchentarifvertrag	56	38
Firmentarifvertrag	9	13
Kein Tarifvertrag	36	49

* Abweichung von 100 Prozent durch Runden der Zahlen.

Quelle: IAB-Betriebspanel, aus: IAB aktuell vom 29.03.2010, http://doku.iab.de/aktuell/2010/Tarifbindung%20der%20Beschaeftigten%202009.pdf

Begriff

Es steht Arbeitgebern und Arbeitnehmern in Deutschland frei, sich in Gewerkschaften und Arbeitgeberverbänden zusammenzuschließen. Diese **Koalitionsfreiheit** ist im Grundgesetz in Art. 9 Abs. 3 garantiert und ist mit Art. 23 Abs. 4 auch Bestandteil der Menschenrechtserklärung der Vereinten Nationen von 1948. Die Koalitionsfreiheit bildet die Grundlage für das Recht, Tarifverträge zu schließen und Arbeitskämpfe zu führen.

VT

Arbeitskämpfe und Tarifauseinandersetzungen, oft verbunden mit Demonstrationen und Streiks, stellen einen nach außen sichtbaren und von den Medien bis hin zur Politik vielbeachteten Konflikt zwischen Arbeitgebern und Arbeitnehmern und ihren Vertretern bzw. Vetreterinnen dar. Dabei geht es nicht nur um die Bezahlung der Arbeit, sondern auch um Arbeitsbedingungen wie Urlaub, Arbeitszeit und Kündigungsschutz.

M4 Tarifautonomie und Flächentarifvertrag

Tarifautonomie bezeichnet das Recht von Gewerkschaften und Arbeitgebern und ihren Verbänden in freien Verhandlungen ohne staatliche Eingriffe Arbeits- und Einkommensbedingungen auszuhandeln. Festgeschrieben ist dieses Recht im Grundgesetz:

Art 9
1. Alle Deutschen haben das Recht, Vereine und Gesellschaften zu bilden.
2. Vereinigungen, deren Zwecke oder deren Tätigkeit den Strafgesetzen zuwiderlaufen oder die sich gegen die verfassungsmäßige Ordnung oder gegen den Gedanken der Völkerverständigung richten, sind verboten.
3. Das Recht, zur Wahrung und Förderung der Arbeits- und Wirtschaftsbedingungen Vereinigungen zu bilden, ist für jedermann und für alle Berufe gewährleistet. Abreden, die dieses Recht einschränken oder zu behindern suchen, sind nichtig, hierauf gerichtete Maßnahmen sind rechtswidrig. Maßnahmen nach den Artikeln 12a, 35 Abs. 2 und 3, Artikel 87a Abs. 4 und Artikel 91 dürfen sich nicht gegen Arbeitskämpfe richten, die zur Wahrung und Förderung der Arbeits- und Wirtschaftsbedingungen von Vereinigungen im Sinne des Satzes 1 geführt werden.

Ausgehandelt werden zumeist Flächentarifverträge, die für ein ganzes Bundesland oder auch die gesamte Bundesrepublik gelten. Sie enthalten die jeweiligen Lohn- und Gehaltsanpassungen für eine Branche. Ergänzt werden die Flächentarifverträge durch Manteltarifverträge, die insbesondere Vereinbarungen über Arbeitszeiten und Urlaubsansprüche enthalten. Daneben existieren auch Verträge für nur ein Unternehmen, die sogenannten Haustarife, wie sie beispielsweise für die VW AG abgeschlossen werden.
Für welche Betriebe der Tarifvertrag gilt, hängt davon ab, ob der jeweilige Unternehmer bzw. die Unternehmerin Mitglied im verhandelnden Unternehmerverband ist. Ist er das nicht, ist der Tarifvertrag in seinem Unternehmen nicht automatisch gültig. Anders auf der Seite der Arbeitnehmer: In den Unternehmen, in denen der Tarifvertrag Gültigkeit hat, gilt er für alle Arbeitnehmerinnen und Arbeitnehmer, nicht nur für Gewerkschaftsmitglieder. Dabei bestand bisher das Prinzip „ein Betrieb – ein Tarifvertrag" – es galt also in der Regel berufsgruppenübergreifend ein für alle Beschäftigten einheitlicher Tarifvertrag, in dem die unterschiedlichen Lohngruppen definiert waren. Schon in den letzten Jahren hat sich aber in Einzelfällen eine Abkehr von diesem Prinzip durchgesetzt; so lassen sich einzelne Berufsgruppen, beispielsweise die Lokführer der Bahn oder die Piloten, durch eigene Gewerkschaften mit eigenen Tarifauseinandersetzungen und Verträgen vertreten. Durch ein Grundsatzurteil des Bundesarbeitsgerichts vom 23.06.2010 wurde das Prinzip „ein Betrieb – ein Tarifvertrag" generell aufgehoben; das Urteil ermöglicht es, dass in einem Unternehmen mehrere Tarifverträge von konkurrierenden Gewerkschaften ausgehandelt und vereinbart werden. Sowohl Arbeitgeberverbände als auch Gewerkschaften, Regierungsparteien wie Oppositionsparteien kritisierten dieses Urteil, das eine grundsätzliche Kontroverse aufgreift. Der Ruf nach neuen gesetzlichen Regelungen wurde laut.

(Autorentext)

M3 Ablauf von Tarifverhandlungen

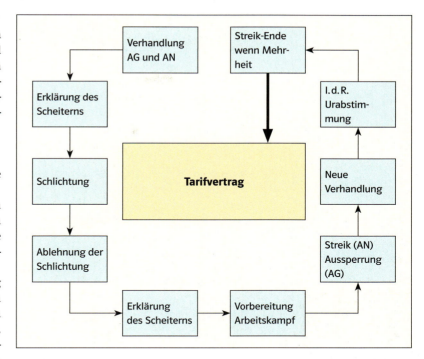

Miniglossar

DGB
Deutscher Gewerkschaftsbund

BDA
Bundesverband der deutschen Arbeitgeberverbände

M5 Passt das Prinzip „ein Betrieb, ein Tarifvertrag" noch in die Arbeitswelt?

Helmut Platow leitet die Rechtsabteilung beim ver.di-Bundesvorstand.

Ja – unbedingt! Die Arbeitgeber haben die Belegschaften gespalten, um Niedriglöhne durchzusetzen: durch Outsourcing, Austritte aus den Arbeitgeberverbänden, Mitgliedschaften ohne Tarifbindung, wie auch durch Leiharbeit und Förderung von Dumpinggewerkschaften. So werden Belegschaften zum Verzicht gezwungen. Diese Entwicklung wird auch nicht die zurzeit noch starken Spezialistengruppen wie Cockpit verschonen. Nur durch Begrenzung der Konkurrenz kann die strukturelle Unterlegenheit der Arbeitnehmerseite ausgeglichen werden. [...]

Britta Rehder ist Wissenschaftlerin am Max-Planck-Institut für Gesellschaftsforschung in Köln.

Nein – dazu sind zumindest in Großbetrieben die Interessenlagen heute viel zu ausdifferenziert. Das deutsche Tarifrecht basiert auf dem liberalen Prinzip der Freiwilligkeit: Freiwillig gebildete Verbände treffen Vereinbarungen, mit denen sie die Löhne und Arbeitsbedingungen festsetzen. Wenn zum Beispiel die Lokführer, Ärzte oder Piloten ihre Dinge lieber selbst regeln und eigene Tarifverträge abschließen wollen, wird man ihnen das kaum verbieten können. Der Abschied vom Prinzip der Tarifeinheit schafft aber große Probleme – und zwar für beide Seiten. Jahrzehntelang wurde von der Arbeitgeberseite mehr Differenzierung in der Tarifpolitik gefordert. An der Erosion der Tarifeinheit merkt sie nun, dass Differenzierung auch wehtun kann. Sie sollte sich daran erinnern, dass jeder Betrieb kollektive Ordnungen braucht, um den sozialen Frieden zu wahren und nicht in Differenzierungsadministration zu ersticken. [...] Die Gewerkschaften sollten demgegenüber versuchen, die Vielfalt in der Einheitsgewerkschaft zu stärken, um die Anreize zu senken, alternative Verbände zu gründen. Anstatt konkurrierende Organisationen über Rechtsnormen zu bekämpfen, muss man sie politisch entzaubern – durch attraktive Angebote an bestimmte Arbeitnehmerzielgruppen.

aus: Mitbestimmung 3/2010, S. 9

M6 Grundsatz der Tarifeinheit

Pressemitteilung Nr. 46/10 des Bundesarbeitsgerichts vom 23.06.2010

[...] Nach Auffassung des Zehnten Senats gelten die Rechtsnormen eines Tarifvertrags, die den Inhalt, den Abschluss und die Beendigung von Arbeitsverhältnissen ordnen, für Beschäftigte kraft Koalitionsmitgliedschaft nach §3 Abs. 1, §4 Abs. 1 TVG unmittelbar. Dies wird nicht dadurch ausgeschlossen, dass für den Betrieb kraft Tarifbindung des Arbeitgebers (Verbandsmitgliedschaft oder eigener Abschluss des Tarifvertrags) mehr als ein Tarifvertrag Anwendung findet, wenn für den einzelnen Arbeitnehmer jeweils nur ein Tarifvertrag gilt (sog. Tarifpluralität). Es gibt keinen übergeordneten Grundsatz, dass für verschiedene Arbeitsverhältnisse derselben Art in einem Betrieb nur einheitliche Tarifregelungen zur Anwendung kommen können.

Bundesarbeitsgericht: Beschlüsse vom 23. Juni 2010 - 10 AS 2/10, 10 AS 3/10; Beschlüsse vom 27. Januar 2010 – 4 AZR 537/08 (A), 4 AZR 549/08 (A)

M7 Gemeinsame Erklärung von DGB und BDA:

Funktionsfähigkeit der Tarifautonomie sichern – Tarifeinheit gesetzlich regeln
1. Die Tarifautonomie ist eine wesentliche Grundlage der Sozialen Marktwirtschaft und hat sich in den letzten Jahrzehnten nachhaltig bewährt. Die Tarif- und Betriebspartner haben dies gerade in der Krise erneut unter Beweis gestellt.
BDA und DGB wollen die Funktionsfähigkeit der Tarifautonomie sichern und schlagen deshalb gemeinsam vor, den Grundsatz der Tarifeinheit gesetzlich zu regeln, um ihn auch in Zukunft zu gewährleisten. Die Tarifeinheit ist eine unverzichtbare Säule der Tarifautonomie. Sie verhindert eine Zersplitterung des Tarifvertragssystems, eine Spaltung der Belegschaften und eine Vervielfachung kollektiver Konflikte. Es muss in den Betrieben für alle Beteiligten klar sein, welcher Tarifvertrag gilt.
[...]
2. [...] Das Bundesarbeitsgericht hat in der bisherigen Rechtsprechung den Grundsatz der Tarifeinheit und die Nichtanwendbarkeit nachrangiger Tarifverträge zu Recht

damit begründet, dass nur so eine ordnungsgemäße Tarifanwendung sichergestellt und Abgrenzungsprobleme zwischen unterschiedlichen betrieblichen Tarifnormen vermieden werden. Darüber hinaus dient die Tarifeinheit einer wichtigen Funktion der Koalitionsfreiheit und des Tarifvertragssystems, nämlich die Arbeitsbeziehungen zu befrieden.

3. BDA und DGB schlagen vor, im bestehenden Tarifvertragsgesetz den Grundsatz der Tarifeinheit im Betrieb wie folgt gesetzlich zu normieren:
Überschneiden sich in einem Betrieb die Geltungsbereiche mehrerer Tarifverträge, die von unterschiedlichen Gewerkschaften geschlossen werden (konkurrierende Tarifverträge/Tarifpluralität), so ist nur der Tarifvertrag anwendbar, an den die Mehrzahl der Gewerkschaftsmitglieder im Betrieb gebunden ist. Maßgeblich ist bei solchen sich überschneidenden Tarifverträgen folglich, welche der konkurrierenden Gewerkschaften im Betrieb mehr Mitglieder hat (Grundsatz der Repräsentativität). [...]
Für die Laufzeit des nach diesem Grundsatz im Betrieb anwendbaren Tarifvertrages gilt – ebenfalls wie bisher – die Friedenspflicht. Diese wird durch die gesetzliche Regelung auch auf konkurrierende Tarifverträge erstreckt, die nach der vorstehenden Regelung nicht zur Geltung kommen könnten. Die Friedenspflicht gilt damit während der Laufzeit des vorrangigen Tarifvertrages auch gegenüber anderen Gewerkschaften. [...]

4. Mit der vorgeschlagenen gesetzlichen Regelung wird der von der bisherigen Rechtsprechung entwickelte Grundsatz der Tarifeinheit beibehalten. Wie bisher bedeutet Tarifeinheit nicht ein Monopol für bestimmte Tarifvertragsparteien. Die gesetzliche Regelung schafft lediglich Rechtsklarheit für den Fall einer Kollision unterschiedlicher Tarifverträge.
Es bleibt deshalb auch wie bisher möglich, dass sich verschiedene Tarifparteien darauf verständigen, in einem Betrieb unterschiedliche Tarifverträge für unterschiedliche Arbeitnehmergruppen zu vereinbaren (vereinbarte Tarifpluralität). Gilt z.B. ein Entgelt-Tarifvertrag für einen bestimmten Teil der Belegschaft und ein weiterer Entgelt-Tarifvertrag für eine andere Arbeitnehmergruppe des Betriebes, ohne dass sich beide Arbeitnehmergruppen überschneiden, bleiben beide Tarifverträge nebeneinander anwendbar. Es liegt keine Tarifkollision vor. Das vereinbarte Nebeneinander unterschiedlicher Tarifverträge mit unterschiedlichen persönlichen Geltungsbereichen wird durch die vorgeschlagene Regelung nicht angetastet.
[...]

Quelle: www.dgb.de/themen/++co++81408d58-6fc6-11df-59ed-00188b4dc422 vom 04.06.2010 [Zugriff: 14.04.2011]

Arbeitsvorschläge

1. Analysieren Sie am Beispiel Schlecker (M1), um welche Konflikte zwischen Unternehmen und Gewerkschaften gerungen wird.

2. Erarbeiten Sie aus M2 die relative Bedeutung von Tarifverträgen für die Beschäftigten in Deutschland. Erörtern Sie, welche Ursachen die dargestellte Lage haben könnte.

3. Untersuchen Sie die Grafik (M3) im Hinblick auf „Waffengleichheit" der Verhandlungspartner.

4. Arbeiten Sie arbeitsteilig aus M4 – M6 Argumente pro und kontra einheitlicher Branchenflächentarifverträge heraus und erörtern Sie diese Kontroverse anschließend in einer Pro- und Kontra-Debatte.

5. Bewerten Sie die Tatsache, dass sich Arbeitnehmer- und Arbeitgebervertreter in dieser Frage einig sind (M7).

2 Soziale Marktwirtschaft

Mitwirkung von Arbeitnehmern – Modelle der Mitbestimmung

M1 Die entscheidende Wahl?

M2 Der politische Kampf um die Mitbestimmung in der BRD

In der BRD wurden die Mitbestimmungs-Regelungen sowohl zu einem charakteristischen Merkmal der Wirtschafts- und Sozialordnung als auch zum Objekt einer politischen Dauerauseinandersetzung. Der DGB knüpfte auf seinem Gründungskongress 1949 programmatisch an Weimar an und legte ein Konzept vor mit den drei Kernelementen zentrale volkswirtschaftliche Planung, „Mitbestimmung der organisierten Arbeitnehmer in allen personellen, wirtschaftlichen und sozialen Fragen der Wirtschaftsführung und Wirtschaftsgestaltung" sowie Überführung der Schlüsselindustrien in Gemeineigentum. Da mit der Durchsetzung der Sozialen Marktwirtschaft zentrale Planung und Vergesellschaftung chancenlos wurden, rückte die Mitbestimmung ins Zentrum der gewerkschaftlichen Forderungen. Die Forderung nach Mitbestimmung ist vor allem mit vier Begründungen untermauert worden, die in unterschiedlichem Maße umstritten sind:

Begriff

Ein **Betriebsrat** ist die von den Beschäftigten eines Betriebes oder Unternehmens gewählte Interessenvertretung. Seine Aufgabe ist die Wahrnehmung der im Betriebsverfassungsgesetz geregelten innerbetrieblichen Mitwirkungs- und Mitbestimmungsrechte.

VT

Im Laufe des Bestehens der Bundesrepublik Deutschland haben Arbeitnehmer und ihre Vertretungsorgane, die Gewerkschaften Mitbestimmungsrechte im Betrieb und Unternehmen erkämpft. Dabei geht es auf betrieblicher Ebene über die Betriebsräte um Mitwirkung in unmittelbar erfahrbaren sozialen und wirtschaftlichen Fragen und in Großunternehmen auf Unternehmensebene um Mitbestimmung in allen wirtschaftlichen Fragen der Unternehmensführung. Konflikte, Erfolge und Stärken dieser Entwicklung sollen untersucht werden.

- Demokratisierung der Wirtschaft: die staatliche Demokratie müsse durch die Demokratisierung anderer Subsysteme, insbesondere der Wirtschaft, gestützt werden, und die Herrschaftsausübung im Unternehmen erfordere eine Legitimation auch durch die direkt betroffenen Arbeitnehmer. Dagegen wird die Eigengesetzlichkeit der Subsysteme und ihre durch angemessene Organisation zu sichernde Effizienz angeführt und auf unterschiedliche Demokratiemodelle verwiesen – z. B. Marktwirtschaft als Konsumentendemokratie mit täglichem Plebiszit;
- Machtkontrolle: mit Blick auf die Großunternehmen und unter Verweis auf historische Erfahrungen – vor allem Machtergreifung des Nationalsozialismus – wird die Notwendigkeit der Kontrolle wirtschaftlicher und politischer Macht betont. Opponenten stellen die Eignung der Mitbestimmung und die Legitimation der Gewerkschaften für diesen Zweck in Frage und befürchten umgekehrt eine Machtkonzentration in den Gewerkschaftszentralen;
- gleichberechtigtes Verhältnis von Kapital und Arbeit;
- Humanisierung der Arbeitswelt: der Arbeitnehmer müsse vom Objekt zum Subjekt des Wirtschaftsprozesses werden. Bei den beiden letztgenannten Gründen sind weniger das Ziel als die Konsequenzen für die Regelungen der Mitbestimmung umstritten.

Die genannten Begründungen haben u.a. Konsequenzen für die vorrangigen Ebenen der Mitbestimmung. Ungeachtet möglicher weiterer Ausdifferenzierungen werden in der Regel vier potentielle Ebenen unterschieden: Arbeitsplatz, Betrieb, Unternehmen, Gesamtwirtschaft. Der DGB hat stets die gegenseitige Abhängigkeit und Verzahnung der verschiedenen Mitbestimmungs-Ebenen betont und in seinem Mitbestimmungs-Konzept grundsätzlich alle Ebenen einbezogen. Die politische Auseinandersetzung hat sich allerdings auf die Betriebs- und Unternehmensebene konzentriert.

Quelle: Andersen, Uwe: Mitbestimmung, in: Handwörterbuch des politischen Systems der Bundesrepublik, www.bpb.de/wissen/07425208634697070238769573154 600,1,0,Mitbestimmung.html#art1 [Zugriff: 14.04.2011]

M3 Organe der Aktiengesellschaft

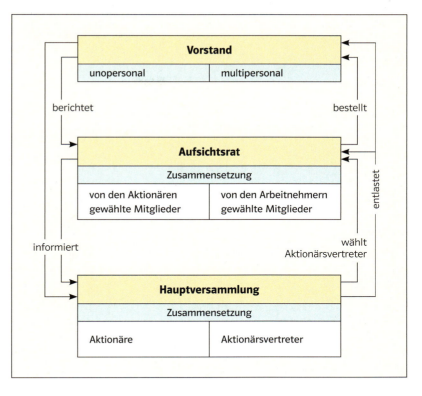

Die **Hauptversammlung** der Aktionäre ist das zentrale Beschlussfassungsgremium der AG; sie entscheidet insbesondere über die Verwendung des Bilanzgewinns, entlastet den Vorstand, der vor ihr seinen Rechenschaftsbericht vorlegen muss und wählt die Aktionärsvertreter in den Aufsichtsrat.
Der **Aufsichtsrat** ist das entscheidende Kontrollgremium in der AG. Er setzt sich aus den Aktionärsvertretern und Vertretern der Belegschaft zusammen. Seine Aufgaben sind insbesondere die Wahl, Kontrolle und Abberufung des Vorstands sowie die Prüfung der Bilanzen.
Der **Vorstand** leitet die AG; er wird gewählt durch den Aufsichtsrat; seine Aufgaben sind die Geschäftsführung der AG, Erstellung des Jahresabschlusses, die Durchführung der Beschlüsse der Hauptversammlung und ggf. die Anmeldung von Insolvenz und Konkurs.
(Autorentext)

M4 Entwicklung der Unternehmensmitbestimmung

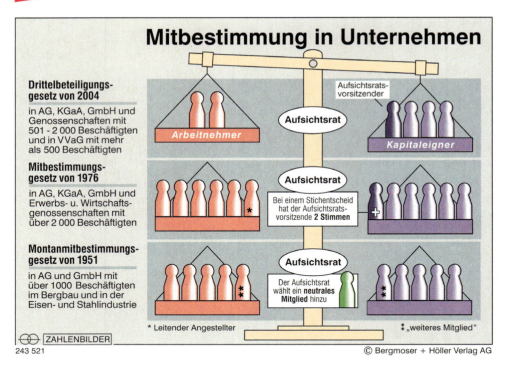

M5 Betriebsräte in Deutschland

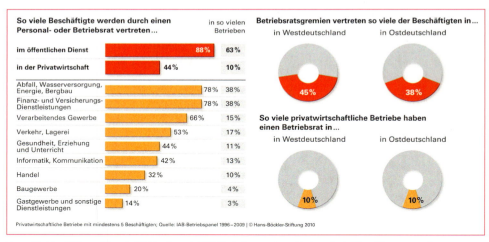

Hans-Böckler-Stiftung (Hrsg.): Böckler impuls 7/2010, S. 6, www.boecklerimpuls.de [Zugriff: 19.04.2011]

M6 Betriebliche Mitbestimmung

Das erstmalig 1952 beschlossene und 1972 erneuerte Betriebsverfassungsgesetz gilt für alle Betriebe ab mindestens fünf Arbeitnehmern. Es regelt nicht allein die Mitwirkungsmöglichkeiten des Betriebsrates, sondern gesteht auch den einzelnen Arbeitnehmern individuelle Rechte zu. Sie haben Mitwirkungsrechte bezüglich ihres Arbeitsplatzes, Einsichtsrecht in die Personalakte und Beschwerderecht, falls sie sich benachteiligt oder ungerecht behandelt fühlen. [...]
Je nach Art der Entscheidung und Anzahl der Beschäftigten hat der Betriebsrat abgestufte Mitwirkungsrechte:
- Volle Mitbestimmungsrechte kommen ihm allein bei sozialen Angelegenheiten zu, dabei handelt es sich beispielsweise um die Lage der Arbeitszeit, Urlaubsgrundsätze und soziale Einrichtungen.

Solche Entscheidungen können nur vom Betriebsrat und dem Arbeitgeber gemeinsam getroffen werden.
- Falls in Unternehmen mehr als 20 Arbeitnehmer beschäftigt sind, hat der Betriebsrat bei personellen Angelegenheiten Zustimmungs- und Widerspruchsrechte. Dies betrifft beispielsweise [...] Richtlinien für die personelle Auswahl bei Einstellungen. Bei Kündigungen ist er anzuhören.
- Ab 20 Arbeitnehmern ist er über wirtschaftliche Entscheidungen zu informieren.

aus: Weber, Birgit: Kooperation und Konflikt – Menschen im Unternehmen, in: Informationen für politische Bildung, Heft 293, 2006, S. 38 f.

M7 Karikaturenrallye

Arbeitsvorschläge

1. Analysieren Sie die Karikatur M1 im Hinblick auf die Intention des Zeichners.

2. Erläutern Sie die Ziele, die der Forderung nach Unternehmensmitbestimmung zugrunde liegen (M2).

3. Bewerten Sie, inwiefern sich diese Forderungen und Zielsetzungen in der Entwicklung der Unternehmensmitbestimmung (M3 und M4) niederschlägt.

4. Ermitteln Sie Kennzeichen zur Abgrenzung betrieblicher Mitbestimmung von der Unternehmensmitbestimmung (M3, M4 und M6).

5. Erklären Sie mithilfe von Hypothesen, warum Betriebsräte so unterschiedlich in den einzelnen Branchen verankert sind (M5).

6. Werten Sie die Karikaturen in M1 und M7 aus im Hinblick auf Probleme, Konflikte und Interessen, die die Mitbestimmung in Deutschland berühren.

Staat und Markt
Soziale Absicherung in der Sozialen Marktwirtschaft

M1 Ein schwerer Anhänger?

M2 Aufgaben des Staates

Alfred Müller-Armack (vgl. S. 54)

Um den Umkreis der Sozialen Marktwirtschaft ungefähr zu umreißen, sei folgendes Betätigungsfeld künftiger sozialer Gestaltung genannt:

- Schaffung einer sozialen Betriebsordnung, die den Arbeitnehmer als Mensch und Mitarbeiter wertet, ihm ein soziales Mitgestaltungsrecht einräumt, ohne dabei die betriebliche Initiative und Verantwortung des Unternehmers einzuengen.
- Verwirklichung einer als öffentliche Aufgabe begriffenen Wettbewerbsordnung, um dem Erwerbsstreben der einzelnen die für das Gesamtwohl erforderliche Richtung zu geben.
- Befolgung einer Anti-Monopolpolitik zur Bekämpfung möglichen Machtmissbrauchs in der Wirtschaft.
- Durchführung einer konjunkturpolitischen Beschäftigungspolitik mit dem Ziel, dem Arbeitgeber im Rahmen des Möglichen Sicherheit gegenüber Krisenrückschlägen zu geben. Hierbei ist außer kredit- und finanzpolitischen Maßnahmen auch ein mit sinnvollen Haushaltssicherungen versehenes Programm staatlicher Investitionen vorzusehen.
- Marktwirtschaftlicher Einkommensausgleich zur Beseitigung ungesunder Einkommens- und Besitzverschiedenheiten, und zwar durch Besteuerung und durch Familienzuschüsse, Kinder- und Mietbeihilfen an sozial Bedürftige.

Begriff

Ordnungs-, Steuer- und Sozialpolitik sind zentrale Aufgaben des Staates in der Sozialen Marktwirtschaft. Gefragt ist der Staat auch immer dann, wenn der Markt allein versagt: ob beim Umweltschutz oder der Sicherung des Wettbewerbs gegen Versuche, ihn zu umgehen oder auszuschalten.

VT

Die Rolle des Staates in der Sozialen Marktwirtschaft ist immer wieder Gegenstand grundsätzlicher politischer Auseinandersetzungen. Während z. B. Vertreter marktliberaler Positionen die Aufgabenfelder des Staates begrenzen wollen und auf Deregulierung, Privatisierung und Steuersenkungen setzen, fordern dagegen z. B. Vertreter aus dem gewerkschaftlichen Lager ein stärkeres Eintreten des Staates für soziale Gerechtigkeit durch Umverteilung von oben nach unten und Stärkung der öffentlichen und privaten Nachfrage.

Schon bei Müller-Armack (M 2) finden sich viele Aspekte der aktuellen Diskussion. Die Aufgaben des Staates im Bereich der Konjunkturpolitik, der Sozialpolitik sowie der bei Müller-Armack noch nicht im Fokus stehenden Umweltpolitik werden im zweiten Band der Anstöße ausführlich behandelt. Der Aspekt demokratischer Betriebsverfassungen wurde bereits im vorherigen Unterkapitel ausgeführt.

- Siedlungspolitik und sozialer Wohnungsbau.
- Soziale Betriebsstruktur-Politik durch Förderung kleinerer und mittlerer Betriebe und Schaffung sozialer Aufstiegschancen.
- Einbau genossenschaftlicher Selbsthilfe – etwa im Wohnungsbau – in die Wirtschaftsordnung.
- Ausbau der Sozialversicherung.
- Städteplanung.
- Minimallöhne und Sicherung der Einzellöhne durch Tarifvereinbarungen auf freier Grundlage.

Quelle: Müller-Armack, Alfred: Vorschläge zur Verwirklichung der Sozialen Marktwirtschaft, in: ders.: Genealogie der Sozialen Marktwirtschaft, 2. Auflage, Bern, Stuttgart 1981, S. 99 ff. (Erstveröffentlichung 1948)

M3 Prinzipien sozialer Sicherung

M4 Sozialpolitik

Das sozialpolitische Leitbild einer freien Marktwirtschaft wird durch das Individualprinzip und das Versicherungsprinzip geprägt. Die Eigenvorsorge gegenüber existenzbedrohenden Risiken soll durch Sparen erfolgen, die Verantwortung für die Existenzsicherung liegt ausschließlich beim Einzelnen. Risiken, die sich nicht hinreichend durch Sparen abdecken lassen, werden durch Versicherungen gedeckt. Gleichartig bedrohte Personen schließen sich dabei zu Gefahrengemeinschaften zusammen, in denen ein Risikoausgleich durchgeführt wird. Die Höhe der Auszahlungen, die jemand aus der Versicherung erhält, ist von den eingezahlten Beiträgen abhängig. Solche Versicherungen sind mit einer Kasko-Versicherung für das Auto oder einer privaten Lebensversicherung vergleichbar. Individual- und Versicherungsprinzip sind für die Sozialpolitik in den angelsächsischen Ländern, beispielsweise in den USA, leitend.

Die Soziale Marktwirtschaft hingegen folgt dem Leitbild des Sozialstaates. An die Stelle des Individualprinzips tritt das Sozialprinzip, und zum Versicherungsprinzip tritt im Sozialstaat das Fürsorgeprinzip, das zum Beispiel der Sozialhilfe zugrunde liegt. Die Sicherung des Existenzminimums ist im Sozialstaat eine staatliche Aufgabe. Flankierend dazu erzwingt der Staat durch Pflichtversicherungen die Eigenvorsorge der Bürger.

[...] Den Kernbereich der sozialen Sicherung stellen die Rentenversicherung und die vier Sozialversicherungen dar:
- gesetzliche Kranken- und Pflegeversicherung,
- Arbeitslosenversicherung und
- gesetzliche Unfallversicherung.

In einem weiter gefassten Begriff von Sozialpolitik werden auch der Arbeitsschutz und die Mitbestimmung der Arbeitnehmer, Maßnahmen der Arbeitsmarktpolitik und der Bildungspolitik, des Wohnungsbaus und der Verbraucherpolitik zur Sozialpolitik gerechnet.

Bei Kontroversen um die Reform der Sozialpolitik und den „Umbau des Sozialstaates" treffen häufig Individualprinzip und Sozialprinzip aufeinander, beispielsweise wenn im Gesundheitswesen die einen mehr Selbstverantwortung und Eigenbeteiligung (Individualprinzip) fordern, die anderen dagegen für Solidarität der Gesunden mit den Kranken und für eine einkommensabhängige Bemessung der Versicherungsbeiträge plädieren (Sozialprinzip). Ausgelöst durch schwerwiegende Finanzierungsprobleme bei den Systemen der sozialen Sicherung hat sich eine kontroverse Diskussion um gesellschaftliche Grundwerte und ihre sozialpolitische Erfüllung entwickelt.

Quelle: Schlösser, Hans-Jürgen: Staatliche Handlungsfelder in einer Marktwirtschaft, in: Informationen zur politischen Bildung, Heft 294: Staat und Wirtschaft, S. 48 f.

M5 Soziale Grundsicherung

Formen sozialer Grundsicherung

	Grundsicherung für Arbeitsuchende	Sozialhilfe im engeren Sinn	Grundsicherung im Alter und bei Erwerbsminderung	Asylbewerberleistungen
für wen?	Erwerbsfähige Hilfebedürftige und ihre Bedarfsgemeinschaft	Nicht erwerbsfähige Hilfebedürftige und ihre Haushalte	Hilfebedürftige ältere Menschen und dauerhaft voll Erwerbsgeminderte	Asylbewerber und geduldete Ausländer, deren Partner und Kinder
welche Leistungen?	Leistungen zur Eingliederung in Arbeit Arbeitslosengeld II mit Übergangszuschlägen Sozialgeld ggf. Mehrbedarf, Erstausstattung	Hilfe zum Lebensunterhalt (einschl. Wohn- und Heizkosten) ggf. Mehrbedarfszuschläge Erstausstattung	Hilfe zum Lebensunterhalt (einschl. Wohn- und Heizkosten) ggf. Mehrbedarfszuschläge Erstausstattung	Sachleistungen (einschl. Unterkunft) oder Wertgutscheine zur Deckung des Grundbedarfs Taschengeld
wo geregelt?	SGB II	SGB XII	SGB XII	AsylbLG

© Bergmoser + Höller Verlag AG ZAHLENBILDER 174 001

Miniglossar

Ausführliche Informationen zur sozialen Sicherung in der Bundesrepublik Deutschland: www.bmas.de/portal/1040/property=pdf/a721__soziale__sicherung__gesamt.pdf [Zugriff: 19.04.2011] (Broschüre des Bundesministeriums für Arbeit und Soziales zum Download)

M6 Die Grundprinzipien der Sozialversicherung in Deutschland

In existenziellen Risikosituationen den Lebensstandard des Versicherten und seine Stellung im Rahmen der Gesellschaft zu erhalten, das ist die Aufgabe der Deutschen Sozialversicherung. [...] Nachfolgend erhalten Sie einen Überblick über die wichtigsten Grundprinzipien:

Das Prinzip der Versicherungspflicht
In Deutschland sind nahezu 90 Prozent der Bevölkerung in der Sozialversicherung pflicht- oder freiwillig versichert. Trotz aller Reformdebatten ist das System der Sozialversicherung als Kernstück der sozialen Sicherung weitgehend akzeptiert.

Das Prinzip der Beitragsfinanzierung
Die Sozialversicherungen werden überwiegend aus Beiträgen der Arbeitnehmer und Arbeitgeber finanziert. Dabei legt die Selbstverwaltung (für Unfallversicherung) beziehungsweise der Gesetzgeber (für Rentenversicherung, Arbeitslosenversicherung, Krankenversicherung und Pflegeversicherung) die Beitragssätze gesetzlich fest. Die Beiträge orientieren sich am Gehalt des Arbeitnehmers. [...]

Das Prinzip der Solidarität
Die zu versichernden Risiken werden von allen Versicherten gemeinsam getragen. Unabhängig davon, wie viel die Versicherten an die Sozialversicherungen gezahlt haben, sind sie in umfassendem Maße abgesichert. Durch diesen solidarischen Ansatz wird ein Ausgleich zwischen Gesunden und Kranken, zwischen besser und weniger gut Verdienenden, zwischen Jung und Alt, zwischen Familien und Singles geschaffen.

Das Prinzip der Selbstverwaltung
Eine weitere wichtige Grundlage der Deutschen Sozialversicherung ist das Selbstverwaltungsprinzip. Dabei wird der Staat durch Delegation von Aufgaben und Verantwortungsbereichen an die Träger entlastet (Subsidiaritätsprinzip). Das heißt, dass die Träger der Sozialversicherung als öffentlich-rechtliche Körperschaft alle Steuerungsaufgaben in Eigenverantwortung unter Rechtsaufsicht des Staates erfüllen. Damit sind sie organisatorisch und finanziell selbstständig. Das besondere an diesem Prinzip ist, dass Arbeitnehmer und Arbeitgeber unmittelbar an der Selbstverwaltung beteiligt sind. [...]

Das Prinzip der Äquivalenz
Ein weiteres, wichtiges Prinzip ist das Äquivalenzprinzip. Im Rahmen der Deutschen Sozialversicherung gilt es allein für die Rentenversicherung und beinhaltet das Verhältnis zwischen der Höhe der gezahlten Beiträge und den Leistungen, die ein Versicherter erhält. Grundsätzlich richten sich die Leistungen nach der Höhe der in der Erwerbsphase gezahlten Beiträge.

Quelle: www.deutsche-sozialversicherung.de/de/wegweiser/grundprinzipien_print.html

M7 Der Einkommenssteuertarif 2010

Begriffserläuterungen zum Einkommensteuertarif 2010
(alle Angaben beziehen sich auf Ledige, für Verheiratete gelten die jeweils doppelten Einkommensgrenzen):
– Grundfreibetrag: Bis zu einem zu versteuernden Jahreseinkommen von 8 004 € fällt keine Einkommensteuer an; auch für alle darüber liegenden Einkommen gilt dieser Betrag als Grundfreibetrag, d.h. dieser als Existenzminimum definierte Einkommensanteil wird auch bei ihnen nicht besteuert.

- Progressionszone I: Ab einem zu versteuernden Jahreseinkommen von 8 005 € gilt für das über den Grundfreibetrag hinausgehende Einkommen zunächst der Eingangssteuersatz von 14 Prozent, der kontinuierlich steigt, bis er bei einem zu versteuernden Jahreseinkommen von 13 469 € 24 Prozent erreicht.
- Progressionszone II: Mit zunehmendem Einkommen steigt in dieser Zone der Grenzsteuersatz weiterhin, allerdings mit geringerer Wachstumsrate, bis auf 42 Prozent bei einem Einkommen von 52 882 €.
- Proportionalzone I und II: Bis zu einem zu versteuernden Jahreseinkommen zwischen 52 882 € und 250 730 € bleibt der Steuersatz von 42 Prozent konstant. Darüber steigt er auf 45 Prozent und bleibt dann konstant; diese Erhöhung wurde als sog. „Reichensteuer" 2007 eingeführt.
- Durchschnittssteuersatz: Dadurch, dass der Grundfreibetrag bei allen Einkommen unversteuert bleibt, ergibt sich als durchschnittliche oder effektive Besteuerung ein jeweils niedrigerer Satz als der jeweilige Grenzsteuersatz.

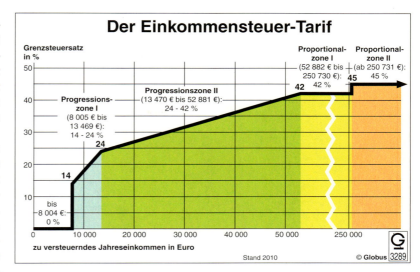

- Grenzsteuersatz: Das ist der Steuersatz, der für den letzten verdienten Euro des Jahreseinkommens bezahlt werden muss. Im Beispiel hier: Der Grenzsteuersatz für einen Ledigen, der im Jahr 8 004 Euro verdient, ist 0 Prozent, für einen Ledigen mit 8 005 Euro Jahreseinkommen 15 Prozent.

Autorentext

Arbeitsvorschläge

1. Überprüfen Sie auf S. 54, inwiefern der heutige Staat die Aufgaben, die Müller-Armack 1948 formulierte (M 2), erfüllt bzw. welche neuen Aufgaben dazugekommen sind.

2. Erarbeiten Sie die Grundprinzipien der deutschen Sozialpolitik (M 3 – M 6). Vergleichen Sie die Ausgestaltung der Sozialpolitik heute mit den Prinzipien von Alfred Müller-Armack (M 2).

3. Beurteilen Sie, in welchem Verhältnis staatliche Sicherung und individuelle Verantwortung in diesem System zueinander stehen.

4. Entwickeln Sie in Gruppen in Form eines Gedankenexperiments alternative Modelle der Sozialpolitik unter Berücksichtigung z. B. folgender Aspekte:
- Soll es überhaupt staatliche Sozialleistungen und Pflichtversicherungen geben oder soll jeder für sich selbst (vor)sorgen?
- Welche Unterschiede in den Sozialleistungen soll es geben?
- Wie sind sie ggfs. zu begründen?
- Welche Anreize sollen geschaffen werden, um Kosten der Sozialleistungen zu reduzieren, z. B. Anreize zur Gesundheitsförderung, Arbeitsaufnahme, längere Arbeitsdauer bis zur Rente?
- Welche Bedingungen sollen an soziale Leistungen gestellt werden? Welche Höhe erscheint angemessen?
- Sollen alle Kranken gleich behandelt werden oder soll es Einschränkungen im Leistungskatalog geben? Diskutieren Sie die Gruppenergebnisse.

5. Analysieren Sie, inwiefern der Einkommensteuertarif (M 7) sozialpolitische Umverteilungswirkungen hat.

6. Recherchieren Sie in Zeitungen und dem Internet nach aktuellen Kontroversen um die Gestaltung der Sozialpolitik und des Steuersystems und stellen Sie Positionen der Parteien und Verbände einander gegenüber. Setzen Sie sich im Kurs kritisch damit auseinander.

2 Soziale Marktwirtschaft

Mehr Wettbewerb oder mehr Wirtschaftsmacht?

M1 Das große Fressen?

M2 Wettbewerb: Aufgaben, Gefährdung, Schutz

Strebt eine Vielzahl von Unternehmen nach dem größtmöglichen eigenen Vorteil, d. h. nach dem größten Gewinn, so stehen diese Unternehmen im Wettbewerb zueinander.
5 Jeder einzelne Unternehmer wird versuchen, durch niedrigere Preise, bessere Qualität, Werbung, Service usw. mehr zu verkaufen als die anderen Unternehmer, die gleiche oder ähnliche Waren anbieten. Wer
10 sich nicht ständig um die Verbesserung seines Angebots, um die Senkung der Kosten und damit der Preise sowie um die Schaffung neuer Produkte und Dienstleistungen bemüht, wird vom Markt gedrängt.
Aufgabe des Wettbewerbs ist es idealty- 15 pisch, den Marktteilnehmern grundlegende wirtschaftliche Freiheitsrechte zu gewähren, sei es als Unternehmer (freie Entscheidung über Investitionen, Angebot, Preise), als Konsument (freie Wahl der Konsumgü- 20 ter) oder als Arbeitnehmer (freie Wahl des Arbeitsplatzes).
Darüber hinaus sorgt Wettbewerb dafür, dass die Produktionsfaktoren (Arbeit, Kapital und Boden) in höchstem Maße 25 wirtschaftlich eingesetzt werden. Damit fördert Wettbewerb zugleich die Entwicklung und den Einsatz neuer Technologien, ermöglicht eine leistungsgerechte Einkommensverteilung und verhindert 30 wirtschaftliche Macht, die die Konkurrenz ausschaltet.
Dennoch gibt es immer wieder das Bestreben einzelner Unternehmen oder Unternehmensgruppen, eine möglichst große Markt- 35 macht aufzubauen und damit Wettbewerb zu umgehen. Dies kann auf verschiedene Weise geschehen:
- durch gegenseitige Absprachen zwischen ansonsten selbstständigen Unternehmen 40 z. B. über Preise (Preiskartell); Ziel ist es, höhere Preise durchzusetzen, als sie sich unter Wettbewerb ergeben hätten;
- durch den Zusammenschluss von Unternehmen zu einem Großunternehmen 45

Begriff

Wettbewerb bezeichnet die Konkurrenz zwischen ökonomischen Subjekten auf einem Markt. Er ist das wichtigste Element der Marktwirtschaft. So konkurrieren u. a. Warenanbieter um Absatz, Beschäftigte um Arbeitsplätze, Kapitalbesitzer um rentable Anlagemöglichkeiten. Da der Wettbewerb Unternehmen dazu zwingt, Innovationen und Kostensenkungen vorzunehmen, ist er ein Motor für technischen Fortschritt. Er sorgt u. a. dafür, dass nur solche Unternehmen dauerhaft am Markt bestehen können, die wettbewerbsfähig produzieren.

VT

Dem Wettbewerb kommt in der Marktwirtschaft eine zentrale Bedeutung zu. Er soll sicherstellen, dass sich durch das Wechselspiel zwischen Anbietern und Nachfragern Preise bilden, die den Anbietern anzeigen, wo sie die Produktionsfaktoren am effizientesten einsetzen können – und den Nachfragern, wo sie ihren Bedarf am günstigsten decken können. Die Konkurrenz um die Nachfrage soll zudem Anreize schaffen, Preise zu senken bzw. die Qualität der angebotenen Waren zu verbessern.

Doch das Gewinninteresse und der Druck des Wettbewerbs schaffen auf Seiten der Unternehmen zugleich ein Motiv, den Wettbewerb durch Fusionen, Preisabsprachen und das Erreichen einer marktbeherrschenden Stellung zu umgehen. Es besteht daher Einigkeit, dass der Staat den Wettbewerb schützen muss, soll in der Marktwirtschaft tatsächlich so etwas wie die „unsichtbare Hand" (vgl. Smith S. 52 f.) wirken. Doch wie macht der Staat das? Und ist er in diesem Bemühen erfolgreich?

z. B. mit dem Ziel, durch gemeinsame Forschung und Produktion Kosten zu sparen, oder
– durch die Benachteiligung von kleineren Konkurrenten bis zum Versuch, sie vom Markt zu drängen, z. B. im Einzelhandel durch sogenannte Dumpingpreise, bei denen große Konzerne Waren unter ihrem Einstandspreis verkaufen.

Da dem Wettbewerb eine entscheidende Rolle bei der Funktionsfähigkeit einer Marktwirtschaft zukommt, steht dieser in der Bundesrepublik Deutschland, aber auch in allen anderen Staaten der EU unter besonderem Schutz. Allerdings haben es die Wettbewerbshüter oft schwer, Wettbewerbsverstöße nachzuweisen, denn nicht nur der Erfindungsreichtum der Wettbewerber erschwert die Kontrolle; auch die Beweisführung ist oft sehr schwierig.

Zuständig für die Wettbewerbskontrolle ist auf europäischer Ebene die Europäische Kommission, im nationalen Rahmen das Bundeskartellamt. Auf der Grundlage des Gesetzes gegen Wettbewerbsbeschränkungen (GWB), das seit seiner ersten Fassung 1958 immer wieder neuen Entwicklungen angepasst wurde und zurzeit in der Fassung von 2009 gültig ist, wacht das Bundeskartellamt darüber, dass der Wettbewerb auf dem nationalen Markt nicht behindert wird.

Das Bundeskartellamt
– beobachtet den Markt, damit keine verbotenen Kartelle entstehen,
– kontrolliert Unternehmenszusammenschlüsse, die es bei marktbeherrschender Stellung auch verbieten kann,
– wacht darüber, dass marktbeherrschende Unternehmen ihre Macht nicht missbrauchen, indem sie zum Beispiel kleinere Konkurrenten auszuschalten versuchen und
– kann bei Verstößen Geldbußen bis zu 500 000 € gegen Unternehmen aussprechen.

Autorentext

M3 Gesetz gegen Wettbewerbsbeschränkungen: §1 Verbot wettbewerbsbeschränkender Vereinbarungen

Vereinbarungen zwischen Unternehmen, Beschlüsse von Unternehmensvereinigungen und aufeinander abgestimmte Verhaltensweisen, die eine Verhinderung, Einschränkung oder Verfälschung des Wettbewerbs bezwecken oder bewirken, sind verboten.

M4 Fallbeispiel: Bundeskartellamt verhängt Geldbußen gegen Kaffeeröster

Pressemeldung des Bundeskartellamtes vom 21.12.2009

Das Bundeskartellamt hat Geldbußen in Höhe von insgesamt ca. 159,5 Mio. € gegen drei Kaffeeröster und sechs verantwortliche Mitarbeiter wegen Preisabsprachen verhängt. Bei den drei Unternehmen handelt es sich um die Tchibo GmbH, Hamburg, die Melitta Kaffee GmbH, Bremen, und die Alois Dallmayr Kaffee oHG, München.

Nach den Erkenntnissen des Bundeskartellamtes existierte seit mindestens Anfang 2000 bis zur Durchsuchung der Unternehmen im Juli 2008 ein Gesprächskreis bestehend aus den Geschäftsführern und Vertriebsleitern der Kaffeeröster. Der Gesprächskreis hatte vor allem den Zweck, das Preisgefüge der wichtigsten Röstkaffeeprodukte (Filterkaffee, zeitweise auch Ganze Bohne-Produkte, Espresso und Kaffeepads) bei den Endverkaufs- und Aktionspreisen („Preisarchitektur") aufrechtzuerhalten. Um dies zu erreichen, sprachen die Kaffeeröster im o.g. Zeitraum Höhe, Umfang, Zeitpunkt der Bekanntgabe sowie das Inkrafttreten beabsichtigter Preiserhöhungen miteinander ab [...].

Die Absprachen wirkten sich unmittelbar zu Lasten der Endverbraucher aus, da der Lebensmitteleinzelhandel die Preiserhöhungen in der Regel unmittelbar an die Endverbraucher weitergegeben hat. So führten allein die beiden im Dezember 2004 und im April 2005 angekündigten Preiserhöhungen zu einem Anstieg der Endverbraucher- und Aktionspreise für Röstkaffee von durchschnittlich mehr als 1,– € pro 500 g-Packung.

Die Geldbußen sind noch nicht rechtskräftig. Gegen die Bußgeldbescheide kann Einspruch eingelegt werden, über den das OLG Düsseldorf entscheidet. [...]

Quelle: www.bundeskartellamt.de/wDeutsch/archiv/PressemeldArchiv/2009/2009_12_21.php [Zugriff: 14.04.2011]

M5 Das Bundeskartellamt zur Begründung von Kartellverboten

Das Hauptaugenmerk des Amtes bei der Kartellverfolgung richtet sich auf die sog. Hardcore-Kartelle – schwerwiegende Wettbewerbsbeschränkungen, zu denen in erster Linie Preisabsprachen, Quotenabsprachen und die Aufteilung von Märkten zwischen Wettbewerbern zählen. Sie behindern die wirtschaftliche Betätigungsfreiheit von Unternehmen und wirken sich für die Verbraucher grundsätzlich preistreibend aus; sie sind deshalb in hohem Maße wirtschafts- und sozialschädlich. Personen und Unternehmen, die an solchen gesetzlich verbotenen Kartellen mitwirken, werden vom Bundeskartellamt regelmäßig mit hohen Geldbußen belegt. Das Bußgeld gegen einzelne Personen kann bis zu 1 Mio. Euro betragen, gegen Unternehmen können darüber hinaus Geldbußen in einer Höhe von bis zu 10 % ihres letztjährigen Gesamtumsatzes festgesetzt werden. Das Bundeskartellamt hat hierzu Bußgeldleitlinien veröffentlicht.

Um die Kartellverfolgung zu intensivieren und damit die Aufdeckungsquote von verbotenen Kartellabsprachen noch weiter zu erhöhen, hat das Bundeskartellamt mittlerweile zwei reine Kartellbeschlussabteilungen eingerichtet, welche branchenübergreifend Bußgeldverfahren führen. Die im Jahr 2002 eingerichtete Sonderkommission Kartellbekämpfung (SKK) unterstützt die Beschlussabteilungen in besonderer Weise. Die SKK ist darüber hinaus zentraler Ansprechpartner für die Bonusregelung.

Danach kann das Bundeskartellamt – vergleichbar einer Kronzeugenregelung – gegenüber einzelnen Personen und Unternehmen, die an einer verbotenen Absprache beteiligt sind, von einem Bußgeld absehen oder aber das Bußgeld reduzieren, wenn sie wesentlich zur Aufdeckung bzw. zum Nachweis eines Kartells beitragen und ihr kartellrechtswidriges Verhalten beenden.

Quelle: www.bundeskartellamt.de/wDeutsch/Kartellverbot/kartellverbotW3DnavidW2633.php [Zugriff: 14.04.2011]

M6 Fallbeispiel: Bundeskartellamt untersagt Zusammenschluss von Cabriodach-Herstellern

Pressemeldung des Bundeskartellamtes vom 26.05.2010

Das Bundeskartellamt hat den Erwerb der europäischen Cabrio-Dachsystemsparte von Karmann durch den Automobilzulieferer Magna untersagt.

Der kanadische Automobilzulieferer Magna International Inc. beabsichtigte, über die deutsche Tochter Magna Car Top Systems GmbH die Cabrio-Dachsystemsparte des Unternehmens Karmann GmbH i.I., Osnabrück, zu erwerben. [...]

Der Präsident des Bundeskartellamtes Andreas Mundt: „Der Zusammenschluss von Magna und Karmann hätte in einem bereits hochkonzentrierten Markt dazu geführt, dass europaweit nur noch zwei große Anbieter von Cabrio-Dachsystemen existierten. Die bestehende hohe Markttransparenz würde ein wettbewerbsschädigendes paralleles Verhalten der verbleibenden Anbieter begünstigen, zumal Neueintritte in den Markt nicht zu erwarten sind. Eine derartige Beeinträchtigung des Wettbewerbs konnten wir nicht zulassen. Den Preis dafür würde am Ende der Verbraucher in Form von höheren Preisen zahlen müssen."

Hochkonzentrierter Markt für Cabrio-Dachsysteme in Europa

Mit den Unternehmen Karmann, Magna und Webasto/Edscha bieten europaweit nur drei Unternehmen Cabrio-Dachsysteme an. Der europaweite Markt hatte im vergangenen Jahr ein Gesamtvolumen von ca. 600 Mio. €. Importe von Dachsystemen aus Asien oder USA finden nicht statt. Cabrio-Dachsysteme werden von fast allen Automobilherstellern nachgefragt. Die Systeme werden für bestimmte Kfz-Modellreihen ausgeschrieben, so dass einzelne Aufträge über mehrere Jahre laufen. Eigenentwicklung und -produktion der Automobilhersteller ist nicht wirtschaftlich. Der Markteintritt von neuen Wettbewerbern ist sehr unwahrscheinlich, da er hohe Investitionsbereitschaft und Mindestbetriebsgröße, sowie ein spezialisiertes Know-how voraussetzen würde. [...]

Eine Fusion zwischen Magna und Karmann würde nicht nur die Zahl der Wettbewerber auf zwei schrumpfen lassen. Darüber hinaus könnten die beiden verbliebenen Wettbewerber mit ähnlich starken Marktanteilen und einer vergleichbaren Unternehmensgröße aufwarten. Wettbewerbsvorstöße eines der verbleibenden Unternehmen könnten bei der bestehenden Markttransparenz vom anderen sofort erkannt und sehr zielgerichtet sanktioniert werden. Daher wäre Binnenwettbewerb zwischen den dann nahezu gleichstarken Unternehmen unwahrscheinlich. Auch einige Automobilhersteller befürchten Wettbewerbsbeschränkungen und haben sich im Rahmen der Ermittlungen skeptisch gegenüber dem Zusammenschluss gezeigt. [...]

Quelle: www.bundeskartellamt.de/wDeutsch/archiv/PressemeldArchiv/2010/2010_05_26.php vom 26.05.2011 [Zugriff: 14.04.2011]

Eingang des Bundeskartellamts in Bonn

M7 Das Bundeskartellamt zur Begründung von Fusionskontrollen

Grundsätzlich können Unternehmen in Deutschland und Europa auf vielfältige Weise miteinander fusionieren. Diese Möglichkeit gehört zur unternehmerischen Freiheit in einer marktwirtschaftlich verfassten Wirtschaftsordnung, weil sich Unternehmenszusammenschlüsse positiv auf Wettbewerb und Märkte auswirken können. Unternehmen können auf diese Weise ihre Geschäftsfelder neu ausrichten, ihr Innovationspotential erhöhen und damit den Wettbewerb beleben. Andererseits können Zusammenschlüsse von Unternehmen für den Wettbewerb aber auch nachteilig sein, wenn in der Folge die Marktmacht von Unternehmen erheblich zunimmt. Ein Zusammenschluss kann z. B. dazu führen, dass ein wichtiger Wettbewerber wegfällt und der Marktführer daraufhin möglicherweise eine Marktposition erlangt, die es ihm ermöglicht, seine Preise zu erhöhen, die Angebotsmengen zu beschränken oder die Qualität zu verringern. [...]

Fusionskontrolle

Um nachteilige Auswirkungen von Unternehmenszusammenschlüssen auf den Wettbewerb vorab auszuschließen, unterliegen Unternehmenszusammenschlüsse der Fusionskontrolle durch die Wettbewerbsbehörden. Im Rahmen der Fusionskontrolle prüfen diese die Auswirkungen eines Zusammenschlusses auf den Wettbewerb der jeweils betroffenen Märkte. Ob das Bundeskartellamt oder die Europäische Kommission in ihrer Funktion als europäische Wettbewerbsbehörde zuständig ist, ist von den Umsätzen der jeweiligen Unternehmen abhängig.

Deutsche Fusionskontrolle

Die Unternehmen müssen ein Zusammenschlussvorhaben beim Bundeskartellamt anmelden, wenn sie mit ihren Umsätzen die im GWB genannten Umsatzschwellen überschreiten. Erwirtschaften alle beteiligten Unternehmen gemeinsam einen weltweiten Umsatz von mehr als 500 Mio. Euro und erzielen mindestens zwei beteiligte Unternehmen jeweils erhebliche Umsätze in Deutschland – ein Unternehmen in Höhe von mehr als 25 Mio. Euro und ein weiteres Unternehmen in Höhe von mehr als 5 Mio. Euro – dann müssen die Unternehmen den Zusammenschluss beim Bundeskartellamt anmelden. Gehört ein Unternehmen einer Unternehmensgruppe an, muss das Bundeskartellamt die Umsätze der gesamten Unternehmensgruppe einbeziehen. Auf diese Weise wird die insgesamt verfügbare wirtschaftliche Leistungsfähigkeit der beteiligten Unternehmen bei der Prüfung der wettbewerblichen Auswirkungen berücksichtigt.

Als Zusammenschluss im Sinne des GWB gelten Verbindungen zwischen Unternehmen, die es einem Unternehmen ermöglichen, einen erheblichen Einfluss auf das Verhalten eines anderen Unternehmens im Wettbewerb auszuüben.

Quelle: www.bundeskartellamt.de/wDeutsch/Fusionskontrolle/fusionskontrolleW3DnavidW2673.php [Zugriff: 14.04.2011]

Miniglossar

GWB
Gesetz gegen Wettbewerbsbeschränkungen

M8 Ursachen der Konzentration

Größenvorteile (economies of scale)

Größenvorteile liegen vor, wenn mit wachsender Betriebsgröße die Produktionskosten langsamer wachsen als die Ausbringungsmenge, wenn also die Stückkosten der Produktion mit steigender Betriebsgröße sinken. Die Ursachen hierfür sind vielfältig. Man kann unteilbare Maschinenkapazitäten besser nutzen, man kommt mit relativ weniger Reserven an Ersatzteilen aus, die so genannte 2/3-Regel begründet, dass der Materialaufwand für zylindrische Produktionskapazitäten (z. B. Hochöfen, Pipelines, aber auch annähernd Schiffe usw.) in der zweiten, das Volumen hingegen in der dritten Potenz wächst. Auch Lerneffekte (learning by doing) sind relevant: Wenn ein Betrieb immer das Gleiche produziert, steigt die Geschicklichkeit der Arbeiter, die Werksleitung lernt besser zu organisieren und die Werkzeuge können optimal angepasst werden. So hat man z. B. in der Flugzeugindustrie eine 80-%-Lernkurve ermittelt, d. h. bei jeder Verdoppelung der Ausbringung sinkt der durchschnittliche Arbeitsinput um 20 % auf 80 % des vorangegangenen Arbeitsinputs pro Stück. Das bedeutet dann, dass ein kleinerer Betrieb, der nur wenige Flugzeuge pro Jahr produziert, diese Lernkurveneffekte sehr viel geringer nutzen kann als ein Großbetrieb. [...]

Diversifizierungsvorteile (economies of scope)

Diversifizierungsvorteile – auch Verbundvorteile genannt – liegen vor, wenn die Herstellung mehrerer Produkte durch das gleiche Unternehmen zu niedrigeren Gesamtkosten führt, als wenn die einzelnen Produkte von jeweils unterschiedlichen Unternehmen produziert würden. So hat ein Unternehmen, das, wie z. B. Bertelsmann, sowohl Bücher, Zeitschriften und Zeitungen produziert als auch Spielfilme, Tonträger und Fernsehprogramme, gewisse Vorteile gegenüber Firmen, die sich auf nur eine Produktion spezialisieren. Die Vorteile ergeben sich z. B. daraus, dass bestimmte Produktionsfaktoren oft nicht teilbar sind und daher in einer einzigen Aktivität nicht ganz verbraucht werden – z. B. Leistungen des Managements und der Verwaltung –, dass bestimmte Produktionsfaktoren überhaupt nicht verbraucht werden – z. B. Urheberrechte an Büchern und Filmen – oder dass an den gleichen Nachfrager verkauft wird – z. B. verkaufen Buchhandlungen Bücher und Zeitungen, und das nutzt die Kapazitäten besser, als wenn nur Bücher oder nur Zeitungen verkauft würden.

Solche und ähnliche Effekte begründen die Vorteilhaftigkeit wachsender Betriebsgrößen. In der Regel existiert für jeden Produktionszweig eine mindestoptimale Betriebsgröße (MOB), das ist diejenige Produktionskapazität, bei der das Minimum der Stückkosten erreicht wird. Nachfolgend gibt es Effekte, die die Vorteilhaftigkeit einer wachsenden Betriebsgröße wieder zunichte machen, insbesondere Transportkosten und die Effizienzverluste einer zunehmenden Bürokratisierung. [...]

Sonstige Ursachen der Konzentration

[...]

– Staatliche Wirtschaftspolitik

Die Wirtschaftspolitik begünstigt häufig größer Unternehmen, etwa durch Subventionen, die gerade großen Unternehmen zufließen, wie den Banken in der Finanzkrise 2008/09. Oder Forschungsförderungen fließen eher großen Unternehmen zu, die über politischen Einfluss und über das Knowhow zur Akquirierung von Subventionen verfügen.

– Finanzierungsvorteile

Finanzierungsvorteile bestehen für große Firmen, weil diese in der Regel leichter und billiger Kredite erhalten als kleine Unternehmen. Dies hat aus der Sicht der Banken den Grund, dass das Rückzahlungsrisiko für geringer gehalten wird.

[...]

Quelle: Baßeler, Ulrich; Heinrich, Jürgen; Utecht, Burkhard: Grundlagen und Probleme der Volkswirtschaft, 19. Auflage, Stuttgart 2010, S. 210 ff.

M9 Discounter – Ernährungsindustrie beklagt ruinösen Preiskampf

Die angeschlagene deutsche Lebensmittelindustrie will die Rabattschlachten in Billig-Supermärkten nicht länger hinnehmen: Sie fordert von der Bundesregierung ein
5 Einschreiten gegen den Preisverfall in der Branche und die Nachfragemacht der Lebensmitteldiscounter. „Das Verramschen von Lebensmitteln muss aufhören", sagte der Chef der Bundesvereinigung der Deut-
10 schen Ernährungsindustrie (BVE), Jürgen Abraham, am Mittwoch in Berlin. Der Wettbewerb werde teilweise mit fragwürdigen Praktiken geführt, sagte er. Solche Missstände müsse die Politik beheben. [...]
15 Die Lebensmittel- und Getränkehersteller hätten 2009 ihre Preise insgesamt gegenüber dem Vorjahr um vier Prozent senken müssen. Treibende Kraft dabei sei der Kampf der Discounter um Marktanteile. Über diese
20 Ketten würden 44 Prozent der Lebensmittel vertrieben. Der BVE vertritt nach eigenen Angaben 5 800 Betriebe, in denen rund 535 000 Menschen beschäftigt sind.
BVE-Chef Abraham erklärte im Vorfeld der
25 am Freitag in Berlin beginnenden Lebensmittelmesse Grüne Woche, im Kartellrecht gebe es genügend Mittel, um Monopole und Oligopole zu bekämpfen. „Ich glaube, man muss das, was da ist, anwenden." Das Kar-
30 tellamt habe offenbar nicht immer alle Problematiken im Blick.
Der Präsident des Deutschen Bauernverbandes, Gerd Sonnleitner, forderte, eine Änderung des Kartellrechts zu prüfen: „Wir brauchen gegen den Preisverfall neue Ins- 35
trumente." Der Einzelhandelsverband HDE wies den Vorwurf einer einseitigen Nachfragemacht des Lebensmittelhandels zurück. Handel und Hersteller stünden sich gleich stark gegenüber. Das gehe aus einer Studie 40 der Universität Köln und der BBE Retail Experts hervor. [...]
Ein Sprecher des Bundeskartellamts erklärte, bislang lägen keine Hinweise auf Unregelmäßigkeiten in der Ernährungsin- 45 dustrie vor. Auch im Milchgeschäft gebe es keine Indizien für ein wettbewerbswidriges Verhalten des Einzelhandels. Die Behörde räumte jedoch ein, es gebe ein Machtgefälle zulasten der Erzeuger. 50

Quelle: fro/Reuters/apn: www.spiegel.de/wirtschaft/unternehmen/0,1518,671822,00.html vom 13.01.2010 [Zugriff: 14.04.2011]

M10 Beispiel: Konzentration im Lebensmitteleinzelhandel

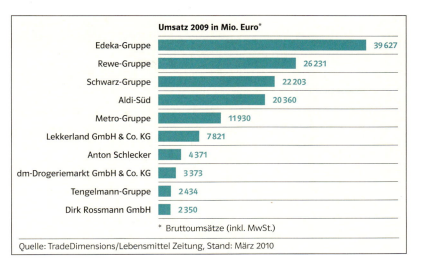

Arbeitsvorschläge

1. Analysieren Sie M1 im Hinblick auf die Intention und Bewertung des Zeichners.

2. Stellen Sie Bedeutung und Gefährdungen des Wettbewerbs (M 2 und M 3) dar und erläutern Sie beides anhand von Beispielen eigener Erfahrungen.

3. Stellen Sie mithilfe von M 5 bzw. M 7 die Vorgehensweise des Bundeskartellamtes gegen Kaffeeröster (M 4) bzw. gegen die Karmann-Übernahme durch Magna (M 6) dar.

4. Erläutern Sie, welche Ziele und Interessen die Entscheidungen des Bundeskartellamtes in diesen Fällen bestimmen.

5. Entwerfen Sie auf der Grundlage von M 8 – M 10 je eine Stellungnahme zur Entwicklung im deutschen Einzelhandel aus der Sicht von
– kleinen Einzelhandelsunternehmern,
– großen Einzelhandelsunternehmen,
– Verbrauchern und
– Lieferanten.

Methode: Mikro- und Makro-Ökonomie

Unbegrenzte Bedürfnisse – Knappe Ressourcen

Wirtschaftliches Handeln vollzieht sich durch Individuen. Diese haben Bedürfnisse, die sie durch den Verbrauch von Gütern befriedigen können. Die Produktion dieser Güter erfordert den Einsatz anderer Güter, u. a. den von Produktionsfaktoren (Arbeit, Kapital, Boden), allgemein von Ressourcen. Die Notwendigkeit zu wirtschaften ergibt sich dabei aus der Tatsache, dass im Vergleich zu den Bedürfnissen die Ressourcen knapp sind. Selbst in hoch entwickelten Volkswirtschaften wird es nie möglich sein, alle Bedürfnisse zu befriedigen, weil sie theoretisch unbegrenzt sind.

Kernfragen des Wirtschaftens

Jede Volkswirtschaft steht also vor den Fragen:
- welche Güter in welchen Mengen zu produzieren sind,
- wie die Ressourcen in die Produktion der Güter gelenkt werden sollen,
- wie die Güter produziert werden sollen und
- wie die produzierten Güter verteilt werden sollen.

Geschieht dies in einer dezentralisierten Volkswirtschaft, so stellen die Individuen entsprechend ihrem eigenen Interesse und ihren ökonomischen Möglichkeiten Wirtschaftspläne auf, die durch den Marktmechanismus quasi von selbst koordiniert werden.

Aufgaben der Mikroökonomie

Aufgabe der Mikroökonomie ist es nun, zu untersuchen, wie die Koordination dieser dezentralen Wirtschaftspläne von privaten Haushalten und Unternehmen funktioniert. Dabei bedient sich die Wirtschaftswissenschaft mikroökonomischer Modelle. Gegenstand der mikroökonomischen Analyse ist dabei z. B. die Ableitung der individuellen Nachfrage- und Angebotsfunktion, der Nutzenfunktion, Entwicklung von Produktionsfunktionen und die Untersuchung des Verhaltens der Marktteilnehmer auf verschiedenen Märkten, sei es im Polypol, Oligopol oder Monopol. Hauptsächliches mathematisches Verfahren in diesen Modellen ist die Marginalanalyse, bei der Extremalbedingungen untersucht werden, z. B. die Preisbildung unter der Annahme der Gewinnmaximierung auf verschiedenen Märkten.

Die makroökonomische Betrachtung

Gegenstand der makroökonomischen Theorie ist dagegen die Betrachtung gesamtwirtschaftlicher Vorgänge, wie z. B. die Analyse von Konjunkturschwankungen, des Wirtschaftswachstums, der Arbeitslosigkeit oder der Inflation. Dabei wird das Verhalten ganzer Gruppen von Wirtschaftseinheiten, d. h. zum Beispiel des Sektors aller privaten Haushalte, aller Unternehmen, des Staates und des Auslands betrachtet. Diese Zusammenfassung vieler einzelner Wirtschaftseinheiten zu einem Sektor bezeichnet man auch als institutionelle Aggregation. Gegenstand der Untersuchung sind dabei aggregierte funktionelle Größen wie Volkseinkommen, Bruttoinlandsprodukt, Arbeitslosenquote, Staatsausgaben oder Exporte.

(Autorentext)

M12 Die Rationalitätenfalle

Was die Makroökonomie von der Mikroökonomie wesentlich unterscheidet, ist die Tatsache, dass einzelwirtschaftliche Entscheidungen häufig zu gesamtwirtschaftlichen Ergebnissen führen, die diesen
5 zuwiderlaufen.
Das Paradebeispiel für eine Rationalitätenfalle ist die Situation einer Theateraufführung: Ein einzelner Besucher kann seine Sicht verbessern, wenn er aufsteht. Um sich nicht zu verschlechtern, müssen dann aber
10 auch die dahinter sitzenden Besucher aufstehen. Am Ende eines solchen Prozesses steht der ganze Saal und keiner sieht mehr, als wenn alle wieder säßen. Das Bestreben des Einzelnen, seine Lage zu verbessern, führt somit dazu, dass sich alle Beteiligten am Ende
15 verschlechtern. Diese logische Grundstruktur, die von dem äußerst innovativen deutschen Ökonom Wolfgang Stützel (1926–87) als „Konkurrenzparadoxon" bezeichnet wird, findet man recht häufig im Wirtschaftsgeschehen:
20 Für jeden Ladeninhaber ist es vorteilhaft, seine Öffnungszeit zu verlängern, um so seinen Umsatz zu erhöhen. Ohne Ladenschlussgesetze bleibt den anderen Anbietern in der Regel nichts anderes übrig, als nachzuziehen. Da die Verbrauchsausgaben der Konsumen-
25 ten jedoch begrenzt sind, arbeiten alle am Ende länger, ohne dabei mehr abzusetzen. Die oft gähnend

leeren Einkaufszentren in den USA, die teilweise 24 Stunden pro Tag geöffnet haben, sind hierfür ein deutliches Beispiel. [...]
Für jeden einzelnen Haushalt kann es sinnvoll sein, zu sparen und damit sein Vermögen zu erhöhen. Wenn jedoch alle Haushalte sparen, indem sie ihre Ausgaben reduzieren, vermindern sie die Einnahmen der Unternehmen. Kommt es dadurch zu Entlassungen, kann es sein, dass die Haushalte am Ende über ein geringeres Vermögen verfügen als in der Ausgangssituation. Man spricht hierbei auch vom Spar-Paradoxon.

Quelle: Bofinger, Peter: Grundzüge der Volkswirtschaftslehre, 2. Auflage, München 2007, S. 38 f.

M11 Guter Rat …

Arbeitsvorschläge

1. Erläutern Sie das Problem der Rationalitätenfalle (M 12) anhand folgender Beispiele:
   - Ein Unternehmen senkt die Löhne aus Gründen der Kostenersparnis.
   - Ein Staat erhöht die Einfuhrzölle, um die einheimische Industrie zu stärken.
   - Ein Haushalt entsorgt seine Abfälle in einem Waldstück.

2. Beschreiben Sie die Szene, die die Karikatur darstellt.

3. Formulieren Sie eine Antwort der beiden Arbeitssuchenden auf den Einwand des Passanten.

4. Überlegen Sie, woran es liegen könnte, dass die Arbeitssuchenden und der Passant eine so unterschiedliche Sichtweise auf das Problem der Arbeitslosigkeit haben.

2 Soziale Marktwirtschaft

Anstöße zum Weiterdenken

M1 Vorher?

M2 Nachher?

M3 Wirtschaftskreislauf

In dem vorliegenden Modell des Wirtschaftskreislaufes werden die Geldströme zwischen den Wirtschaftseinheiten (auch Aggregate genannt) in einer Volkswirtschaft dargestellt, d.h. zwischen den Haushalten, den Unternehmen und dem Staat. Das Ausland wird im vorliegenden Modell noch ausgeklammert. Die „Kapitalsammelstelle" kann man sich vereinfacht als das Bankensystem einschließlich Börsen und Anlagegesellschaften vorstellen.

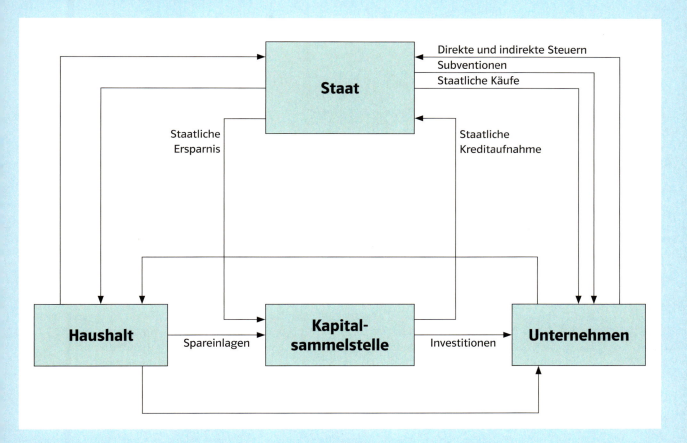

Arbeitsvorschläge

1. Beschreiben Sie die beiden Karikaturen und analysieren Sie sie im Hinblick auf die Aussageabsicht des Karikaturisten.

2. Erläutern Sie diese Aussageabsicht mithilfe der im vorigen Kapitel gewonnenen Erkenntnisse.

3. Ergänzen Sie die fehlenden Pfeil-Beschriftungen im Wirtschaftskreislauf.

2 Soziale Marktwirtschaft

Die Zukunft der Sozialen Marktwirtschaft in der Diskussion

M1

M2

Quelle: Allensbacher Archiv, IfD-Umfragen 6038, 6096, 7062, 10021, 10049 © IfD-Allensbach

M3 „Worklife – Kapitalismus"

WirtschaftsWoche-Chefreporter Dieter Schnaas
[...] Der moderne Ich-Unternehmer ist [...] zur Zentralfigur des postindustriellen Kapitalismus aufgestiegen, zur Metapher einer neuen Lebenswelt, die keinen Unterschied mehr kennt zwischen Arbeit und Freizeit, zwischen souveräner Ich-Bestimmung und planvoller Selbst-Regierung, zwischen totaler Unabhängigkeit und innerem Dauerbereitschaftsdienst. Am Anfang dieser Entwicklung stand vor 200 Jahren der restlos ausgebeutete Arbeiter, dem Fabrikanten nicht das mindeste Recht einräumten, mehr zu verlangen als das, was seiner biologischen Erhaltung diente: Der Kapitalismus war ein „stahlhartes Gehäuse" (Max Weber), in dem das Proletariat verdammt zur Arbeit war.
Am vorläufigen Ende der industriellen Revolution standen Acht-Stunden-Tag, sechs Wochen bezahlter Urlaub, 13 Monatsgehälter und die verbreitete Evolution des Arbeiters zum Angestellten – eine beispiellose Wohlstandsexpansion, die den Werktätigen aus seiner Reservenlosigkeit befreite und zu einem selbstbewusst wirtschaftenden Konsumenten emanzipierte. Der Kapitalismus war ein „Sozialstaatsgehege" mit reichlich vorhandenen Vergnügungsmöglichkeiten. Er schenkte, unabhängig von Qualifikation und Ausbildung, beinah jedem Wohlstand und Freizeit. Dynamische Rente, sozialer Wohnungsbau, stabile Preise und ständig steigende Löhne formierten eine geldhomogene „Mittelschicht", die strikt zu trennen wusste zwischen den arbeitstäglichen Anforderungen des Angestellten-Ichs und den individuellen Freiheiten des wochenendlichen Freizeit-Ichs.
Seit einigen Jahren zeichnet sich nun eine dritte Phase ab: Der digitale Wissenskapitalismus verwandelt unser Leben in eine „Tour de Worklife" mit lauter Etappenzielen, Einzelzeitfahren und Bergankünften.

VT

Bei Umfragen wird deutlich, dass viele Menschen in Bezug auf die Marktwirtschaft sehr skeptisch sind. Insbesondere die soziale Ungleichheit wird als ein ernstes (und zunehmend gravierendes) gesellschaftliches Problem wahrgenommen. Auch wenn eine solche Beurteilung oft spontan und „aus dem Bauch heraus" vorgenommen wird, weist sie doch auf eine real abnehmende Integrationskraft der Marktwirtschaft in Deutschland.
Muss die Marktwirtschaft sich daher verändern? Wie sieht die Zukunft der Sozialen Marktwirtschaft in Deutschland aus?

Es gibt nach wie vor Ruhetage, gewiss, aber sie fallen nicht mehr verlässlich aufs Wochenende. Es gibt noch immer jede Menge Freizeit, natürlich, aber sie wird zunehmend genutzt und daher nicht als „erfüllte Zeit" empfunden, sondern als das, was man stattdessen mit ihr hätte anfangen können. Vor allem aber hat der Worklife-Kapitalismus ein Tempo angenommen, bei dem viele den Anschluss verlieren. Die vorneweg fahren, empfinden ihn als Chance: Die Überschneidung von Arbeits- und Freizeit wird als Optionszuwachs empfunden, als Möglichkeit zur bastelbiografischen Gestaltung eines gelingenden Lebens; das Ich wird zum unabschließbaren Projekt, das keinen Urlaub mehr braucht, weil das ganze Leben Arbeit und Urlaub ist. Den Schwachen und Lahmen hingegen drängt sich der Worklife-Kapitalismus als Zwang auf: Wer nichts Originales oder Originelles anzubieten hat, genauer: Wer nicht anders ist als all die anderen, wird von einer befristeten und schlecht bezahlten Beschäftigung zur nächsten gereicht. Die Bedeutung einer guten Ausbildung liegt dann nicht mehr darin, dass man mit ihr am Arbeitsmarkt höhere Preise erzielen kann, sondern darin, dass man ohne sie die Souveränität über sein berufliches und privates Leben verliert. Zugespitzt formuliert: Ungebildete müssen sich künftig regen (und werden im Schichtbetrieb herumgeschubst). Gebildete dürfen sich regen (so viel und so lange sie wollen).

Das Vermögen, sich selbst zu regen und zu regieren, ist daher keine politische Forderung mehr, die Fragen nach unserem Freiheitsverständnis aufwirft, sondern die Voraussetzung dafür, unsere Freiheit überhaupt noch ergreifen zu können. Die Deutschen machen in diesen Monaten die merkwürdige Erfahrung, dass Stabilität nur noch aus Flexibilität erwachsen kann. Sie haben zehn Jahre lang auf effektive Lohnsteigerungen verzichtet, ihre Arbeitsmärkte geöffnet, Arbeitszeitkonten eröffnet, die Rente mit 67 eingeführt – und sie stehen in der Krise besser da als alle anderen. Anders gesagt: Wir sind nur deshalb auf der sicheren Seite, weil wir mehr Unsicherheit gewagt haben – und weil wir wissen, dass wir als „unternehmerisches Selbst" in Zukunft mehr denn je gezwungen sind, frei zu sein.

Quelle: Wirtschaftswoche Nr. 26 vom 28.6.2010, S. 105 f.

M4 Standpunkt

Professor Dr. Hans Tietmeyer (*1931) ist seit dem Jahr 2000 Kuratoriumsvorsitzender der Initiative Neue Soziale Marktwirtschaft. Er begann seinen beruflichen Werdegang 1962 im Bundeswirtschaftsministerium unter der Führung von Ludwig Erhard. Später war er Staatssekretär im Bundesfinanzministerium und Präsident der Deutschen Bundesbank

[...] VI. Die Erneuerung der Sozialen Marktwirtschaft

1. Rückbesinnung auf die Grundprinzipien
Unter den Bedingungen der informationstechnologischen Revolution und des sich weiter verschärfenden internationalen Wettbewerbs muss es gelingen, wirtschaftliche Dynamik wiederzugewinnen, den Beschäftigungsstand nachhaltig zu erhöhen und angemessene Sozialstandards zu gewährleisten. Wenn wir diese Ziele erreichen wollen, müssen wir neue Wege beschreiten. Wir müssen die Fehlentwicklungen der vergangenen Jahre und Jahrzehnte korrigieren und die Veränderungen des weltwirtschaftlichen Umfelds offensiv annehmen.

Unser Wirtschafts- und Sozialsystem muss einer nachhaltigen Erneuerung unterzogen werden. Die Soziale Marktwirtschaft zu erneuern, bedeutet, sich wieder auf die Grundprinzipien Ludwig Erhards zu besinnen. Eigeninitiative, Leistungsbereitschaft, Wettbewerb – dieser Dreiklang bringt die zentralen Faktoren zum Ausdruck, die unsere Soziale Marktwirtschaft zum Erfolg geführt haben. Sie müssen wieder eine stärkere Bedeutung gewinnen.

Aufgabe des Staates ist es dabei, verlässliche Rahmenbedingungen zu schaffen, die Investitionen, unternehmerische Initiative und Innovationen stimulieren und die sich im internationalen Wettbewerb als konkurrenzfähig erweisen. [...] Bei der Neubesinnung auf die Grundsätze der Sozialen Marktwirtschaft geht es nicht zuletzt darum, zu einer klaren Definition des Sozialen zu kommen. Die elementarste Form sozialer Sicherung liegt in der Sozialen Marktwirtschaft darin, jedermann die Möglichkeit zu geben, für sich und seine Familie den Lebensunterhalt zu verdienen. Arbeitslosigkeit ist daher die eigentliche soziale Frage unserer Zeit. Ein Übermaß gut gemeinter sozialstaatlicher Maßnahmen, die – wenn auch unbeabsichtigt – Neueinstellungen erschweren und die Arbeitslosigkeit erhöhen, führt letztlich zur Ausgrenzung der Betroffenen aus der Gesellschaft. [...]

2. Hauptpunkte der Erneuerung

Für mehr wirtschaftliche Dynamik und eine nachhaltige Erhöhung der Beschäftigung sind entschiedene Reformen notwendig. Die Handlungsanleitungen für diese Reformen sind aus den Grundsätzen der Sozialen Marktwirtschaft abzuleiten. Auf allen zentralen Reformfeldern, sei es der Arbeitsmarkt, der Sozialstaat, das Steuer- oder das Bildungssystem, heißen die Leitlinien der notwendigen Veränderungen: Mehr Wettbewerb, weniger staatliche Bevormundung, mehr Verantwortung des Einzelnen für sein Schicksal und mehr Freiraum für Eigeninitiative.

Auf dem Arbeitsmarkt bedeutet das vor allem, beschäftigungshemmende Vorschriften abzubauen und wirksame Anreize zur Arbeit zu schaffen. Gesetze und Tarifverträge, welche die arbeitsplatzbesitzenden „Insider" zwar bestens absichern, aber gleichzeitig den arbeitslosen „Outsidern" Beschäftigungschancen nehmen, gehören konsequent auf den Prüfstand. Die notwendigen Reformen fangen bei einem weniger rigiden Kündigungsschutz an und gehen bis zur Unterstützung der Arbeitsaufnahme von geringqualifizierten Arbeitslosen durch befristete Kombilohn-Modelle. Deregulierung des Arbeitsmarktes und mehr Flexibilität für die Betriebe haben zum Beispiel in den Niederlanden und in England zu einer deutlichen Ausweitung der Beschäftigung geführt. Wenn wir das Beschäftigungsziel wirklich Ernst nehmen, sollten wir uns an diesen Erfolgsbeispielen orientieren.

In den Sozialversicherungssystemen muss der Weg zur ergänzenden privaten Vorsorge weitergegangen werden. Hier sind Optionen und Wahlmöglichkeiten das geeignete Mittel zur Selbststeuerung. Durch Basispakete und ergänzende Wahltarife sollte den Bürgern eine weitgehende Entscheidungsfreiheit darüber gegeben werden, wie viel Schutz über eine verpflichtende Grundversorgung hinaus gewünscht wird. Wo möglich sollte die kollektive Pflichtversicherung entfallen und durch eine Versicherungspflicht ersetzt werden: Alle müssen sich versichern, sind in der Wahl des Versicherungsunternehmens aber frei. So viel Zwang wie nötig, so viel Freiheit wie möglich – das ist die Devise eines modernen Sozialversicherungssystems. [...]

Neben diesen zentralen Zukunftsfeldern sind in vielen anderen Bereichen Reformen erforderlich, sei es bei der Privatisierung von Staatsunternehmen, beim Abbau wettbewerbsverzerrender Subventionen, bei der Flexibilisierung der Tarifverträge usw. Zwar hat es in jüngster Zeit verhaltene positive Ansätze gegeben; hier sind vor allem die Steuerreform, die Anstrengungen zum Abbau der Staatsverschuldung und der Einstieg in die private Altersvorsorge zu nennen. Diese Ansätze sind aber nicht weitgehend genug, ihnen stehen neue Interventionen gegenüber – gerade auf dem Arbeitsmarkt – und sie können nicht darüber hinwegtäuschen, dass wir bei der Erneuerung der Sozialen Marktwirtschaft immer noch am Anfang stehen.

VII. Ein Erfolgsrezept für die Zukunft

Wilhelm Röpke hat einmal die Soziale Marktwirtschaft als das „echte und einzige Programm einer Ordnung in Freiheit" bezeichnet. Unter einer solchen Überschrift kann man weder bequeme Fragen noch bequeme Antworten erwarten, wohl aber Aufgaben und Herausforderungen sichtbar machen.

Keine Frage: Die Erneuerung unserer Wirtschafts- und Gesellschaftsordnung ist mit großen Anstrengungen verbunden. Es besteht aber keinerlei Grund, pessimistisch in die Zukunft zu blicken. Denn die Soziale Marktwirtschaft „ist geschaffen worden, [...] um den freien Kräften die Möglichkeit der Anpassung an eine sich wandelnde Situation zu geben" (Müller-Armack). Unsere Wirtschafts- und Gesellschaftsordnung ist also – bei aller dauerhaften Geltung ihrer Prinzipien – kein starres, in sich abgeschlossenes System, sondern in hohem Maße offen und anpassungsfähig.

Die richtig verstandene Soziale Marktwirtschaft ist daher auch ein erfolgversprechendes Konzept für die Zukunft. Unsere Wirtschafts- und Gesellschaftsordnung „richtig zu verstehen" bedeutet, sich auf ihre Grundprinzipien zu besinnen und die notwendigen Reformen entschlossen in Angriff zu nehmen. Gefordert ist dabei nicht nur die Politik, der nur allzu gerne pauschal die Schuld für Fehlentwicklungen zugeschoben wird. Gefordert ist jeder Einzelne, mehr Verantwortung für sich und sein persönliches Umfeld zu übernehmen und weniger beim Staat und „den anderen" Hilfe zu suchen.

Quelle: www.insm.de/insm/Themen/Soziale-Marktwirtschaft/Hans-Tietmeyer-ueber-die-neue-soziale-Marktwirtschaft.html

M5 Nach der Krise ist vor der Krise

Der Autor Dr. Dierk Hirschel ist Chefökonom beim DGB Bundesvorstand.

[...] Verteilungsfrage

Die Verteilungsfrage muss politisch neu gestellt werden. Die historische Finanzmarktkrise hat ihre Wurzeln in der massiv gestiegenen ökonomischen Ungleichheit. Die Verteilung entscheidet über die Wachstums- und Beschäftigungschancen der Zukunft. Wenn die Kapital- und Vermögenseinkommen den Arbeitseinkommen enteilen, bleiben maßgebliche Ressourcen ungenutzt.

Die heimischen Löhne steigen aber nicht im Selbstlauf. [...] Die Wirkungsmacht gewerkschaftlicher Tarifpolitik ist nach dem arbeitsmarkt- und sozialpolitischen Irrweg der letzten Jahre geschwächt. Deswegen bedarf es jetzt einer Neuordnung des Arbeitsmarktes. Mit Hilfe eines gesetzlichen Mindestlohns, der staatlichen Förderung regulärer Beschäftigung – bei gleichzeitiger Diskriminierung prekärer Beschäftigung –, der Minderung des Erwerbsarbeitszwangs (Abschaffung der verschärften Zumutbarkeit bei Hartz IV, längere Bezugsdauer des Arbeitslosengeldes) kann die Schieflage der Machtverhältnisse auf dem Arbeitsmarkt ausgeglichen werden.

Darüber hinaus muss der Staat mittels Transfers, Steuern und Abgaben in die Verteilung der Markteinkommen eingreifen. Große Einkommen und Vermögen müssen zukünftig stärker zur Finanzierung gesamtgesellschaftlicher Aufgaben beitragen.

Moderner Sozialstaat

Sozialstaat und Markt sind keine Gegensätze. Der Sozialstaat der Zukunft braucht ein ausgewogenes Verhältnis von Flexibilität, sozialer Sicherheit und Qualifizierung. Mindestlohn, Kündigungsschutz und hohe Lohnersatzleistungen sorgen für ein Mindestmaß an Einkommens- und Beschäftigungsstabilität. Die Risiken prekärer Erwerbsverläufe müssen durch Grundsicherungsmodelle abgedeckt werden. Die großen sozialen Sicherungssysteme sollten zu einer Bürger- bzw. Erwerbstätigenversicherung umgebaut werden. Am vorläufigen Ende der industriellen Revolution standen Acht-Stunden-Tag, sechs Wochen bezahlter Urlaub, 13 Monatsgehälter

Ein moderner Sozialstaat setzt auf Prävention. Qualifizierung und Weiterbildung müssen an die Stelle des phantasielosen Drucks durch Transferkürzungen und verschärfter Zumutbarkeit treten. Ein moderner Sozialstaat betreibt Beschäftigungspolitik. Die sozialen Dienstleistungen sollten ausgebaut werden. Ein moderner Sozialstaat investiert in Bildung, Gesundheit, Klimaschutz und Infrastruktur.

Ökologischer Umbau

Der Kapitalismus untergräbt gerade seine eigenen Produktionsgrundlagen. Schreitet der Klimawandel fort, dann wird schon bald ein Fünftel des globalen Sozialproduktes verloren gehen. Natürlich kann durch einen ökologisch ausgerichteten Umbau der marktkonformen Anreizsysteme brachliegendes Kapital in regenerative Energien, Ressourceneffizienz, Energiesparmaßnahmen und Effizienztechnologien umgeleitet werden. Das allein reicht aber nicht aus. Zu groß sind die Widerstände der Träger und Profiteure des fossilen Kapitalismus. Hier brauchen wir einen handlungsfähigen Staat, der im Rahmen einer ökologischen Industriepolitik als Entwickler, Innovator, Investor und Nachfrager voranschreitet.

Eigentumsfrage

Die aktuelle Krise setzt auch die Eigentumsfrage wieder auf die Tagesordnung. Zunächst nur im Fall notleidender Banken. Hier sollte der Staat aber nicht als reiner Reparaturbetrieb auftreten. Das Märchen vom Staat als per se schlechten Unternehmer hat ausgedient. Die bisherige Privatisierungs- und Liberalisierungsbilanz überzeugt nicht. Eine billige flächendeckende und hochwertige Versorgung mit öffentlichen Gütern konnte nicht erreicht werden. Von der Entwicklung der Löhne und Arbeitsbedingungen der privatisierten Bereiche ganz zu schweigen. Bei natürlichen

Monopolen (Energieversorgung, Bahn) ist ein funktionsfähiger Wettbewerb kaum herstellbar. In welchen Bereichen privates, staatliches, vergesellschaftetes oder genossenschaftliches Eigentum die höchste ökonomische und soziale Effizienz bringt, muss wieder neu diskutiert und entschieden werden.

Wirtschaftsdemokratie

Sozialer Fortschritt setzt immer auch ein Mehr an Demokratie voraus. Jetzt ist der Zeitpunkt um an die starke wirtschaftsdemokratische Tradition der Gewerkschaften anzuknüpfen. Aktionärs- und Gesellschafterinteressen dürfen keinen Vorrang mehr gegenüber den Interessen der Beschäftigten und des Allgemeinwohls haben. Mehr Wirtschaftsdemokratie bedeutet ein Mehr an betrieblicher und überbetrieblicher Mitbestimmung, eine demokratische Selbstverwaltung der Wirtschaft, ebenso wie plurale Eigentumsformen, eine bessere Regulierung und makroökonomische Steuerung. Diese historische Krise bietet eine Chance für eine soziale und ökologische Reformpolitik. Grundlegende Reformen eröffnen aber immer auch eine Perspektive, die über den Kapitalismus hinausweist. Wie eine solch reformierte Gesellschaft sich langfristig entwickelt und welche Rolle die Profitlogik in ihr spielen wird, ist ein offener Prozess, auf den es sich lohnt einzulassen.

Quelle: Elmar Altvater u.a., Krisen Analyse, VSA-Verlag 2009, S. 99 ff.

Arbeitsvorschläge

1. Analysieren Sie die Umfrageergebnisse aus M1 und M2 zur Einschätzung der Sozialen Marktwirtschaft. Erklären Sie die Ergebnisse mithilfe von Hypothesen.

2. Begründen Sie mögliche Konsequenzen, die sich aus diesen Umfrageergebnissen ergeben.

3. Entwerfen Sie mithilfe der Materialien M3–M5 grundlegende Positionen zur Vorbereitung einer Debatte Ihres Kurses zum Thema „Die Zukunft der Sozialen Marktwirtschaft":
- Erarbeiten Sie dazu arbeitsteilig die Einschätzung der Autoren hinsichtlich der Entwicklung der Sozialen Marktwirtschaft seit ihrer Gründung.
- Ermitteln Sie arbeitsteilig die Zukunftsperspektiven, die die verschiedenen Autoren für die Soziale Marktwirtschaft in der Bundesrepublik Deutschland zeichnen.
- Charakterisieren Sie die jeweilige sozioökonomische Position und Interessensvertretung der Autoren.
- Wählen Sie in Ihrer Gruppe je einen Vertreter, der in der Debatte die Ergebnisse aus den Arbeitsschritten 1 und 2 vertritt.
- Führen Sie die Debatte unter der Leitung eines Moderators/einer Moderatorin durch.

4. Diskutieren Sie anschließend in Ihrem Kurs die Thesen der Debattanten.

Arbeitsvorschläge Anstöße zum Weiterdenken

1. Analysieren Sie das Interview mit Lambsdorff und Schreiner im Hinblick auf ihre politische Grundhaltung zur Sozialen Marktwirtschaft. Erläutern Sie die angesprochenen Zusammenhänge aus Ihrem in diesem Kapitel gewonnenen Wissen.

2. Schreiben Sie an einen der beiden Politiker einen fiktiven Leserbrief, der auf die Aussagen im Interview Bezug nimmt. Diskutieren Sie die Leserbriefe in Ihrem Kurs.

Anstöße zum Weiterdenken

M1 60 Jahre soziale Marktwirtschaft

Der FDP-Ehrenvorsitzende Otto Graf Lambsdorff und der SPD-Linke Ottmar Schreiner streiten über Erbe, Irrwege und Zukunft der sozialen Marktwirtschaft.

Ottmar Schreiner, 62, zählt zum linken Flüge der SPD und bekämpfte von Anfang an die Agenda 2010 der rot-grünen Koalition. Otto Graf Lambsdorff, 81, ist FDP-Ehrenvorsitzender, war Wirtschaftsminister unter Helmut Schmidt und Helmut Kohl.

[...] **WirtschaftsWoche:** *Herr Schreiner, haben Sie die soziale Marktwirtschaft positiv oder negativ empfunden?*

Schreiner: Ich konnte als erstes Kind einer großen Familie in den Fünfzigerjahren ein Gymnasium besuchen. Die soziale Marktwirtschaft war ohne Zweifel die ökonomische Grundlage für eine Gesellschaft, die sozialen Aufstieg für die anbot, die wollten und die geistigen Voraussetzungen mitbrachten. Ich habe jedoch große Zweifel, ob dies heute noch der Fall ist.

Lambsdorff: In der Einschätzung der damaligen Chancen liegen Herr Schreiner und ich nicht weit auseinander. Ich war Kriegsbeschädigter mit einer alten Wehrmachtsuniform und 70 Mark Rente und konnte nicht einmal davon träumen, was ich später erreichen würde. Im Gegensatz zu Herrn Schreiner bin ich jedoch der Ansicht, dass diese Gesellschaftsordnung heute zu sozial geworden ist. Der Sozialstaat hat die Marktwirtschaft in weiten Teilen außer Kraft gesetzt.

Zu sozial oder zu unsozial, was gilt denn nun?

Schreiner: Unsozial ist die hohe Arbeitslosigkeit. Unsozial ist, dass Millionen Menschen arbeiten, ohne selbst ihr Existenzminimum erwirtschaften zu können. Unsozial ist auch das wachsende Gefälle zwischen Arm und Reich. Und dass die Arbeitnehmerschaft seit zehn, zwölf Jahren von der allgemeinen Wirtschaftsentwicklung abgekoppelt wird. Wer dennoch wie Sie, Graf Lambsdorff, das Wort „sozial" in den letzten Jahren zum Unwort erklärte, hat der sozialen Marktwirtschaft schweren Schaden zugefügt, weil Sie damit die Spannungen noch vertiefen.

Teilen Sie die Anamnese*, Graf Lambsdorff?

Lambsdorff: Nur mit Einschränkungen. Wir können uns Sozialpolitik nur leisten, wenn wir erfolgreich wirtschaften. Ohne eine erfolgreiche Wirtschaftspolitik gibt es auch nicht genügend Arbeitsplätze. Zu viel Sozialleistungen belasten dagegen die Unternehmen und nehmen den Bürgern auch den Antrieb, sich selbst zu helfen. Da halte ich es mit John F. Kennedy, der einst sagte: „Wenn du nach einer helfenden Hand suchst, dann sieh erst mal an deinem rechten Arm nach, bevor du nach der Hand des Staates greifst."

Schreiner: Trotzdem brauchen wir einen starken Sozialstaat mehr denn je. Die Armut greift in Deutschland um sich, jeder Vierte gilt bereits als armutsgefährdet. Ludwig Erhard wollte „Wohlstand für alle" und nicht „Armut für immer mehr".

Lambsdorff: Erhard verstand unter „Wohlstand für alle" aber nicht, dass man sein Geld aus der Staatskasse abholt. Bei 700 Milliarden Euro staatlicher Umverteilung, einem Drittel des Bruttosozialproduktes, sind wir in einem System, von dem sich Erhard mit Grausen abgewendet hätte.

Schreiner: Ich kann nicht akzeptieren, wenn Sie eine Umverteilung von einem Drittel für übertrieben halten. Diese Umverteilung ist der wichtigste Beitrag der sozialen Marktwirtschaft zur politischen Stabilität unserer Demokratie. Und dieser Beitrag von einem Drittel des BIP ist seit den Siebzigerjahren konstant – trotz der Wiedervereinigung. [...]

Quelle: Inacker, Michael/Ramthun, Christian: www.wiwo.de/politik-weltwirtschaft/die-zukunft-unserer-wirtschaftsordnung-298741 vom 30.06.2008, [Zugriff: 14.04.2011]

Miniglossar

Anamnese
Hier: Darstellung des Vergangenen

Ottmar Schreiner

Otto Graf Lambsdorff

3 Was bedeutet Demokratie für mich?

(1) Die Bundesrepublik Deutschland ist ein demokratischer und sozialer Bundesstaat.
(2) Alle Staatsgewalt geht vom Volke aus. Sie wird vom Volke in Wahlen und Abstimmungen und durch besondere Organe der Gesetzgebung, der vollziehenden Gewalt und der Rechtsprechung ausgeübt.
(3) Die Gesetzgebung ist an die verfassungsmäßige Ordnung, die vollziehende Gewalt und die Rechtsprechung sind an Gesetz und Recht gebunden.
(4) Gegen jeden, der es unternimmt, diese Ordnung zu beseitigen, haben alle Deutschen das Recht zum Widerstand, wenn andere Abhilfe nicht möglich ist.

Quelle: Grundgesetz für die Bundesrepublik Deutschland vom 23. Mai 1949 (BGBl. S. 1)

Schüler und Studenten demonstrieren in Köln für eine gerechtere Bildungspolitik (2010).

Wähler warten in einem Wahllokal in Teltow (Brandenburg) vor den Wahlkabinen (9/2010).

Denkanstöße

– Wie betreffen mich politische Entscheidungen?

– Wie kommen politische Entscheidungen zustande?

– Wer vertritt meine Interessen in Politik und Wirtschaft?

– Welche Möglichkeiten habe ich, auf Politik Einfluss zu nehmen?

3 Was bedeutet Demokratie für mich?

Politische Konflikte
Sollen die Laufzeiten für Atomkraftwerke verlängert werden?

M1 Notwendige Brückentechnologie

Kernkraft ist erst einmal nicht verzichtbar: Neben der sicheren Versorgung mit Strom ist es nötig, steigenden Energiepreisen entgegenzuwirken. Außerdem muss Deutschland unabhängiger von Energieimporten werden. Gleichermaßen geht es darum, den Herausforderungen des Klimawandels zu begegnen. Kernenergie ist so gut wie CO_2-neutral.

Längere Laufzeiten, mehr Sicherheit
Die Bundesregierung hat daher beschlossen, die Laufzeiten der deutschen Kernkraftwerke um durchschnittlich zwölf Jahre zu verlängern. Bei Kernkraftwerken, die bis einschließlich 1980 in Betrieb genommen wurden, wird die Laufzeit um acht Jahre verlängert, bei den jüngeren um 14 Jahre. Auf diese Weise kann auch der notwendige Ausbau von Infrastruktur, Netzen und Speichertechnologien vorangetrieben werden, ohne den der großflächige Einsatz von erneuerbaren Energien nicht möglich ist. Der 2000 beschlossene Ausstieg hatte für die Umstellung unserer Energie-Infrastruktur zu wenig Zeit gelassen. [...]

In erneuerbare Energien investieren
Ebenso leisten die Kraftwerksbetreiber einen Beitrag, um den Ausbau der erneuerbaren Energien voranzutreiben. Neben der bis Ende 2016 befristeten Kernbrennstoffsteuer wurde eine vertragliche Vereinbarung mit den Kraftwerksbetreibern über die Abschöpfung der Zusatzgewinne aus der Laufzeitverlängerung getroffen. Die hierdurch erzielten Mehrerlöse kommen auch dem Ausbau der erneuerbaren Energien zu Gute.
[...]
Kernenergie und erneuerbare Energien sind daher kein Widerspruch. Sie sind zwei Seiten einer Medaille. Nur durch eine begrenzte Verlängerung der Kernenergie kann die mittelfristige Energieversorgung auf ein solides Fundament gestellt und das Zeitalter der erneuerbaren Energien eingeleitet werden.

Quelle: www.bundesregierung.de/Content/DE/Artikel/2010/09/2010-09-28-Kernenergie-Energiekonzept, layoutVariant=Druckansicht.html vom 28.09.2010 [Zugriff: 14.04.2011]

Begriff

Gesellschaftliche Konflikte werden häufig als etwas Störendes angesehen. Demgegenüber haben sie zum einen in der Regel gesellschaftliche Ursachen und sind zum anderen Motor gesellschaftlicher Weiterentwicklung. In ihnen liegt, so der Soziologe Ralf Dahrendorf, die „Chance der Freiheit".

VT

Der Konflikt über die Laufzeiten der Atomkraftwerke in Deutschland wird schon seit vielen Jahren auf verschiedenen Ebenen ausgetragen. Im Jahr 2002 trat das „Gesetz zur geordneten Beendigung der Kernenergienutzung zur gewerblichen Erzeugung von Elektrizität" in Kraft, das von der damaligen rot-grünen Bundesregierung beschlossen wurde. In dem Gesetz wurde der schrittweise Ausstieg aus der Stromerzeugung mithilfe von Atomkraftwerken festgelegt. Die aktuelle Bundesregierung hat eine Änderung dieses Gesetzes beschlossen.

M2 Greenpeace: Atommüllmenge würde sich verdreifachen

[...]

„10 oder 15 Jahre Laufzeitverlängerung – das klingt harmlos, ist es aber nicht. Das moderat zu nennen, ist Betrug, sagt Tobias Riedl, Atomexperte von Greenpeace. Noch unsere Urenkel werden mit den Risiken uralter Atommeiler leben müssen, vom ungeklärten Problem mit den enormen Atommüllbergen ganz zu schweigen. Bundeskanzlerin Merkel hat bei ihrer Vereidigung geschworen, Schaden vom Deutschen Volke abzuwehren. Mit der Laufzeitverlängerung bricht sie ihren Schwur und schadet Deutschland. Eine Laufzeitverlängerung ist ein reines Geldgeschenk an die Konzerne."

650 Castoren mit über 6000 Tonnen hochradioaktivem Müll

Greenpeace berechnet, dass bei einer Laufzeitverlängerung von 10 Jahren ab jetzt noch über 6000 Tonnen hochradioaktiver Atommüll anfallen würden, das entspräche 650 Castoren. Beim jetzt gültigen Atomausstieg würden noch 2000 Tonnen Atommüll anfallen, zwei Drittel weniger. Eine Laufzeitverlängerung von 15 Jahren würde zu mehr als 8000 Tonnen Atommüll führen. Der letzte Atommeiler würde dann erst im Jahr 2064 vom Netz gehen, er wäre dann 78 Jahre alt. Damit würde er doppelt so lange laufen, wie nach dem jetzigen Atomausstieg vorgesehen. Eigentlich sollte voraussichtlich 2027 der letzte Meiler abgeschaltet werden, im Alter von 39 Jahren.

Anhand dieser Zahlen kann man wohl kaum behaupten, dass es sich hierbei um eine moderate Laufzeitverlängerung handelt, bei der die Bundesländer nicht zustimmungspflichtig wären, so Riedl. Greenpeace fordert, schon bis 2015 aus der riskanten Atomkraft auszusteigen. Wir brauchen einen gemeinsamen Kraftakt von Industrie, Politik und Bevölkerung [...]. Das würde dem weltweiten Klima und der deutschen Wirtschaft helfen, und damit uns allen zu Gute kommen.

Es geht auch anders

Wer behauptet, Atomkraft sei die einzig mögliche Brückentechnologie auf dem Weg zu den Erneuerbaren Energien, der lügt. Gas ist der einzige Energieträger, der den Namen Brücke verdient. Was Gaskraftwerke von Kohle- und Atomkraftwerken unterscheidet: Sie sind flexibel regelbar, hocheffizient, kostengünstiger im Bau und noch dazu klimafreundlicher als Kohle.

Quellen: Haase, Jan: www.greenpeace.de/themen/atomkraft/nachrichten/artikel/greenpeace_atommuellmenge_wuerde_sich_verdreifachen/ und www.greenpeace.de/themen/atomkraft/kampagnen/atomkraft_ist_ein_irrweg vom 02.09.2010 [Zugriff: 14.04.2011]

Arbeitsvorschläge

1. Beschreiben Sie die Karikatur und arbeiten Sie ihre Aussage heraus.

2. Erläutern Sie, welche der Kategorien von Giesecke auf S. 106 für die Analyse der Karikatur vor allem eine Rolle spielen.

3. Geben Sie die in den Artikeln M1 und M2 genannten Kontroversen um die Verlängerung der Laufzeiten von Atomkraftwerken wieder.

4. Informieren Sie sich in den Medien über den aktuellen Stand der Diskussion bzw. der Gesetzgebung zur Laufzeit der Atomkraftwerke.

5. Formulieren Sie zur Frage des Atomausstiegs eine eigene Position und begründen Sie diese schriftlich.

6. Nennen Sie politische Institutionen, die sich mit dem Konflikt befassen könnten und informieren Sie sich, welche Rolle sie tatsächlich bei der Entscheidung des Konflikts spielen.

7. Geben Sie auf Grundlage Ihrer Recherchen an, in welcher Phase des Politikzyklus (S. 107) sich der Konflikt befindet. Welche Möglichkeiten zum weiteren Verlauf der Auseinandersetzung gibt es?

Methode

Konfliktanalyse
Konflikte verstehen und lösen

Konflikte als Teil von Gemeinschaften

Wir leben auf verschiedenen Ebenen – in Familien, Siedlungen, Städten und Stadtteilen, Gemeinden, Ländern und auf der Welt zusammen. Das Leben in diesen Gemeinschaften muss unter verschiedenen Gesichtspunkten geregelt werden. Aufgrund von verschiedenen Interessen dazu, wie diese Regelungen gestaltet werden sollen, entstehen Konflikte. Diese Konflikte sind nie im strengen Sinne ausschließlich politischer Natur, sondern umfassen häufig rechtliche, wirtschaftliche, moralische und andere Bereiche.
Um mit diesen Konflikten umgehen zu können und mögliche Lösungsansätze zu entwickeln, ist es notwendig, diese näher zu analysieren. Durch die Analyse werden die Dimensionen des Konflikts offengelegt, was wiederum Auswirkungen auf das Verständnis und die Herangehensweise an den Konflikt hat. Um alle Dimensionen zu erfassen, hat Herrmann Giesecke Kategorien und Fragen entwickelt, die bei der Analyse des Konflikts helfen.

Hintergrund zum Autor:
Herman Giesecke ist 1932 geboren. Er hat als Professor für Pädagogik und Sozialpädagogik an der Pädagogischen Universität in Göttingen gelehrt. Einer seiner Schwerpunkte war die Didaktik der politischen Bildung.

M1 Kategorien für die Konfliktanalyse

Die Kategorien treffen nicht auf alle Konflikte zu. Sie bieten eine Orientierung, welche Aspekte bei der Analyse eines Konflikts betrachtet werden müssen.

1. Worin besteht der Kern der Auseinandersetzung (Konflikt)?
   Die Widersprüche und Gegensätze, die dem Konflikt zugrunde liegen, müssen aufgedeckt und beschrieben werden.
2. Worum geht es in dem Konflikt genau (Konkretheit)?
   Hier werden die genauen Umstände des Konflikts näher betrachtet. Außerdem wird nach Handlungsmöglichkeiten gesucht.
3. Welcher Einfluss kann geltend gemacht werden (Macht)?
   Diese Kategorie fragt danach, wer den Konflikt entscheidet und wer Einfluss auf die Entscheidung hat. Dabei sind nicht nur politische Entscheidungsträger relevant. Auch Verbände, Interessensgemeinschaften und andere können eine Rolle spielen. Hier stellt sich zudem die Frage nach den Realisierungschancen der jeweiligen Interessen.
4. Welche Rechtslage liegt vor (Recht)?
   Hier geht es darum, zu untersuchen, welche rechtliche Lage den Machtstrukturen zugrunde liegt und welche Gesetze und Regelungen für die Entscheidung zum Tragen kommen.
5. Welche Interessen werden vertreten (Interesse)?
   Diese Kategorie fragt nach den unmittelbaren Interessen der Beteiligten und Betroffenen. Dabei stellt sich auch die Frage, inwiefern man selbst betroffen ist und welche Interessen man an den möglichen Lösungen des Konflikts hat.
6. Mit wem muss ich mich zur Wahrung meiner Interessen verbünden (Solidarität)?
   Die Personen, die von dem Konflikt betroffen sind, vertreten verschiedene Interessen bezogen auf die Entscheidung des Konflikts. Da einzelne ihre Interessen nicht alleine realisieren können, sind sie auf die Unterstützung anderer angewiesen. Diese Kategorie fragt danach, welche Gruppen miteinander solidarisch sind und sich im Entscheidungsprozess gegenseitig unterstützen.
7. Welche Möglichkeiten der Mitwirkung habe ich (Mitbestimmung)?
   Die Mitbestimmungsmöglichkeiten auf allen politischen Ebenen sollen ermittelt werden. Dazu gehören z.B. auch Aktionen von Interessensgruppen. Die Perspektive sollte auch darauf gelegt werden, welche Mitbestimmungsmöglichkeiten bei dem Konflikt nicht ausreichend sind.

8. Welche Folgen hat die Entscheidung (Funktionszusammenhang)?
Der Gesamtzusammenhang der Möglichkeiten der Entscheidung des Konflikts wird betrachtet. Dabei werden insbesondere die Folgen der möglichen Entscheidungen auf allen Ebenen in den Blick genommen.

9. Welche Begründungen werden ins Feld geführt (Ideologie)?
Es stellt sich die Frage, wie die Interessen und Entscheidungsmöglichkeiten begründet werden. Dabei haben Begründungen neben einer rationalen meist eine ideologische Perspektive.

10. Wie ist der Konflikt entstanden (Geschichtlichkeit)?
Bei der Analyse von Konflikten ist es relevant zu recherchieren, wie diese entstanden sind. Hintergründe und Interessen lassen sich dann meist einfacher einordnen. Dabei sollte mit einbezogen werden, wie mit ähnlichen Konflikten in der Vergangenheit umgegangen wurde und wie die Erfahrungen mit den Folgen sind.

11. Welche Wirkung hat die Entscheidung auf die betroffenen Menschen (Menschenwürde)?
Diese Kategorie zielt darauf ab, dass bei den möglichen Entscheidungen überprüft wird, ob sie die Grundrechte der betroffenen Menschen wahren.

Quelle: Autorentext auf Grundlage von Giesecke, Hermann: Didaktik der politischen Bildung, 8. Auflage, München 1973, S. 159–172

M2 Der Politikzyklus

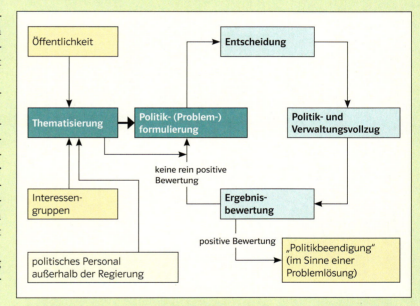

Arbeitsvorschläge

1. Organisieren Sie mit Ihren Mitschülerinnen und Mitschülern die Analyse eines Konflikts, z. B. den um die Verlängerung der Laufzeiten von Atomkraftwerken, mithilfe der in M1 genannten Kategorien:
   - Überlegen Sie in der Klasse, welche Fragen Sie beantworten müssen, um den Konflikt genau analysieren zu können. Eine Orientierung können hier die Leitfragen von Giesecke bieten.
   - Überlegen Sie sich dazu, wie Sie vorgehen möchten und ob Sie z. B. in Gruppen arbeitsteilig arbeiten möchten. Wie wollen Sie mit den Ergebnissen Ihrer Arbeit umgehen?
   - Erstellen Sie einen Zeitplan für Ihre Arbeit.
   - Evaluieren Sie am Ende den Arbeitsprozess.

2. Erläutern Sie das Modell des Politikzyklus beispielhaft an einem tagespolitischen Konflikt.

3 Was bedeutet Demokratie für mich?

Demokratie in Deutschland
Institutionen und Prozesse

M1 Das politische System in Deutschland

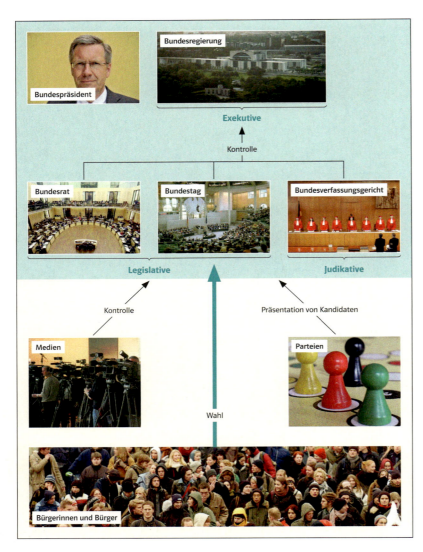

M2 Die Deutschen und ihr Regierungssystem

Viele Deutsche verachten Politik und Politiker – weil sie ihr Regierungssystem nicht verstehen.
Immer wieder grummelt es in Deutschland. Viele sind unzufrieden mit den Politikern und dem politischen System. [...] Es gibt zu denken, wenn in den alten Bundesländern ein gutes Drittel, in den neuen weit über die Hälfte der Deutschen meinen, ihr politisches System funktioniere nicht gut. Oder dass nur die Hälfte des Volkes glaubt, mit der Demokratie ließen sich Deutschlands Probleme lösen. Zwar vertrauen [... die] Deutschen jenen Institutionen, mit denen sich auch ein Obrigkeitsstaat regieren ließe: den Gerichten, der Polizei, sogar der Armee. Doch nur jeder Zweite traut dem Bundestag, der zentralen demokratisch legitimierten Institution Deutschlands, und nur jeder Vierte setzt auf jene Organisationen, die den freiheitsverbürgenden politischen Streit wirklich praktizieren: die Parteien. Bekannt ist zudem, dass Politiker auf der Ansehensskala der Berufe weit unten stehen. [...]
Tatsächlich stehen viele Urteile über unser Regierungssystem auf ungefestigtem Grund. So glaubt gerade die Hälfte der Deutschen, schon etwas von Gewaltenteilung gehört zu haben. Was Föderalismus sei, wissen 59 Prozent nicht, vom Rest machen 14 Prozent falsche Angaben. 40 Prozent der Deutschen können nichts oder nur Unrichtiges über den Bundesrat äußern.

VT

Eine funktionierende Demokratie lebt von der Mitwirkung, konstruktiven Kritik, aber auch von der Unterstützung und Anerkennung ihrer Bürgerinnen und Bürger. Deren Akzeptanz und Bereitschaft zur Partizipation hängen aber in entscheidendem Maße davon ab, inwieweit sie ihr politisches System verstehen. Erst wenn sie wissen, wie die öffentlichen Institutionen funktionieren bzw. zusammenwirken und nach welchen Regeln politische Prozesse ablaufen, können sie Politik und Politiker sachgerecht, d. h. gemäß ihrer Interessenlage und ihrer Wertpräferenzen beurteilen. Nur so können die Bürger auch ihre eigenen Handlungsmöglichkeiten ausschöpfen.

Vom Bundestag, den die Bürger doch alle vier Jahre wählen, sagen gut 60 Prozent der Deutschen, über seine Arbeitsweise erführen sie zu wenig. 58 Prozent können keine Angaben machen, wo – außer im fernsehbekannten Plenarsaal – die Arbeit des Bundestages stattfinde.

Quelle: Patzelt, Werner J.: Verdrossen sind die Ahnungslosen, in: DIE ZEIT vom 22.02.2001

M3 Vertrauen in öffentliche Einrichtungen und Organisationen im Vergleich 2009

Frage: „Vertrauen Sie den folgenden Einrichtungen und Organisationen oder misstrauen Sie Ihnen?" (Angaben in Prozent); Sortierung nach dem Anteil der Personen mit Vertrauen insgesamt

	Vertraue voll und ganz bzw. überwiegend	Vertraue eher	Vertraue eher nicht	Vertraue überhaupt nicht bzw. überwiegend nicht	Weiß nicht
1. Polizei	61	29	6	2	2
2. Bundeswehr	52	36	5	3	4
3. Öffentliche Schulen	47	39	8	3	3
4. Bundesverfassungsgericht	53	30	8	3	6
5. Bundeskriminalamt	47	35	8	3	7
6. Deutscher Bundestag	28	38	20	10	3
7. Evangelische Kirche	33	31	15	12	9
8. Gesetzliche Krankenversicherung	28	36	24	9	3
9. Bundesnachrichtendienst	28	34	17	10	11
10. Bundesregierung	25	36	24	12	3
11. Gewerkschaften	26	34	24	10	6
12. Gesetzliche Rentenversicherung	24	32	27	14	3
13. Katholische Kirche	29	26	17	18	10
14. Bundesagentur für Arbeit	12	29	30	23	6
15. Politische Parteien	10	26	37	24	3

Datenbasis: Bevölkerungsbefragung des Sozialwissenschaftlichen Instituts der Bundeswehr 2009.

Quelle: Bulmahn, Thomas: Ergebnisse der Bevölkerugnsbefragung Oktober/November 2009, SOWI 2009

Arbeitsvorschläge

1. Beschreiben und ergänzen Sie ggf. auf der Grundlage Ihres Vorwissens Aufgaben und Zusammenwirken der Institutionen in Schema M1.

2. Vergleichen Sie die Angaben zum „Institutionenvertrauen" in M2 mit der Umfrage in M3.

3. Stellen Sie thesenhaft mögliche Ursachen Ihres Befundes dar.

4. „Tatsächlich stehen viele Urteile über unser Regierungssystem auf ungefestigtem Grund" (M2). Erörtern Sie diese Aussage des Politikwissenschaftlers Werner J. Patzelt anhand Ihres eigenen Vorwissens und des Kenntnisstandes Ihrer Lerngruppe (vgl. Aufgabe 1).

Online Link
065630-0302

3 Was bedeutet Demokratie für mich?

Bundestag: Wie schlägt das „Herz der Demokratie"?

M1 … und wo sind die Abgeordneten?

Bundestag, Berlin, 2010

M2 „Herz der politischen Willensbildung"

Die Bedeutung des Bundestages im Verfassungsgefüge wie in der Realität unseres politischen Lebens ist sicher höher als sein öffentliches Ansehen [...]. Mir fallen [...] nicht einmal eine Handvoll Länder ein, deren Parlamente ähnlich viel [...] Einfluss auf die Bildung und Kontrolle von Regierungen, die Gesetzgebung [...] hätten als [...] der Deutsche Bundestag. [...] Der Bundestag ist nicht Hilfsorgan, sondern Herz der politischen Willensbildung in unserem Land. Nicht die Regierung hält sich ein Parlament, das Parlament bestimmt und kontrolliert die Regierung. Im parlamentarischen Regierungssystem ist die Gestaltung der Politik eine gemeinsame Aufgabe von Exekutive und Legislative.

Quelle: Rede des Bundestagspräsidenten Norbert Lammert zur Konstituierung des 17. Bundestages am 27.10.2009

M3 Das arbeitsteilige Fraktionenparlament

Im Mittelpunkt der politischen Willensbildung im Bundestag und des Arbeitsalltages im Parlament stehen die **Fraktionen**. In ihnen sind die Abgeordneten einer Partei zusammengeschlossen. Ihre Anzahl muss mindestens fünf Prozent aller Mitglieder des Bundestages umfassen, damit sie den Status einer Fraktion erhalten.
In fraktionsinternen Diskussionen wird die gemeinsame politische Linie für das Auftreten und Abstimmungsverhalten im Bundestagsplenum festgelegt. Die Positionen werden dabei von den jeweiligen Fachleuten einer Fraktion vorbereitet und geklärt. Das gilt insbesondere für die Arbeit an Gesetzesentwürfen. Durch diese interne Arbeitsteilung wird der einzelne Abgeordnete nicht nur entlastet, er kann sich auch spezialisieren.

Begriff

Der **Bundestag** hat seit 1999 seinen Sitz im historischen Reichstaggebäude in Berlin. Dessen Umbau mit der markanten Glaskuppel wurde so konstruiert, dass von allen Ebenen aus der Kernbereich des Parlaments, der Plenarsaal, im Blick bleibt. Die Besucher als Vertreter der Bürgerinnen und Bürger können also ihren Abgeordneten gewissermaßen ständig auf die Finger schauen.

VT

Der Bundestag gilt zurecht als „Herzstück" der deutschen Demokratie. Dennoch ist das Urteil verbreitet, dort werde entweder „nur gequasselt" – oder aber gar nicht gearbeitet. Was tun Abgeordnete im Bundestag? Und wie sind die erwähnten Auffassungen zu bewerten und zu erklären?

Ist die Meinungsbildung innerhalb einer Fraktion abgeschlossen, stimmt sie in der Regel – auch im Sinne der sogenannten Fraktionsdisziplin – im Plenum einheitlich ab. Jede Fraktion bildet zudem **Arbeitskreise**, in denen sich die jeweiligen Spezialisten mit der Detailarbeit bei anstehenden Gesetzesvorhaben beschäftigen. Hierbei orientieren sie sich an den von ihrer Partei vertretenen Grundsätzen. Die gemeinsame Arbeit aller Fraktionen an Gesetzesentwürfen findet in den – gegenwärtig (2010) 22 – **Ausschüssen** statt. Ihre Größe schwankt zwischen 13 und 41 Mitgliedern, wobei der Anteil an den Ausschusssitzen entsprechend der Stärke der Fraktionen im Bundestag berechnet wird. Grundsätzlich gilt für die Einsetzung von Ausschüssen das Prinzip der Spiegelbildlichkeit, d.h. der Bundestag richtet zumindest für jedes Ministerium einen Ausschuss ein, um so die fachlich-politische Kontrolle besser organisieren und leisten zu können.
(Autorentext)

M4 Aufgaben der Fraktionsführungen

Mehrheitsregierungen auf der Basis von Koalitionen […] sind nur dann stabil und zuverlässig handlungsfähig, wenn die sie tragenden Fraktionen prinzipiell geschlossen agieren – und zwar nicht nur einmal bei der Wahl des Kanzlers, sondern für die Durchsetzung eines Gesetzgebungsprogramms über eine ganze Legislaturperiode hinweg. Für die Oppositionsfraktionen gilt prinzipiell dasselbe, da sie schließlich der Öffentlichkeit beweisen wollen, dass sie eine bessere und ständig bereite Alternative zur amtierenden Regierung und ihrer Mehrheit sind. Diese Geschlossenheit erwarten im übrigen auch die Bürgerinnen und Bürger; sie

M5 Der Bundestag und seine Gremien

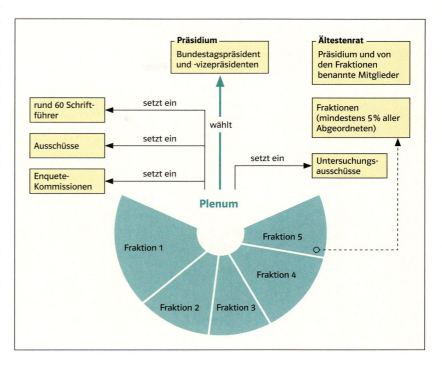

scheint in der öffentlichen Wahrnehmung […] das wichtigste Merkmal für Kompetenz und Entscheidungskraft zu sein.
Solche Geschlossenheit ist nur durch Führung zu erreichen. [Die Fraktionsführung] hat die politische Richtung vorzugeben und dafür Sorge zu tragen, dass […] die Gesamtfraktion und ihre Experten ineinander greifen und dass die Leitlinien der Partei berücksichtigt werden. Im Falle der Parlamentsmehrheit muss die Fraktionsführung zusätzlich sicherstellen, dass ihre Fraktionen und die Regierung an einem Strang ziehen, also abgestimmt reden und handeln.
Quelle: Schüttemeyer, Suzanne S.: Die Logik der parlamentarischen Demokratie, in: Informationen zur politischen Bildung, Heft 295, 2007, S. 20 f.

Online Link
065630-0303

Arbeitsvorschläge

1. Beschreiben Sie Ihre Eindrücke beim Betrachten der Situation in M1.

2. Diskutieren Sie: Könnte das Foto eine Bebilderung zu den Aussagen in M2 sein? Wie sind mögliche Differenzen zu erklären?

3. Stellen Sie die Arbeitsweise des „Fraktionenparlaments" dar (M3).

4. Erklären Sie Arbeitsweise und Aufgaben der Ausschüsse und der Fraktionsführung.

5. Analysieren Sie die Materialien im Hinblick auf die Rolle des einzelnen Bundestagsabgeordneten.

3 Was bedeutet Demokratie für mich?

Bundestagsabgeordnete(r) – ein Traumberuf?

M1 Zu große Erwartungen?

Begriff

Nach Artikel 38 des Grundgesetzes sind die **Abgeordneten** des Deutschen Bundestages „Vertreter des ganzen Volkes, an Aufträge und Weisungen nicht gebunden und nur ihrem Gewissen unterworfen." Diese Entscheidungsfreiheit stellt jedoch im politischen Alltag nicht die einzig gültige Orientierung dar. Jeder Abgeordnete weiß, dass er nur gemeinsam mit seiner Fraktion politisch erfolgreich sein kann. Abgesehen von ausgesprochenen Gewissensentscheidungen wird er sich daher einfügen in die Fraktionsdisziplin. Er folgt damit der politischen Linie seiner Partei, der er seine Nominierung als Bundestagskandidat verdankt.

M2 Erste Erfahrungen

Brief von MdB Agnieszka Malczak 19.02.2010

Seit ich [...] Abgeordnete und die jüngste Frau im Bundestag geworden bin, ist unheimlich viel passiert. Und auch wenn 10 – 12 Stunden-Tage und meist keine freien Wochenenden doch bisweilen etwas anstrengend sein können und ganz sicher ein Kontrastprogramm zum Leben einer, wenn auch fleißigen, Studentin sind, bin ich mit der neuen Aufgabe sehr glücklich.
Während die Arbeit in Berlin direkt los ging mit Riesenmassen an Mails und Anfragen, einem brechend vollen Terminkalender, einem Presserummel, weil ich die jüngste Frau bin, versuche ich ein organisatorisches Chaos zu bewältigen. Zuerst saßen wir in einem winzigen vorläufigen Büro, ich musste eine Wohnung in Berlin finden [...], man muss Mitarbeiter auswählen, [...] ein Büro im Wahlkreis finden, einen neuen Internetauftritt gestalten [...].
22 Sitzungswochen verbringe und arbeite ich pro Jahr in Berlin. Den Rest bin ich im Wahlkreis [...] unterwegs: [...] von der Afghanistan-Veranstaltung zur Mitgliederversammlung des Bundes deutscher Milchviehhalter zur IHK [...].

Quelle: www.gruene-wangen.de/brief-von-mdb-agnieszka-malczak vom 19.02.2010 [Zugriff: 19.04.2011]

M3 Bedingungen der Arbeit

Seit dem 1. Januar 2009 bekommen die Abgeordneten 7 668 Euro pro Monat, die sie versteuern müssen. Ein 13. Monatsgehalt, Urlaubs- und Weihnachtsgeld gibt es nicht. [...] Zum Vergleich: Die Entschädigung entspricht in etwa dem Monatsgehalt eines Fluglotsen oder eines Richters bei einem obersten Bundesgericht. Unternehmensberater und Börsenanalysten verdienen durchschnittlich deutlich mehr – von Managern in [...] der freien Wirtschaft gar nicht zu sprechen.
Zusätzlich zu ihren Diäten bekommen Abgeordnete eine so genannte Amtsausstattung sowie eine Kostenpauschale, die ihnen helfen sollen, ihr Mandat effektiv ausüben zu können. Zur Amtsausstattung gehören beispielsweise Büros im Bundestag und die freie Benutzung von öffentlichen Verkehrsmitteln.

Quelle: www.mitmischen.de/index.php/Informativ/WissenPur/site/BundestagKompakt/id/16571 [Zugriff: 19.04.2011]

M4 Interview der Schülerin Jessica Weber (18 Jahre) mit dem Bundestagsabgeordneten Christian Lange (SPD) – 11.03.2010

Wer übt den größten Einfluss auf den Abgeordneten aus?
Die größte Einflussnahme kommt aus dem eigenen Wahlkreis, von den dortigen Lobbyisten. Das ist aber nicht problematisch, denn um deren Interessen und die des Wahlkreises zu vertreten, ist man ja gewählt worden. Kritisch wird es nur, wenn der Abgeordnete für die Umsetzung der Interessen bezahlt wird. Das Gehalt eines Abgeordneten, die Diäten, dienen ja dazu, ihn unabhängig zu machen [...]. Deshalb müssen Nebeneinkünfte veröffentlicht werden, um unzulässige Einflussnahme zu dokumentieren.

Welchen Druck übt die Partei, die Fraktion aus? Das ist die Frage nach dem Fraktionszwang. Ich nenne es Fraktionssolidarität. [...] Druck gibt es eigentlich nur bei der Vertrauensfrage des Bundeskanzlers laut Grundgesetz – wenn also eine Koalitionsfraktion „ihre" Regierung stützen muss. Denn Aufgabe einer Regierungsfraktion ist es, die von ihr gestellte Regierung im Amt zu halten. Bei klassischen Gewissensfragen, also immer wenn es um Leben oder Tod geht – z.B. Bundeswehreinsatz, Abtreibung, Gentechnologie – gibt es überhaupt keinen Druck und auch kein Pochen der Fraktion auf Fraktionssolidarität. [...] Im normalen politischen Alltag läuft das so: Die Fraktionsmehrheit entscheidet – der Unterlegene muss die Mehrheitsentscheidung akzeptieren und mit der Fraktion stimmen [...].

Wie nehmen Lobbyisten Einfluss?

Sehr stark! Ein gewissenhafter Abgeordneter prüft jedoch alle Argumente der verschiedenen Lobbyisten. Wenn ich mit allen gesprochen habe, hat mir das einen guten Überblick über das anliegende Problem verschafft [...].

Wie kommt bei den Entscheidungen des Abgeordneten die Parteilinie ins Spiel?

Jede Partei stellt ein gewisses Koordinatensystem auf, Maßstäbe, an denen man sich im Einzelfall orientiert. Da der einzelne Abgeordnete sich mit diesen Grundlinien seiner Partei identifiziert, kann er auch im Einzelfall die Entscheidungen seiner Fraktion mittragen. [...] Zur Absicherung der Fraktionsführung müssen – das ist von den Fraktionen so festgelegt – etwaige „Abweichler" ihr abweichendes Abstimmungsverhalten dem Fraktionsvorstand spätestens 48 Stunden vor der Abstimmung im Plenum bekannt geben.

Wodurch oder durch wen wird auf Ihre Entscheidungen am meisten Druck ausgeübt?

Noch nie in den 12 Jahren meiner Zeit als Abgeordneter habe ich mich in einer Situation befunden, in der ich das Gefühl hatte, dass auf mich unerträglicher Druck ausgeübt werde [...].

Privatarchiv Weber/Korby

M5 Zeitbudget des Bundestagsabgeordneten Christian Lange*

Tätigkeiten	Sitzungswoche	Sitzungsfreie Woche
Plenum	ca. 12	–
Ausschüsse, Arbeitskreise	ca. 5	–
Fraktion	ca. 5	–
Andere Gremien (z. B. Parteigremien)	ca. 10	ca. 10
Informations- und Kontakttätigkeiten – z. B. Pressegespräche, Besucher, Diskussionen	ca. 15	ca. 15
Verwaltungstätigkeiten (z. B. Posterledigung)	ca. 15	ca. 15
Ausarbeitung von Reden oder Artikeln, fachliche Vorbereitung	ca. 5	ca. 10
Sonstiges (z. B. Reisen, Beruf)	ca. 10	ca. 20
Gesamtwochenarbeitszeit	ca. 77	ca. 70

* in Std.

Arbeitsvorschläge

1. Beschreiben Sie ausgehend von der Karikatur M1 Ihre „Erwartungen" an Abgeordnete des Deutschen Bundestages.

2. Charakterisieren Sie unter Einbeziehung der Materialien M3 und M5 die Rahmenbedingungen der Bundestagsabgeordneten Malczak (M2).

3. Stellen Sie das Spannungsverhältnis zwischen dem freien Mandat der Abgeordneten und der Fraktionsdisziplin dar (M4).

4. Vergleichen Sie Ihre Erwartungen (M1) mit der realen Arbeitsweise der Abgeordneten.

5. Bundestagsabgeordnete(r) – ein Traumberuf? Erörtern Sie diese Frage.

3 Was bedeutet Demokratie für mich?

Das Parlament – wirksamer Kontrolleur der Regierung?

M1 Modelle der Gewaltenkontrolle

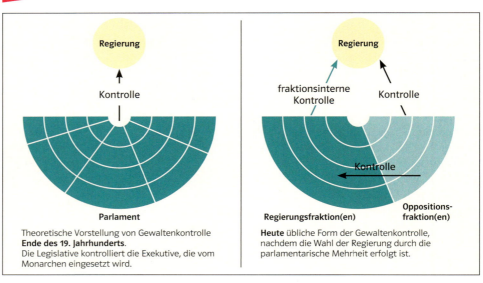

Theoretische Vorstellung von Gewaltenkontrolle **Ende des 19. Jahrhunderts**. Die Legislative kontrolliert die Exekutive, die vom Monarchen eingesetzt wird.

Heute übliche Form der Gewaltenkontrolle, nachdem die Wahl der Regierung durch die parlamentarische Mehrheit erfolgt ist.

Begriff

Der Zweck von **Gewaltenteilung** liegt in der Beschränkung und Kontrolle staatlicher Gewalt. Es wird unterschieden zwischen der gesetzgebenden Gewalt (Legislative), der ausführenden Gewalt (Exekutive) und der Recht sprechenden Gewalt (Judikative). Diese Funktionen werden unabhängigen Staatsorganen (Parlamenten, Regierung, Gerichten) zugewiesen. In der politischen Praxis ergeben sich durch notwendige Gewaltenverschränkung Abweichungen vom strikten Prinzip der Gewaltenteilung.

M2 Formen parlamentarischer Kontrolle

Das Grundgesetz hat ein parlamentarisches Regierungssystem geschaffen. Das bedeutet, die Regierung kommt nicht von außen oder oben, etwa von einem Monarchen oder
5 einem Präsidenten. Vielmehr wird sie erst vom Parlament installiert. [...] Das ist die erste und wichtigste Kontrollaufgabe des Bundestages: Wer wird Regierungschef, und wen beruft er oder sie als Minister? [...]
10 Indem die Bundestagsmehrheit die Regierung in Gang setzt, verbindet sie sich mit deren Erfolg und Misserfolg. Ihre Abgeordneten und Parteien sind es, die spätestens bei der nächsten Wahl die Rechnung
15 präsentiert bekommen. Sie sind es, die Zustimmung und Mandate verlieren, behalten oder gewinnen.

Also muss die Regierungsmehrheit des Bundestages ein starkes Interesse daran haben, dass ihre Regierung ein Erfolg wird. Folglich 20
werden ihre Abgeordneten für sie stimmen, wo es geht und solange es geht. Andernfalls vermutet die Öffentlichkeit, man wolle diese Regierung nicht mehr. Und ebenso selbstverständlich werden die Fraktionen 25
der Opposition regelmäßig gegen die Regierung stimmen, die sie nicht gewollt und nicht gewählt haben.
Das ist die grundlegende Spielregel des parlamentarischen Regierungssystems. Das 30
Parlament steht politisch nicht als einheitliches „Staatsorgan" der Regierung gegenüber [...].
Was bedeutet das für die parlamentarische Kontrolle? Sie ist ebenfalls gespalten zwi- 35
schen regierender Mehrheit und opponierender Minderheit. [...] Die Koalitionsfrakti-

VT

Neben der Gesetzgebung gehört die Kontrolle der Regierungsarbeit zu den wichtigsten Aufgaben des Bundestages. In der Wahrnehmung der Öffentlichkeit erfüllen in erster Linie die Oppositionsfraktionen diese **Kontrollfunktion**. Sie kritisieren beständig die Regierung und wenden sich mit ihren Äußerugnen fast täglich an die Medien. Das hier veröffentlichte Parteiengezänk zwischen Regierungs- und Oppositionsfraktionen wirkt für manche Bürgerinnen und Bürger abstoßend. Ist die Kontrolle durch das Parlament ineffektiv? Oder sollten alle lieber „an einem Strang ziehen"?

onen [...] kontrollieren [...] „ihre" Regierung im Sinne von Beaufsichtigung, Mitsteuerung, Fehlervermeidung. Sie versuchen das meist nichtöffentlich zu tun, was nicht heißt, dass dieser Teil der parlamentarischen Kontrolle weniger wichtig wäre. [...] Die Kontrolle der Opposition ist anderer Art. Sie ist kontrovers, kritisch, will Alternativen aufzeigen und sucht insbesondere die Öffentlichkeit. [...] Wer keine Wahl hätte, könnte nicht wählen. Bürger und Wähler müssen von Mindermeinungen und abweichenden politischen Konzepten erfahren. Die demokratisch unverzichtbare Oppositionsarbeit im Bundestag setzt auf die Mobilisierung der Öffentlichkeit [...] Durch dieses Zusammenwirken wird ihre Kontrolle der Regierung effektiv, nicht etwa dadurch, dass die Minderheit der Mehrheit etwas verbieten könnte [...].

Quelle: Zeh, Wolfgang: Im Zentrum des Systems. Bundestag, in: Das Parlament Nr. 44 vom 26.10.2009

M4 Parlamentarische Kontrolle: Instrumente und Gremien

Das konstruktive Misstrauensvotum ist eine besonders scharfe Maßnahme, die den Abgeordneten zur Verfügung steht, um die Arbeit der Regierung zu kontrollieren und notfalls einzugreifen. Daneben gibt es weitere, alltäglichere Instrumente und Maßnahmen der Kontrolle. Dazu gehören zum Beispiel Kleine und Große Anfragen, Fragestunden, Aktuelle Stunden und Regierungsbefragungen. Diese Kontrollinstrumente stehen den Abgeordneten zu, damit sie sich über die Arbeit und Vorhaben der Regierung informieren und kritische Fragen stellen können. Zusätzlich gibt es einige Gremien [zur] Kontrolle der Regierung [...], wie zum Beispiel die Untersuchungsausschüsse. [...] Bei Abstimmungen über Regierungsvorhaben ist der Bundeskanzler beziehungsweise die Bundeskanzlerin auf das Vertrauen des Parlaments angewiesen. Wenn eine Regierung die [Mehrheit der] Abgeordneten nicht überzeugt, kann sie ihre politischen Ziele nicht verfolgen. [...]
Der Bundestag macht Politik transparent, indem er öffentlich tagt. Alle Sitzungen des Plenums und viele Anhörungen in den Ausschüssen werden im Web-TV übertragen. Jeder kann sie sehen. Die Presse ist dabei.

Quelle: www.mitmischen.de/index.php/informativ/WissenPur/site/BundestagKompakt/id/16572 [Zugriff: 14.04.2011]

M3 Auflösung möglich

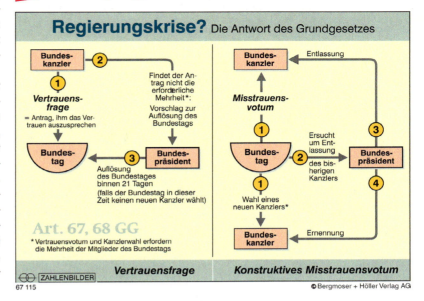

Arbeitsvorschläge

1. Beschreiben Sie die beiden Modellvorstellungen zur Gewaltenkontrollle.

2. Arbeiten Sie die unterschiedlichen Formen parlamentarischer Kontrolle heraus (M2, M4).

3. Stellen Sie mithilfe einer Internet-Recherche auf der Hompage des Bundestages dar, ob und in welchem Umfang die in M2 aufgeführten Kontrollinstrumente in jüngster Zeit eingesetzt wurden.

4. Erklären Sie Ablauf und Wirkung eines konstruktiven Misstrauensvotums und einer Vertrauensfrage (M3).

5. Beurteilen Sie die Wirksamkeit der untersuchten parlamentarischen Kontrollrechte und Instrumente. Erstellen Sie dazu eine Tabelle mit drei Spalten, in denen Sie jeweils den Kontrollmechanismus, mögliche Schwierigkeiten bzw. Grenzen bei der Umsetzung und eine zusammenfassende Bewertung eintragen.

Online Link
065630-0304

3 Was bedeutet Demokratie für mich?

Gesetzgebung – noch in den Händen des Parlaments?

M1 Ballerspiele schneller auf den Index?

Ballern am Bildschirm

M2 Killerspiele – Spaß oder Gefahr?

Haben gewaltverherrlichende Computerspiele negative Auswirkungen auf junge Menschen? Sollten sie verboten werden? Am 26. April 2007 gab es im Unterausschuss
5 Neue Medien [eingesetzt vom Ausschuss für Kultur und Medien] des Bundestages ein öffentliches Expertengespräch. [...]
Um [...] einen Eindruck von den gewalttätigen Szenen der „Killerspiele" zu vermitteln,
10 [...] zeigte der Direktor des Kriminologischen Forschungsinstituts Niedersachsen, Prof. Dr. Christian Pfeiffer, als erstes Ausschnitte aus dem gewaltverherrlichenden Computerspiel „Der Pate" [...] Trotz der großen Zahl an Indizierungen kritisiert Pfeiffer, dass noch 15 zu viele Spiele zu lasch beurteilt werden [...] Gegen eine komplette Verurteilung von gewaltverherrlichenden PC-Spielen spricht sich der Leiter des Zentrums für Medien und Kommunikation an der Universität 20 Leipzig, Prof. Dr. Hartmut Warkus, aus [...]. Er schlägt vor, dass sich Eltern von ihren Kindern erklären lassen, was sie am PC spielen und warum sie es toll finden. [...] Außerdem müsste es Aus-, Fort- und Weiterbildungen 25 [...] geben, die sich an Lehrer richten [...]
Eine ähnliche Richtung schlägt auch Dr. Klaus Spieler, Geschäftsführer der USK [Unterhaltungssoftware Selbstkontrolle] ein [...]. Problematisch sei seiner Meinung nach 30 auch, dass die meisten diskussionswürdigen Medien in Nachbarländern gekauft oder auf illegalem Weg [...] beschafft würden. Deshalb müsse es bessere Mittel geben, den Handel zu kontrollieren [...]. 35

Quelle: www.mitmischen.de/index.php/Informativ/BundestagLive/site/AlleBeitraege/id/15497 [Zugriff: 17.06.2010]

M3 Jugendschutz per Gesetz

Im März 2008 brachte die Bundesregierung einen Entwurf in den Bundestag ein, nach dem gewalthaltige Filme und Computerspiele künftig schneller auf dem Index landen können. [Der Familienausschuss hat als 5 federführender Ausschuss am Mittwoch, den 23. April 2008, abschließend über den Entwurf beraten.] Am 8. Mai 2008 stimmte

Begriff

Gesetze (im gesellschaftlichen Sinne) sind verbindliche Vorschriften darüber, wie sich die Mitglieder einer Rechtsgemeinschaft verhalten sollen. Gesetze regeln damit das Zusammenleben in einer Gesellschaft. In einem Rechtsstaat (vgl. S. 122) müssen Gesetze von dafür vorgesehenen Organen in einem bestimmten Verfahren verabschiedet werden.

VT

Um die gesellschaftlichen Verhältnisse zu gestalten, stellt der Staat bestimmte Regeln auf, die Gesetze genannt werden. Mit ihrer Hilfe greift er in alle Lebensbereiche ein und reagiert auf aktuelle soziale sowie wirtschaftliche Entwicklungen.
Die Verabschiedung dieser Gesetze liegt laut unserer Verfassung in den Händen des Deutschen Bundestages. Als wichtigstes Organ der Legislative beschließt er – unter Beteiligung des Bundesrates – alle Gesetze, die Angelegenheiten auf Bundesebene betreffen.
Der Prozess der Gesetzgebung vollzieht sich in einem komplizierten Zusammenspiel zwischen Bundestag, Bundesrat und Bundesregierung. Durch die Berichterstattung in den Medien und durch die Anhörung von Experten bzw. Verbandsvertretern ist in jeder Phase dieses Prozesses auch die Öffentlichkeit beteiligt.

die Mehrheit der Abgeordneten dem Gesetzentwurf zu. Mit dem Gesetz sollen Kinder und Jugendliche besser vor Gewaltdarstellung in Medien und „gewaltbeherrschten Computerspielen" geschützt werden. Mit der Gesetzesänderung werden die Kriterien erweitert und genauer definiert, nach denen Spiele und Filme als jugendgefährdend eingestuft [...] werden [...]. Das „Erste Gesetz zur Änderung des Jugendschutzgesetzes" trat am 1. Juli 2008 in Kraft [...].

Die Oppositionsfraktionen FDP, Die Linke und Bündnis 90/Die Grünen bezeichneten die Neuregelung als unzureichend und stimmten [...] geschlossen gegen den Entwurf [...]. Die eigentlichen Probleme würden nicht angefasst, sagte etwa der FDP-Medienexperte Christoph Waitz. Die Mehrheit der Kinder und Jugendlichen spiele unbeaufsichtigt und könne im Internet indizierte Spiele ohne Altersprüfung herunterladen. Dem müsse man mit Fortbildungen für Eltern, Lehrer und Erzieher entgegenwirken [...]. Die Fraktion Bündnis 90/Die Grünen [...] fordert verschärfte Kontrollen im Handel sowie höhere Bußgelder bei Verstößen gegen den Jugendschutz [...].

Quelle: http://www.mitmischen.de/index.php/Informativ/UnserThemaDetail/id/21092 [Zugriff: 19.04.2011]

M5 Rolle des Bundestages bei der Gesetzgebung

Es ist für die parlamentarische Demokratie strukturtypisch, dass die Regierung die dominante Rolle in der Gesetzgebung spielt. [...] Der politisch-inhaltliche Ursprung [von] Initiativen liegt oft in den Koalitionsvereinbarungen, die zu Beginn einer Wahlperiode getroffen werden. [...] Der Standardweg der weiteren Bearbeitung führt die Gesetzentwürfe in die fachlich spezialisierte Ministerialbürokratie. Beauftragt vom Minister liefert diese zumeist den ersten Entwurf, der sodann im Kabinett beraten wird. [...]

M4 Tätigkeit des Deutschen Bundestages

Eingebrachte Gesetzesentwürfe	15. Wahlperiode 2002–2005	16. Wahlperiode 2005–2009
der Bundesregierung	320	441
des Bundestages	211	196
des Bundesrates	112	97
Gesetzesbeschlüsse auf Initiative von		
Bundesregierung	281	375
Bundestag	85	55
Bundesrat	17	12
gemeinsam	17	14

Quelle: Statistisches Bundesamt, Statistisches Jahrbuch 2009, S. 108

Es kann [aber] keine Rede davon sein, dass Kanzler und Kabinett mithilfe ihres Beamtenapparates dem Parlament, und das heißt in diesem Zusammenhang: ihrer eigenen Mehrheit, Gesetze präsentieren, die diese dann nur noch „abnickt". Ohne Zweifel entstammt der erste Entwurf und damit gewiss auch schon viel Richtungsweisung meistens der Regierung; aber schon dabei muss im Vorwege ausgelotet werden, was die Koalitionsfraktionen mitzutragen bereit sind; und für die Einzelheiten sehen sich die jeweils spezialisierten Abgeordneten sehr wohl zuständig. So haben Minister immer wieder bekundet, dass [...] sie durch enge Kontakte zur Fraktion verhindern [müssten], dass dort Gegenpositionen aufgebaut werden oder die Öffentlichkeit mobilisiert wird, weil sich die Fraktionskollegen in den Entwürfen der Regierung nicht hinreichend repräsentiert sehen. [...]

Quelle: Schüttemeyer, Suzanne S.: Funktionserfüllung im Fraktionenparlament, in: Informationen zur politischen Bildung, Heft 295, 2007, S. 47–48

Arbeitsvorschläge

1. Arbeiten Sie aus M2 die unterschiedlichen Meinungen zum gesetzlichen Schutz von Jugendlichen vor gewaltverherrlichenden Computerspielen heraus.

2. Ordnen Sie die in M2 und M3 erwähnten Elemente des Gesetzgebungsprozesses in das Schema zum „Gang der Gesetzgebung" ein (vgl. Online-Link).

3. Erörtern Sie anhand der Materialien die in der Kapitelüberschrift gestellte Frage.

Online Link
065630-0305

3 Was bedeutet Demokratie für mich?

Wozu gibt es einen Bundesrat?

M1 Kontrollpunkt

Ein Sparpaket der Bundesregierung im Gesetzgebungsprozess

M3 Ein Verfahrenstrick?

Die schwarz-gelbe Koalition will [...] ihr [Spar-]Paket aufteilen. Es [soll] einen Teil geben, der nicht die Zustimmung des Bundesrates benötigt, und einen kleineren, zu-
5 stimmungspflichtigen Teil [...]. Der schwarzgelben Koalition droht [im Bundesrat] der Verlust ihrer Mehrheit. Grund ist die von Rot-Grün [nach der Landtagswahl vom Mai 2010] geplante Minderheitsregierung in
10 Nordrhein-Westfalen, [die] die bisherige CDU-FDP-Landesregierung ablösen [will].
[...]
Die Länder müssen grundsätzlich dann einem Bundesgesetz zustimmen, wenn es
15 ihr eigenes Handeln betrifft oder in ihre finanziellen Angelegenheiten eingreift. Beim Sparpaket wäre die Liste recht kurz. So dürfte der Bundesrat sich nur mit der Streichung der Rentenzuschüsse für Hartz-IV-Betroffene beschäftigen müssen, weil die 20 Kommunen dann mehr Geld für die Grundsicherung im Alter aufbringen müssen.

Quelle: www.mdr.de/mdr-info/7429146.html vom 21.06.2010 [Zugriff: 19.04.2011]

M2 Entsendung der Mitglieder des Bundesrates

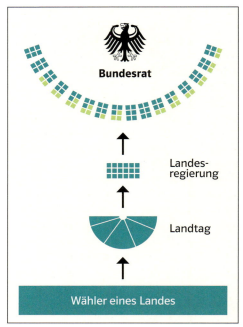

M4 Rolle im Gesetzgebungsprozess

Bei Gesetzen, die von der Bundesregierung oder dem Bundestag initiiert werden, wird zwischen den Zustimmungsgesetzen und Einspruchsgesetzen unterschieden: **Zustimmungsgesetze** sind Gesetze, in denen 5 die Finanzen oder die Verwaltungsstruktur

Begriff

Der **Föderalismus** ist eine politische Ordnung, bei der die staatlichen Aufgaben und Kompetenzen so zwischen Gesamtstaat und Einzelstaaten (Ländern) aufgeteilt sind, dass beide politischen Ebenen für bestimmte, verfassungsgemäß festgelegte Aufgaben zuständig sind. Zweck ist u. a. die Verhinderung von Machtkonzentration und die Verbesserung von Partizipationsmöglichkeiten.

VT

Aus dem Föderalismusgebot des Grundgesetzartikels 20 (Absatz 1) folgt, dass die Bundesländer über eigenständige Rechte zur Vertretung ihrer Interessen verfügen. Über den Bundesrat wirken sie direkt an der Gesetzgebung des Bundes mit.

Was aber passiert, wenn im Bundesrat andere parteipolitische Mehrheitsverhältnisse herrschen als im Bundestag? Geht es dann bei der Abstimmung in der Länderkammer um Länderinteressen oder Parteipolitik?

der Länder betroffen sind. Ihnen muss der Bundesrat zustimmen. Auch Gesetze, deren Gegenstand eine Verfassungsänderung ist, bedürfen der Zustimmung des Bundesrates. **Einspruchsgesetze** hingegen sind Gesetze, zu denen eine Zustimmung des Bundesrates zwar nicht erforderlich ist, gegen die er aber einen Einspruch erheben darf. Der Bundestag kann diese Gesetze allerdings dennoch verabschieden. Hat der Bundesrat mit einfacher Mehrheit gegen sie votiert, genügt auch im Bundestag die einfache Mehrheit, um dieses Votum zu übergehen. Wurden die Gesetze aber mit Zweidrittelmehrheit vom Bundesrat abgelehnt, benötigen sie im Bundestag nun eine Zweidrittelmehrheit der abgegebenen Stimmen, mindestens jedoch 50 Prozent der Stimmen aller Mitglieder, um verabschiedet zu werden.

Sollte es zu keiner Einigung zwischen der Länderkammer und dem Bundestag kommen, kann der **Vermittlungsausschuss** angerufen werden. Dieser besteht je zur Hälfte aus Mitgliedern des Bundestages und je einem Vertreter jedes Bundeslandes. [...] In der überwiegenden Zahl aller Fälle hat der Ausschuss in der Geschichte der Bundesrepublik einen Kompromiss gefunden, der dann erneut dem Bundestag zur Abstimmung vorgelegt wurde.

Quelle: www.bpb.de/themen/76969C,0,Bundesrat.html [Zugriff: 19.04.2011]

M 6 Interessenvertretung der Länder

Interview mit dem Bundesratspräsidenten Jens Böhrnsen, SPD-Bürgermeister von Bremen

Herr Bürgermeister, mit den neuen Mehrheitsverhältnissen im Bundesrat gerät die Länderkam-

M 5 Bundesratsstimmen der Bundesländer

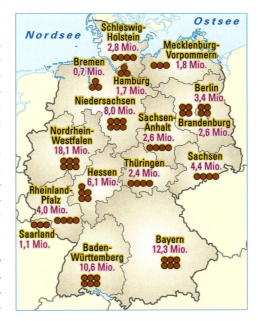

mer wieder stärker in die parteipolitische Auseinandersetzung. Ist das gut?

Der Bundesrat war und ist weder Blockadeinstrument noch bequemer Ja-Sager, gleich, wie die Mehrheitsverhältnisse sind. Er ist in erster Linie dafür da, die Interessen der Länder in die Gesetzgebung einzubringen. Natürlich spielt dabei die jeweilige Parteifarbe auch eine Rolle, so war es immer, und so wird [es] auch in Zukunft sein, wenn wir zum Beispiel über AKW-Laufzeiten oder eine Gesundheitsreform zu entscheiden haben. Ich betrachte das nicht als Problem für den Föderalismus sondern als positiv für die politische Debatte in Deutschland [...].

Quelle: Schmale, Holger: Weder Blockadeinstrument noch Ja-Sager, in: Berliner Zeitung vom 29.05.2010

Arbeitsvorschläge

1. Arbeiten Sie anhand von M 2 – M 4 die Hauptaussagen der Karikatur M 1 heraus.

2. Erklären Sie mithilfe der folgenden Grundgesetzartikel Aufgaben und Zusammensetzung des Bundesrates: GG 20 (1), GG 50, GG 51 (1) bis (3).

3. Erstellen Sie – ausgehend von der Grafik (Online-Link S. 117) – ein Flußdiagramm zum Gesetzgebungsverfahren bei einem Zustimmungs- und einem Einspruchsgesetz.

4. Beurteilen Sie die Bedeutung des Bundesrates im politischen System der Bundesrepublik Deutschland.

3 Was bedeutet Demokratie für mich?

Lobbyismus – übermächtiger Einfluss der Verbände?

M1

Plakat des deutschen Hotel- und Gaststättenverbandes

Begriff

Lobbyismus meint die Aktivitäten von Interessengruppen, um politische Entscheidungsträger zu beeinflussen. Lobbyisten versuchen, direkt auf z. B. Parlamentsabgeordnete, Regierungsmitglieder oder Verwaltungspersonal einzuwirken oder indirekt über Medien und öffentliche Meinung auf deren Entscheidungen Einfluss zu nehmen. Der Begriff geht auf die Lobby (eine Art Vorraum) des Parlaments zurück, in der ursprünglich die Kontaktaufnahme stattfand.

M2 Ergebnis erfolgreicher Lobbyarbeit?

Am vergangenen Montag [09.11.2009] [...] luden die Funktionäre des Deutschen Hotel- und Gaststättenverbandes (Dehoga) zur Party [...]. Es galt, ein Ereignis zu feiern [...]:
5 Das Regierungskabinett hatte gerade [...] ein Gesetz auf den Weg gebracht, das der Branche milliardenschwere Subventionen beschert: Vom nächsten Jahr an sollen Deutschlands Hoteliers nicht mehr den
10 vollen Mehrwertsteuersatz von 19 % abführen. Stattdessen gilt der ermäßigte Satz von 7 %.
Entsprechend groß war die Freude, als bei der Party auch einige FDP-Vertreter der
15 neuen Regierung vorbeischauten. Ohne die Mithilfe der Liberalen wäre der Coup nicht möglich gewesen. [...] Der FDP-Parlamentarier Burgbacher, damals noch tourismuspolitischer Sprecher der Fraktion, hatte es
20 als seine Aufgabe angesehen, das Papier [in die Koalitionsverhandlungen] einzubringen. Fischer ist nicht nur Mitglied der baden-württembergischen Liberalen, sondern auch Präsident des Gastro-Verbandes
25 Dehoga. Außerdem gehört ihm ein Hotel in Tübingen. So war ihm die Forderung nach einer Mehrwertsteuersenkung ein ganz persönliches Anliegen [...].

Quelle: Neubacher, Alexander; Wassermann, Andreas: Lobbyismus. Ein bisschen gaga, in: DER SPIEGEL 47/2009. S. 82

M3 Vielfalt der Verbände

Interessenverbände sind auf fünf gesellschaftlichen Handlungsfeldern aktiv:
– Wirtschaft und Arbeit (z. B. Arbeitgeber- oder Arbeitnehmerverbände);
– Soziales Leben und Gesundheit (z. B. Wohlfahrtsverbände);
– Freizeit und Erholung (z. B. Sportverbände wie der DFB);
– Religion, Weltanschauung und gesellschaftliches Engagement (z. B. Kirchen, Umwelt- und Naturschutzverbände);
– Kultur, Bildung und Wissenschaft (z. B. Verbände der Aus- und Weiterbildung).
Nicht alle Verbände lassen sich eindeutig diesen fünf Kategorien zuordnen. Der ADAC zum Beispiel kann sowohl als Verbraucherverband der Autofahrer wie auch als Motorsportclub, Reiseunternehmen oder eine Lobby der Automobilbranche charakterisiert werden.

(Autorentext)

M4 Gefahren des Lobbyismus

Täglich lernen Schülerinnen und Schüler, dass Gesetze [...] im Wesentlichen von den dafür gewählten und vom Volk legitimierten Abgeordneten entworfen, beraten und bestimmt werden. Tatsächlich schwindet
5 der ungefilterte parlamentarische Einfluss auf die Gesetzgebung [...]. Immer häufiger segnen die Fraktionen im Deutschen Bundestag das ab, was über die starken Lobbyorganisationen frühzeitig in den parlamen-
10 tarischen Prozess eingespeist wurde. [...] Die

VT

Der Artikel 9 unseres Grundgesetzes gewährleistet die Vereinigungsfreiheit. Im Selbstverständnis unserer pluralistischen Demokratie ist es also legitim, dass sich gesellschaftliche Interessen in Verbänden organisieren. Verbandsvertreter, die politischen Einfluss nehmen wollen, werden Lobbyisten genannt.

Wegen des Machtungleichgewichts zwischen den verschiedenen Interessenverbänden ist es Aufgabe der Politik, für einen Ausgleich zu sorgen. Die gefundenen Lösungen bzw. Kompromisse müssen allen zumutbar bleiben, im Sinne der Nachhaltigkeit müssen sie insbesondere wirtschaftlich tragbar, sozial verträglich und ökologisch vrantwortbar sein. Wird die Politik dieser Aufgabe gerecht?

2177 beim Bundestag eingetragenen Lobbyorganisationen (Stand: 12.03.2010) haben sich [...] weiter professionalisiert. Die eingespielte Kooperation und selbstverständliche Dienstleistungserwartung vieler Politiker sowie der meist überhöhte Respekt durch Ministerialbürokratie und Abgeordnete haben in den vergangenen Jahren den Gestaltungs- und Blockadespielraum der Lobbyisten weit ausgedehnt.

Quelle: Leif, Thomas: Von der Symbiose zur Systemkrise, in: Aus Politik und Zeitgeschichte 19/2010 vom 10.05.2010

M5 Lobbyismus: Bestandteil unserer Demokratie

Nur in Sonntagsreden hält sich heute noch die naive Vorstellung, dass in den Ministerien genügend Sachverstand vorhanden sei und dass das Parlament mit seinen unabhängigen Abgeordneten als Repräsentationsorgan nur das Gemeinwohl im Auge hätte. Parlament und Regierung waren immer schon auf die Artikulation der Interessen der verschiedenen Gruppen und ihre Expertise angewiesen. Unter den Bedingungen einer Wissensgesellschaft hat sich diese Abhängigkeit [...] verstärkt. Der Regierungsapparat ist immer weniger in der Lage, das nötige Wissen für die Regelung komplexer Sachverhalte aus sich selbst heraus zu schöpfen.

Eine vollständige Trennung zwischen Parlament und Interessengruppen hat es im Übrigen noch nie gegeben. Deutschland ist eine Verbändegesellschaft und nach wie vor sind die Verbände unverzichtbare Akteure. Sie bündeln die Interessen einer Wirtschaftsbranche, sprechen für ganze gesellschaftliche Bereiche wie den Sport oder haben – wie die Wohlfahrtsverbände – die sozialstaatliche Aufgabenerfüllung übernommen.

Quelle: Speth, Rudolf: Machtvolle Einflüsterer, in: Das Parlament 15–16/2009 vom 06.04.2009

M6

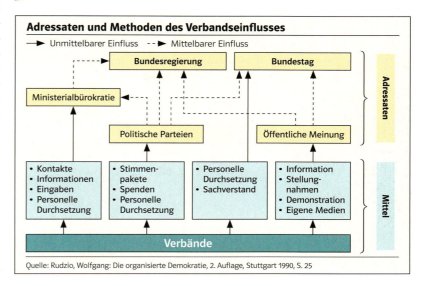

Quelle: Rudzio, Wolfgang: Die organisierte Demokratie, 2. Auflage, Stuttgart 1990, S. 25

M7 Was tun?

Bürger und Wählerinnen müssen wissen, für wen sie sich entscheiden, wenn sie ihre Volksvertreter bestimmen. Und sie müssen im öffentlichen Meinungskampf wissen, wer sie informieren oder manipulieren will. [...] Deswegen sind die Offenlegungspflichten zu verbessern, gerade auch im Hinblick auf die Nebentätigkeiten der Bundestagsabgeordneten. [...]

Zusätzlich [...] wird [...] über Karenzzeiten für aus dem Amt scheidende Politiker diskutiert. Transparency International schlägt eine Frist zwischen drei und fünf Jahren vor, bevor ehemalige Amtsträger Positionen in Unternehmen der freien Wirtschaft bekleiden, welche sich mit jenen Interessen befassen, die einst im Aufgabenfeld des Politikers lagen. Andere Überlegungen bestehen für aktive Mandatsträger. Diese sollen beispielsweise keine leitenden Funktionen in einem Interessenverband wahrnehmen dürfen [...].

Quelle: Alemann, Ulrich von; Eckert, Florian: Lobbyismus als Schattenpolitik, in: Aus Politik und Zeitgeschichte 15–16/2009 vom 10.04.2006, S. 9–10

Miniglossar

Transparency International weltweit tätige Nichtregierungsorganisation zur Bekämpfung von Korruption mit Sitz in Berlin

Arbeitsvorschläge

1. Beschreiben Sie mithilfe vom M1–M3 und M6 die Typen und Zielsetzungen von Verbänden.

2. Erläutern Sie die Notwendigkeit und Probleme der Mitwirkung von Verbänden im politischen Prozess (M4 und M5).

3. Erörtern Sie Möglichkeiten einer stärkeren Kontrolle des Verbandseinflusses (M7).

3 Was bedeutet Demokratie für mich?

Das Bundesverfassungsgericht – heimlicher Gesetzgeber oder Hüter der Verfassung?

M1 Ein Aufruf des Bundesverfassungsgerichts

M2 Ein Urteil des Bundesverfassungsgerichts

Die seit 2005 geltenden Hartz-IV-Regelsätze für Erwachsene und Kinder verstoßen gegen das Grundgesetz. Das entschied das Bundesverfassungsgericht in Karlsruhe [im Februar 2010]. Die Leistungen seien nicht korrekt ermittelt worden. Nach dem von Gerichtspräsident Hans-Jürgen Papier verkündeten Urteil genügten die gesetzlichen Vorschriften nicht dem Grundrecht auf Gewährleistung eines menschenwürdigen Existenzminimums nach Artikel 1 des Grundgesetzes. Zudem verstoßen sie gegen das in der Verfassung garantierte Sozialstaatsprinzip [...]. Der 1. Senat gab dem Gesetzgeber auf, zum 1. Januar 2011 die Berechnungsgrundlage neu zu regeln. [...] Das Bundessozialgericht und das Landessozialgericht Hessen hatten Zweifel an der bisherigen Berechnungsmethode angemeldet und deshalb Karlsruhe zur höchstrichterlichen Klärung angerufen. Zugrunde lagen drei Verfahren von Langzeitarbeitslosen, die ihre Kinder mit den bisherigen Regelsätzen nicht ausreichend versorgt sahen [...].

Quelle: tagesschau.de vom 09.02.2010; www.tagesschau.de/inland/hartzvierurteil102.html [Zugriff: 19.04.2011]

Begriff

Ein **Rechtsstaat** ist eine verfassungsmäßige Ordnung, in der alle Staatsorgane an die von einer Volksvertretung verabschiedeten Gesetze gebunden sind. Zudem ist die Staatsgewalt der Kontrolle durch unabhängige Gerichte unterworfen (vgl. Gewaltenteilung S. 114).

VT

Als Antwort auf die Zerstörung des Rechtsstaates durch den Nationalsozialismus wurde mit Gründung der Bundesrepublik Deutschland das Bundesverfassungsgericht geschaffen. Es soll unsere Freiheitlich Demokratische Grundordnung sichern. Deshalb besteht eine seiner Hauptaufgaben in der sogenannten Normenkontrolle. Das heißt, es überprüft die Übereinstimmung von Gesetzen mit den Normen unserer Verfassung. Es kann also vom Bundestag und Bundesrat verabschiedete Gesetze für ungültig erklären. Aus diesem Grund sieht es sich immer wieder dem Vorwurf ausgesetzt, die Rolle eines „heimlichen Gesetzgebers" zu spielen. Trifft dieser Vorwurf zu?

M3 Aufgaben des BVerfG

In der sogenannten abstrakten Normenkontrolle wird auf Antrag des Bundestages, der Bundesregierung oder einer Landesregierung die Vereinbarkeit eines Landesgesetzes oder Bundesgesetzes mit dem Grundgesetz [...] überprüft. In der konkreten Normenkontrolle hingegen legt ein Gericht ein Gesetz zur Prüfung vor, von dessen Unvereinbarkeit mit der Verfassung es überzeugt ist.
Zudem kann jeder Bürger, der sich durch die öffentliche Gewalt in seinen Grundrechten verletzt fühlt, Verfassungsbeschwerde beim Bundesverfassungsgericht erheben. Eine Verfassungsbeschwerde kann sich gegen ein Gesetz, ein Gerichtsurteil oder eine behördliche Maßnahme richten. [...]
Des Weiteren entscheidet das Bundesverfassungsgericht bei Verfassungsstreitigkeiten zwischen [...] den Ländern oder zwischen den Ländern und dem Bund [...].

Quelle: www.bpb.de/themen/8U3HVY,0,Bundesverfassungsgericht.html [Zugriff: 19.04.2011]

M4

Das Bundesverfassungsgericht
Sitz: Karlsruhe

Präsident/in — zugleich Vorsitzende/r eines Senats
Vizepräsident/in — zugleich Vorsitzende/r eines Senats

Erster Senat — Zweiter Senat
Kammern — Kammern

wählt die Hälfte der Richter jedes Senats — Wahlausschuss des Deutschen Bundestages

Das Bundesverfassungsgericht entscheidet unter anderem
- über Verfassungsbeschwerden
- über Streitigkeiten zwischen Bundesorganen oder zwischen Bund und Ländern
- über die Vereinbarkeit von Bundes- oder Landesrecht mit dem Grundgesetz
- über die Verfassungswidrigkeit von Parteien

wählt die Hälfte der Richter jedes Senats — Bundesrat

© Bergmoser + Höller Verlag AG

M5 Kritik am Bundesverfassungsgericht

Karlsruhe mischt sich zu sehr in die Arbeit des Gesetzgebers ein, kritisiert Innenminister Wolfgang Schäuble. [...] Als Beispiel nannte der CDU-Politiker die einstweilige Anordnung des Gerichts zur Vorratsdatenspeicherung vor einem Jahr, seit die Telefon- und Internet-Verbindungsdaten nur noch zur Aufklärung besonders schwerer Straftaten genutzt werden dürfen. „Es ist doch Sache des Gesetzgebers, zu sagen: Für diese Straftat kann ich dieses Instrument einsetzen – für jene nicht", kritisierte Schäuble. [...]

Quelle: als/dpa: www.spiegel.de/politik/deutschland/0,1518, 612560,00.html vom 11.03.2009 [Zugriff: 19.04.2011]

M6 Ein „moralischer Kompass"

Dass sie unabhängig entscheiden, haben die Verfassungsrichter in der Geschichte der Bundesrepublik bewiesen [...]. So durchkreuzten die Karlsruher Richter 1961 etwa die Pläne des damaligen Bundeskanzlers Konrad Adenauer, der einen bundeseigenen Fernsehsender gründen wollte. [...] 1983 stärkten sie mit dem Volkszählungsurteil den Datenschutz [...]. Das Bundesverfassungsgericht ist auch so etwas wie ein moralischer Kompass für die Politik in Deutschland. Quer durch die politischen Milieus werden die Urteile aus Karlsruhe als moralisch integer und wegweisend angesehen [...].

Quelle: Dittrich, Monika: Das Bundesverfassungsgericht – Das Rückgrat der Republik, in: Deutsche Welle vom 16.03.2010; www.dw-world.de/dw/article/0,5328052,00.html [Zugriff: 27.06.2010]

Arbeitsvorschläge

1. Arbeiten Sie die Stationen auf dem Weg des vom Bundesverfassungsgericht (BVerfG) verkündeten „Hartz-IV-Urteils" heraus (M 2).

2. Beschreiben Sie mithilfe des Grundgesetzartikels 94 und der Grafik M 4 Wahl und Besetzung des BVerfGs.

3. Stellen Sie die Aufgaben des obersten deutschen Gerichtes dar (M 3).

4. Beurteilen Sie – ausgehend von M 1–M 6 – das Verhältnis von oberster Judikative (BVerfG) und Legislative (Bundestag und Bundesrat).

3 Was bedeutet Demokratie für mich?

Zufrieden mit der Demokratie?

M1 Demokratiekonzepte

Aussage	Wert
Jeder sollte das Recht haben, für seine Meinung einzutreten, auch wenn die Mehrheit anderer Meinung ist	5,2
Jeder Bürger hat das Recht, für seine Überzeugung auf die Straße zu gehen	5,2
Eine lebensfähige Demokratie ist ohne politische Opposition nicht denkbar	4,8
In der Politik sollten mehr junge Leute was zu sagen haben	4,8
Die Politiker sind nur daran interessiert, gewählt zu werden und nicht daran, was die Wähler wirklich wollen	4,5
In jeder Demokratie ist es die Pflicht jedes Bürgers, sich an den Wahlen zu beteiligen	4,5
Auch wer in einer politischen Auseinandersetzung Recht hat, sollte einen Kompromiss suchen	4,4
Ich glaube nicht, dass sich die Politiker darum kümmern, was Leute wie ich denken	4,4
Der Bürger verliert das Recht zu Streiks und Demonstrationen, wenn er damit die öffentliche Meinung gefährdet	4,2
Bei uns gibt es nur wenig Mächtige, alle anderen haben nur wenig Einfluss darauf, was die Regierung wirklich tut	4,1
Parteipolitik ödet mich an	3,8
Politik finde ich zu kompliziert	3,7
Eine starke Hand müsste mal wieder Ordnung in unseren Staat bringen	3,6
Ich verstehe eine Menge von Politik	2,7
In jeder Gesellschaft gibt es Konflikte, die nur mit Gewalt gelöst werden können	1,9

Mittelwerte von 1 = trifft überhaupt nicht zu bis 6 = trifft voll und ganz zu (Skalenmitte = 3,5)
Quelle: nach 15. Shell Jugendstudie 2006, S. 116

M2 Ursachen der Politikmüdigkeit?

Bei der Abnahme der Demokratiezufriedenheit der jungen Menschen lassen sich [...] ausgeprägte Bildungseffekte nachweisen: Der Rückgang geht insbesondere auf diejenigen mit Hauptschulabschluss oder mittlerer Reife zurück. Als noch bedeutsamer als das Bildungsniveau erweisen sich darüber hinaus die Zufriedenheit mit den eigenen Lebensverhältnissen, Orientierungsunsicherheiten und Einschätzungen der Gerechtigkeit der sozialen Unterschiede sowie des „gerechten Anteils", den man selbst vom gesellschaftlichen Wohlstand erhält. Die insgesamt recht große Unzufriedenheit mit der realen Demokratie hängt u. a. auch damit zusammen, dass das Vertrauen [...] in die Reaktionsbereitschaft des politischen Systems und seiner Akteure nicht sehr groß ist. Etwa drei Viertel der jungen Menschen glauben, dass die Politiker nur daran interessiert sind, gewählt zu werden und sich „nicht viel darum kümmern, was Leute wie ich" denken.

Quelle: Gaiser, Wolfgang u. a.: Politik und Jugend – eine reformbedürftige Beziehung, in: Das Parlament 44/31.10.2005

Begriff

Wird eine **politische Gewalt** (bzw. Macht und Herrschaft) von den Betroffenen als rechtmäßig anerkannt, spricht man von ihrer Legitimität (Max Weber). Grundsätzlich kann die Zustimmung zu einer Staatsgewalt auch auf Ideologien beruhen, sodass eine demokratische Herrschaft nicht nur auf Legitimität in diesem Sinne beruht, sondern auch auf der Rechtsstaatlichkeit (vgl. S. 122) und der Verwirklichung demokratischer Prinzipien (Menschenrechte).

VT

Wie zufrieden sind die Deutschen, insbesondere die Jugendlichen, mit unserer repräsentativen Demokratie? Die Shellstudie, die in regelmäßigen Abständen Jugendliche zwischen 12 und 25 Jahren befragt, ergibt ein bedenkenswertes Ergebnis. Was sind die Ursachen für die Unzufriedenheit mancher Jugendlicher? Liegt es an mangelnden Informationen über den politischen Prozess in unserem Land oder am fehlenden Interesse? Sehen die Jugendlichen zu geringe Chancen für eine politische Mitwirkung?

Arbeitsvorschläge

1. Vergleichen Sie die Befragungsergebnisse in M1 mit Ihrer eigenen Einstellung zur Demokratie und Politik.

2. Bewerten Sie die Aussagen im Hinblick darauf, ob sie unserem Grundgesetz entsprechen oder widersprechen.

3. Arbeiten Sie aus M2 die Ursachen der Politikmüdigkeit und Unzufriedenheit mit der Demokratie heraus.

4. Überprüfen Sie die angeführten Ursachen anhand Ihrer persönlichen Einstellung und auch eigener Erfahrungen.

Anstöße zum Weiterdenken

M3 Korrekt charakterisiert?

M4 Von der Freiheit der Bundestagsabgeordneten

M5 Politischer Prozess in Deutschland

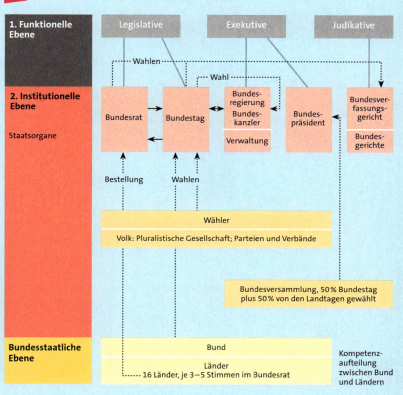

M6 Ansehensverlust

Die Regierungen [sind] stärker und die Parlamente schwächer geworden. [... Zunehmend] bereitet die Regierung Entscheidungen in Verhandlungen mit verfassungsdemokratisch nicht legitimierten, aber mächtigen Interessenten in der Gesellschaft vor, um die Ergebnisse dann dem Parlament als fertige Entwürfe zur Abstimmung zuzuleiten.

Sind die Parlamente wehrlos? [Es] hindert sie niemand, die Themen selbst zu vertiefen, Sachverständige zu hören, [...] kurzum: die Themen und das Niveau ihrer Behandlung vorzugeben. Unsere Abgeordneten sind alles andere als faul. Es wird viel und sachlich gearbeitet. [...] Dennoch belegen Umfragen einen beunruhigenden Ansehensverlust der Parlamente. Woran liegt das?

Quelle: Weizsäcker, Richard von: Wer Politik als Berufung versteht, ist nicht altmodisch, in: DIE ZEIT 10/2003

Arbeitsvorschläge

1. Erklären Sie – ausgehend von der Karikatur M3 – die Arbeitsweise des Bundestages und den Sinn von Debatten im Plenum.

2. Arbeiten Sie wesentliche Aussagen aus Karikatur M4 heraus.

3. Erläutern Sie die Funktionsweise des politischen Systems in Deutschland (M5).

4. Nehmen aus der Sicht eines Bundestagsabgeordneten Stellung zu den Aussagen von Richard von Weizsäcker (M6).

3 Was bedeutet Demokratie für mich?

Politische Partizipation – Welche Einflussmöglichkeiten habe ich als Bürger?
Eine Frage der Grundrechte

M1 Meinungsfreiheit?

M2 Aus dem Grundgesetz

Artikel 5
(1) Jeder hat das Recht, seine Meinung in Wort, Schrift und Bild frei zu äußern und zu verbreiten und sich aus allgemein zugänglichen Quellen ungehindert zu unterrichten. Die Pressefreiheit und die Freiheit der Berichterstattung durch Rundfunk und Film werden gewährleistet. Eine Zensur findet nicht statt.
(2) Diese Rechte finden ihre Schranken in den Vorschriften der allgemeinen Gesetze, den gesetzlichen Bestimmungen zum Schutze der Jugend und in dem Recht der persönlichen Ehre.
(3) Kunst und Wissenschaft, Forschung und Lehre sind frei. Die Freiheit der Lehre entbindet nicht von der Treue zur Verfassung.

Artikel 8
(1) Alle Deutschen haben das Recht, sich ohne Anmeldung oder Erlaubnis friedlich und ohne Waffen zu versammeln.
(2) Für Versammlungen unter freiem Himmel kann dieses Recht durch Gesetz oder auf Grund eines Gesetzes beschränkt werden.

Artikel 9
(1) Alle Deutschen haben das Recht, Vereine und Gesellschaften zu bilden.
(2) Vereinigungen, deren Zwecke oder deren Tätigkeit den Strafgesetzen zuwiderlaufen oder die sich gegen die verfassungsmäßige Ordnung oder gegen den Gedanken der Völkerverständigung richten, sind verboten.
(3) Das Recht, zur Wahrung und Förderung der Arbeits- und Wirtschaftsbedingungen Vereinigungen zu bilden, ist für jedermann und für alle Berufe gewährleistet. Abreden, die dieses Recht einschränken oder zu behindern suchen, sind nichtig, hierauf gerichtete Maßnahmen sind rechtswidrig. Maßnahmen nach den Artikeln 12a, 35 Abs. 2 und 3, Artikel 87a Abs. 4 und Artikel 91 dürfen sich nicht gegen Arbeitskämpfe richten, die zur Wahrung und Förderung der Arbeits- und Wirtschaftsbedingungen von Vereinigungen im Sinne des Satzes 1 geführt werden.

Quelle: Grundgesetz für die Bundesrepublik Deutschland vom 23. Mai 1949 (BGBl. S. 1), zuletzt geändert durch Artikel 1 des Gesetzes vom 29. Juli 2009 (BGBl. I S. 2248)

Begriff

Kennzeichen einer **Demokratie** ist die Volkssouveränität und die Beschränkung politischer Herrschaft. In Demokratien ist das Volk der Souverän und der Ausgangspunkt der Legitimation politischen Handelns. Das bedeutet in der Regel jedoch nicht, dass die Staatsbürger unmittelbar die Herrschaft ausüben (vgl. Direkte Demokratie, S. 140). Vielmehr repräsentieren politische und gesellschaftliche Einrichtungen (Parlamente, Parteien, Verbände etc.) das Volk, dessen Teilhabe auf gesetzlich geregelte Teilhabeverfahren (z. B. Wahlen) beschränkt ist.

VT

Die Grundrechte sind im Grundgesetz der Bundesrepublik Deutschland festgeschrieben. Sie sichern den Bürgern verschiedene Möglichkeiten der Mitbestimmung und des Einflusses auf die politischen Entscheidungen zu. Dazu gehören Wahlen als eine zentrale Partizipationsmöglichkeit in Deutschland. Allerdings sind sie nicht allen Teilen der Bevölkerung zugänglich: An Wahlen für Land- und Bundestag dürfen nur deutsche Staatsangehörige ab 18 Jahren teilnehmen. Über das Wählen hinaus können sich die Bürger unter anderem in Parteien und Vereinen organisieren, sich gezielt zu bestimmten Themen in Bürgerinitiativen engagieren oder an Demonstrationen teilnehmen und so versuchen, auf politische Entscheidungen Einfluss zu nehmen.

M3 Freiheitliche demokratische Grundordnung

Freiheitliche demokratische Grundordnung im Sinne des Art. 21 II GG ist eine Ordnung, die unter Ausschluß jeglicher Gewalt und Willkürherrschaft eine rechtsstaatliche Herrschaftsordnung auf der Grundlage der Selbstbestimmung des Volkes nach dem Willen der jeweiligen Mehrheit und der Freiheit und Gleichheit darstellt. Zu den grundlegenden Prinzipien dieser Ordnung sind mindestens zu rechnen: die Achtung vor den im Grundgesetz konkretisierten Menschenrechten, vor allem vor dem Recht der Persönlichkeit auf Leben und freie Entfaltung, die Volkssouveränität, die Gewaltenteilung, die Verantwortlichkeit der Regierung, die Gesetzmäßigkeit der Verwaltung, die Unabhängigkeit der Gerichte, das Mehrparteienprinzip und die Chancengleichheit für alle politischen Parteien mit dem Recht auf verfassungsmäßige Bildung und Ausübung einer Opposition.

Quelle: Urteil des Bundesverfassungsgerichts; BVerfGE 2, 1 – SRP-Verbot von 1952

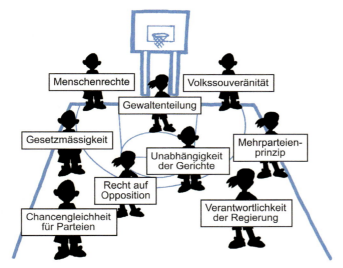

Freiheitliche demokratische Grundordnung der Bundesrepublik Deutschland

Arbeitsvorschläge

1. Wie wirkt das Bild M1 auf Sie? Tauschen Sie sich über Ihre Assoziationen aus.

2. Geben Sie wieder, welche Rechte die BürgerInnen durch die in M2 genannten Artikel haben.

3. Stellen Sie kritisch oder zustimmend einen Zusammenhang des Bildes mit M2 und M3 her.

4. Recherchieren Sie auch die Artikel 17 und 20 des Grundgesetzes.

5. Erstellen Sie eine Übersicht, welche Einflussmöglichkeiten für Bürgerinnen und Bürger sich aus den erarbeiteten Grundgesetzartikeln ergeben und erläutern Sie sie an konkreten Beispielen.

6. Verknüpfen Sie das Fallbeispiel „Atomausstieg" (S. 104 f.) mit den von Ihnen erarbeiteten Grundlagen des politischen Systems. Erstellen Sie zur Analyse des Konflikts eine Mindmap, in der Sie zum einen die beteiligten Institutionen und zum anderen politische Einflussmöglichkeiten darstellen.

7. Problematisieren Sie die Aussage des Bildes M1 vor dem Hintergrund der gewonnenen Informationen. Schreiben Sie einen Kommentar.

8. Diskutieren Sie, was für Sie Demokratie ist. Welche Bedeutung kommt in diesem Zusammenhang den politischen Partizipationsmöglichkeiten zu?

Miniglossar

Jean-Jacques Rousseau (1712–1778) war ein Genfer Philosoph. Er gilt als einer der bedeutendsten Wegbereiter der Aufklärung und der Französischen Revolution. Der Text wurde 1762 veröffentlicht und nahm Einfluss auf den Diskurs über Demokratie bis ins 20. Jahrhundert.

Lykurg gilt als Gesetzgeber von Sparta. Rousseau spielt hier auf die Gestalt der spartanischen Verfassung an, die für die Zeit starke organisatorische Elemente, wie juristische, politische und soziale Einrichtungen, enthielt und die Errichtung von Teilgesellschaften verhinderte.

M4 Jean-Jacques Rousseau: Vom Gesellschaftsvertrag

Ich unterstelle, daß die Menschen jenen Punkt erreicht haben, an dem die Hindernisse, die ihrem Fortbestehen im Naturzustand schaden, in ihrem Widerstand den Sieg davontragen über die Kräfte, die jedes Individuum einsetzen kann, um sich in diesem Zustand zu halten. Dann kann dieser ursprüngliche Zustand nicht weiterbestehen, und das Menschengeschlecht würde zugrunde gehen, wenn es die Art seines Daseins nicht änderte.

Da die Menschen nun keine neuen Kräfte hervorbringen, sondern nur die vorhandenen vereinen und lenken können, haben sie keine anderen Mittel, sich zu erhalten, als durch Zusammenschluß eine Summe von Kräften zu bilden, stärker als jener Widerstand, und diese aus einem einzigen Antrieb einzusetzen und gemeinsam wirken zu lassen.

Diese Summe von Kräften kann nur durch das Zusammenwirken mehrerer entstehen: da aber Kraft und Freiheit jedes Menschen die ersten Werkzeuge für seine Erhaltung sind – wie kann er sie verpfänden, ohne sich zu schaden und ohne die Pflichten gegen sich selbst zu vernachlässigen? Diese Schwierigkeit läßt sich, auf meinen Gegenstand angewandt, so ausdrücken: „Finde eine Form des Zusammenschlusses, die mit ihrer ganzen gemeinsamen Kraft die Person und das Vermögen jedes einzelnen Mitglieds verteidigt und schützt und durch die doch jeder, indem er sich mit allen vereinigt, nur sich selbst gehorcht und genauso frei bleibt wie zuvor." Das ist das grundlegende Problem, dessen Lösung der Gesellschaftsvertrag darstellt.

Die Bestimmungen dieses Vertrages sind durch die Natur des Aktes so vorgegeben, daß die geringste Abänderung sie null und nichtig machen würde; so daß sie, wiewohl sie vielleicht niemals förmlich ausgesprochen wurden, allenthalben die gleichen sind, allenthalben stillschweigend in Kraft und anerkannt; bis dann, wenn der Gesellschaftsvertrag verletzt wird, jeder wieder in seine ursprünglichen Rechte eintritt, seine natürliche Freiheit wiedererlangt und dadurch die auf Vertrag beruhende Freiheit verliert, für die er die seine aufgegeben hatte.

Diese Bestimmungen lassen sich bei richtigem Verständnis sämtlich auf eine einzige zurückführen, nämlich die völlige Entäußerung jedes Mitglieds mit allen seinen Rechten an das Gemeinwesen als Ganzes. Denn erstens ist die Ausgangslage, da jeder sich voll und ganz gibt, für alle die gleiche, und da sie für alle gleich ist, hat keiner ein Interesse daran, sie für die anderen beschwerlich zu machen.

Darüber hinaus ist die Vereinigung, da die Entäußerung ohne Vorbehalt geschah, so vollkommen, wie sie nur sein kann, und kein Mitglied hat mehr etwas zu fordern: denn wenn den einzelnen einige Rechte blieben, würde jeder – da es keine allen übergeordnete Instanz gäbe, die zwischen ihm und der Öffentlichkeit entscheiden könnte – bald den Anspruch erheben, weil er in manchen Punkten sein eigener Richter ist, es auch in allen zu sein; der Naturzustand würde fortdauern, und der Zusammenschluß wäre dann notwendig tyrannisch und inhaltslos.

Schließlich gibt sich jeder, da er sich allen gibt, niemandem, und da kein Mitglied existiert, über das man nicht das gleiche Recht erwirbt, das man ihm über sich einräumt, gewinnt man den Gegenwert für alles, was man aufgibt, und mehr Kraft, um zu bewahren, was man hat.

Wenn man also beim Gesellschaftsvertrag von allem absieht, was nicht zu seinem Wesen gehört, wird man finden, daß er sich auf folgendes beschränkt: *Gemeinsam stellen wir alle, jeder von uns seine Person und seine ganze Kraft unter die oberste Richtschnur des Gemeinwillens.; und wir nehmen, als Körper, jedes Glied als untrennbaren Teils des Ganzen auf.*

Dieser Akt des Zusammenschlusses schafft augenblicklich anstelle der Einzelperson, jedes Vertragspartners eine sittliche Gesamtkörperschaft, die aus ebenso vielen Gliedern besteht, die die Versammlung Stimmen hat, und die durch ebendiesen Akt ihre Einheit, ihr gemeinschaftliches Ich, ihr Leben und ihren Willen enthält. Diese öffentliche Person, die so aus dem Zusammenschluß aller zustande kommt, trug früher den Namen Polis, heute trägt sie den der *Republik* oder der staatlichen Körperschaft, die von ihren Gliedern *Staat* genannt wird, wenn sie passiv, *Souverän*, wenn sie aktiv ist, und *Macht* im Vergleich mit ihresgleichen. Was die Mitglieder betrifft, so tragen sie als Gesamtheit den Namen Volk, als einzelne nennen sie sich *Bürger*, sofern sie Teilhaber an der Souveränität, und *Untertanen*, sofern sie den Gesetzen des Staates unterworfen sind. Aber diese Begriffe werden oft vermengt und einer für den anderen genommen; es genügt, sie auseinander halten zu können, wenn sie im strengen Sinne gebraucht werden. [...]

Ob der Gemeinwille irren kann
Aus dem Vorhergehenden folgt, daß der Gemeinwille immer auf dem rechten Weg ist und auf das öffentliche Wohl abzielt: woraus allerdings nicht folgt, daß die Beschlüsse des Volkes immer gleiche Richtigkeit haben. Zwar will man immer sein Bestes, aber man sieht es nicht immer. Verdorben wird das Volk niemals, aber oft wird es irregeführt, und nur dann scheint es das Schlechte zu wollen.
Es gibt oft einen beträchtlichen Unterschied zwischen dem Gesamtwillen und dem Gemeinwillen; dieser sieht nur das auf das Gemeininteresse, jener auf das Privatinteresse und ist nichts anderes als die Summe von Sonderwillen: aber nimm von ebendiesen das Mehr oder Weniger weg, das sich gegenseitig aufhebt, so bleibt als Summe der Unterschied der Gemeinwille.
Wenn die Bürger keinerlei Verbindungen untereinander hätten, würde, wenn das Volk wohlunterrichtet entscheidet, aus der großen Zahl der kleinen Unterschiede immer der Gemeinwille hervorgehen, und die Entscheidung wäre immer gut. Aber wenn Parteiungen entstehen, Teilvereinigungen auf Kosten der großen, wird der Wille jeder dieser Vereinigungen ein allgemeiner hinsichtlich der seiner Glieder und ein besonderer hinsichtlich des Staates; man kann dann sagen, daß es nicht mehr so viele Stimmen gibt wie Menschen, sondern nur noch so viele wie Vereinigungen. Die Unterschiede werden weniger zahlreich und bringen ein weniger allgemeines Ergebnis. Wenn schließlich eine dieser Vereinigungen so groß ist, daß sie stärker ist als alle anderen, erhält man als Ergebnis nicht mehr die Summe der kleinen Unterschiede, sondern einen einzigen Unterschied; jetzt gibt es keinen Gemeinwillen mehr, und die Ansicht, die siegt, ist nur eine Sonderanschauung.
Um wirklich die Aussage des Gemeinwillens zu bekommen, ist es deshalb wichtig, daß der Staat keine Teilgesellschaften gibt und daß jeder Bürger nur seine eigene Stimme vertritt. Dergestalt war die einzigartige und erhabene Einrichtung des Lykurg. Wenn es aber Teilgesellschaften gibt, ist es wichtig, ihre Zahl zu vervielfachen und ihre Ungleichheit vorzubeugen [...]. Diese Vorsichtsmaßregeln sind die einzig richtigen, damit der Gemeinwille immer aufgeklärt sei und das Volk sich nicht täusche.

Quelle: Rousseau, Jean-Jacques: Vom Gesellschaftsvertrag oder Grundsätze des Staatsrechts. In Zusammenarbeit mit Eva Pietzcker neu übersetzt und herausgegeben von Hans Brockard, Stuttgart 1977, S. 16–19, 30–32

Jean-Jacques Rousseau

Arbeitsvorschläge

1. Arbeiten Sie heraus, was Rousseau unter dem Naturzustand versteht.

2. Erläutern Sie den Unterschied von Gemeinwillen und Gesamtwillen.

3. Erläutern Sie, warum die Menschen laut Rousseau einen Gesellschaftsvertrag eingehen. Beziehen Sie dabei die Bedeutung der Freiheit und des Gemeinwillens für den Zusammenschluss mit ein.

4. Zeigen Sie auf, welche Probleme Rousseau bei der Ermittlung des Gemeinwillens sieht. Welche Konsequenzen zieht er daraus?

5. Diskutieren Sie, inwiefern die Überlegungen von Rousseau auf die heutige Zeit übertragbar sind.

3 Was bedeutet Demokratie für mich?

Wahlen – Die Möglichkeit der Partizipation?

M1 Die Bundestagswahl

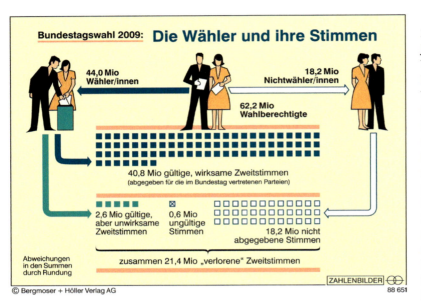

M2 Von der Wahl zur politischen Umsetzung

Zur Wahl zum Bundestag treten alle vier Jahre viele verschiedene Parteien an. In Wahlprogrammen legen sie vor den Wahlen die Ziele fest, die sie in der nächsten Wahlperiode umsetzen möchten. Die meisten Parteien äußern sich hier zu allen größeren strittigen Themen aus Politik, Wirtschaft und Gesellschaft. Einige kleinere Parteien haben sich Schwerpunkte auf nur wenige Themen gelegt. Die Wahlprogramme bieten den Bürgern die Möglichkeit, sich darüber zu informieren, welche Partei am ehesten ihre Meinungen und Einstellungen vertritt und diese dann im Fall einer Wahl auch möglichst umsetzt. Die Umsetzung der Ideen und Ziele einer Partei in einer Wahlperiode hängt von mehreren Faktoren ab: Zum einen ist relevant, ob die Partei überhaupt ausreichend viele Stimmen erhält, um in den Bundestag einziehen zu können (Fünfprozenthürde). Zum anderen hängt es davon ab, ob die Partei an der Regierung beteiligt ist oder die Opposition bildet. Wenn die Partei mit einer oder mehreren anderen Parteien zusammen regiert, müssen diese Parteien sich auf einen Koalitionsvertrag einigen. In diesem legen sie gemeinsam ihre Ziele für die Wahlperiode fest. Dem Koalitionsvertrag gehen meist längere Verhandlungen voraus, in denen die Spielräume und Schwerpunkte ausgelotet werden.

(Autorentext)

VT

Konflikte als Wahlkampfthemen
Der Streit um eine mögliche Verlängerung der Laufzeiten für Atomkraftwerke ist längst nicht beendet. Immer wieder erklären verschiedene Parteien, dass sie sich für eine Änderung der aktuellen Rechtslage einsetzen. Gegebenenfalls könnte daher mit der nächsten Bundestagswahl die neu gewählte Bundesregierung die Regelungen wieder ändern. Insofern haben die Wähler durch die Wahrnehmung ihres Stimmrechts grundsätzlich die Möglichkeit, auf die politischen Verhältnisse in Deutschland Einfluss zu nehmen und z. B. über den Umgang mit Atomenergie in Deutschland mitzuentscheiden. Doch wie groß ist dieser Einfluss?

M3 Grundlage im Grundgesetz

Artikel 38

(1) Die Abgeordneten des Deutschen Bundestages werden in allgemeiner, unmittelbarer, freier, gleicher und geheimer Wahl gewählt. Sie sind Vertreter des ganzen Volkes, an Aufträge und Weisungen nicht gebunden und nur ihrem Gewissen unterworfen.

(2) Wahlberechtigt ist, wer das achtzehnte Lebensjahr vollendet hat; wählbar ist, wer das Alter erreicht hat, mit dem die Volljährigkeit eintritt.

(3) Das Nähere bestimmt ein Bundesgesetz.

Artikel 39

(1) Der Bundestag wird vorbehaltlich der nachfolgenden Bestimmungen auf vier Jahre gewählt. Seine Wahlperiode endet mit dem Zusammentritt eines neuen Bundestages. Die Neuwahl findet frühestens sechsundvierzig, spätestens achtundvierzig Monate nach Beginn der Wahlperiode statt. Im Falle einer Auflösung des Bundestages findet die Neuwahl innerhalb von sechzig Tagen statt.

(2) Der Bundestag tritt spätestens am dreißigsten Tage nach der Wahl zusammen.

(3) Der Bundestag bestimmt den Schluß und den Wiederbeginn seiner Sitzungen. Der Präsident des Bundestages kann ihn früher einberufen. Er ist hierzu verpflichtet, wenn ein Drittel der Mitglieder, der Bundespräsident oder der Bundeskanzler es verlangen.

Quelle: Grundgesetz für die Bundesrepublik Deutschland vom 23. Mai 1949 (BGBl. S. 1), zuletzt geändert durch Artikel 1 des Gesetzes vom 29. Juli 2009 (BGBl. I S. 2248)

M4 Entscheidende Themen?

Antworten auf die Frage: Welches sind Ihrer Meinung nach die wichtigsten Probleme, denen Deutschland derzeit gegenübersteht?

Thema	Prozent
Preise, Inflation	42
Wirtschaftliche Lage	34
Arbeitslosigkeit	24
Gesundheitssystem	21
Bildungssystem	17
Renten	12
Kriminalität	11
Steuern	9
Energiefragen	9
Einwanderung	5
Umweltschutz	3
Verteidigung, Außenpolitik	2
Wohnungsbau	1
Sonstiges	1

Angaben in Prozent

Anteil an den Befragten (n = 1526), Mehrfachnennungen möglich. Veröffentlicht Dezember 2008; Quelle: Europäische Union, Eurobarometer S. 21

Arbeitsvorschläge

1. Beschreiben Sie das Wahlverfahren des Bundestages mithilfe von M1, M2 und M3. Gehen Sie dabei darauf ein, wer gewählt wird, wer wählen darf, welche Bedeutung Erst- und Zweitstimme haben und wie sich der Bundestag zusammensetzt.

2. Erläutern Sie die Funktion der Fünfprozenthürde. Geben Sie eine Einschätzung, welche Vor- und Nachteile sich aus dieser Regelung ergeben.

3. Informieren Sie sich im Internet darüber, welche Positionen die verschiedenen Parteien in Deutschland im Konflikt über die Laufzeiten von Atomkraftwerken vertreten.

 - Erstellen Sie eine Übersicht der Positionen.
 - Reflektieren Sie Ihre eigene Position zum Atomausstieg.
 - Stellen Sie fest, welche Parteien Ihrer eigenen Position am nächsten kommen.

4. Analysieren Sie die Grafik M4. Welche Konsequenzen ergeben sich für den Einfluss des Themas „Atomausstieg" auf die Wahlentscheidung?

5. Vergleichen Sie das politische System in Deutschland mit dem Gesellschaftsvertrag von Rousseau (S. 128/129). Welche Unterschiede und Gemeinsamkeiten können Sie finden? Diskutieren Sie die Gründe für mögliche Unterschiede.

3 Was bedeutet Demokratie für mich?

Einfluss durch Wahlen? Chancen und Grenzen

M1 Wählen in der Karikatur

VT

Die Wahl von Gremien, in denen politische Entscheidungen getroffen werden, ist ein Kernstück der Demokratie in Deutschland. Zugleich wird jedoch auch immer wieder Kritik laut an der „Wahlrealität" – und sei es in Form von Wahlenthaltung, die sich in niedrigen Wahlbeteiligungen ablesen lässt. Wo werden in diesem Zusammenhang Probleme gesehen? Und zeichnen sich Lösungsansätze ab?

M2 Zur Karikaturanalyse

Karikaturen werden in der Regel in drei Schritten analysiert:
- Verstehen: Zunächst wird genau darauf geachtet, was in der Karikatur dargestellt wird, wobei sie möglichst genau beschrieben werden sollte. Welche Personen sind zu sehen, welche Symbole enthält die Karikatur und welche Textelemente werden verwendet? Dabei ist es auch relevant (falls das bekannt ist), für welche Veröffentlichung, von wem und wann die Karikatur gezeichnet wurde.
- Interpretation: Anschließend wird gedeutet, welche Aussage der Zeichner mit der Karikatur formulieren will. Was möchte er kritisieren? Auf welche Situation spielt er an? Dazu ist es ggf. hilfreich, weitere Hintergrundinformationen einzuholen.
- Anwendung/Bewertung: Abschließend geht es darum, die Karikatur in den Kontext eigener Kenntnisse und Positionen einzuordnen: Ist die Karikatur Teil einer politischen Debatte? Wie ist diese Debatte ausgegangen? Wie wird die Aussage der Karikatur bewertet?

(Autorentext)

M3 Die Entwicklung der Wahlbeteiligung

Arbeitsvorschläge

1. Analysieren Sie die Karikaturen:
- Erklären Sie den Zusammenhang zwischen der Bedeutung des Wortes „Wahl" mit den Karikaturen.
- Welche Chancen und Risiken von Wahlen werden angesprochen?

2. Geben Sie wieder, welche Informationen Sie aus den Zahlen zur Wahlbeteiligung (M 3) ziehen können. Diskutieren sie Gründe dafür, dass die Wahlbeteiligung in Deutschland nicht höher ist.

3. Erarbeiten Sie arbeitsteilig Argumente für oder gegen eine Wahlpflicht bei Bundestagswahlen. Führen Sie anschließend eine Debatte.

3 Was bedeutet Demokratie für mich?

Mit 16 zu jung für die Politik?
Welche Einflussmöglichkeiten gibt es außer Wahlen?

M1 Ein Neuling im Bundestag

Florian Bernschneider, 22, ist Abgeordneter im Deutschen Bundestag

SPIEGEL ONLINE: Im Wahlkampf sagten Sie, die junge Generation sei im Bundestag unterrepräsentiert. Inwiefern werden sie als Jungpolitiker neue Themen einbringen oder politische Fragen anders behandeln?
Bernschneider: Mir kommt natürlich eine besondere Rolle zu, wenn es darum geht, junge Menschen für Politik zu begeistern. Da kann ich schneller einen Draht entwickeln als ältere Abgeordnete. Ich will vor allem einer neuen Verbotskultur entgegenwirken: Das Verbot von Alkohol auf öffentlichen Plätzen, von Flatrate-Partys oder Computerspielen – das sind alles Themen, die junge Leute betreffen. Da sehe ich mich als Sprachrohr, um deutlich zu machen, dass Verbote der falsche Weg sind.
SPIEGEL ONLINE: Bei den Jungliberalen haben Sie sich durch die Verbandsebenen nach oben gearbeitet und sind nun über einen Landeslistenplatz in den Bundestag eingezogen. Was muss man mitbringen und tun, damit so ein rascher Aufstieg gelingt?
Bernschneider: Planen kann man das nicht. Ich bin nicht in die FDP eingetreten und habe gesagt: Ich will mal im Deutschen Bundestag sitzen. Aber natürlich habe ich so viel Spaß an der Arbeit gehabt, dass ich viel Freizeit geopfert habe. Man muss Lust haben, mit den Leuten etwas zu machen, eben auch mit ihnen ein Bier zu trinken. Wenn man viel Engagement reinlegt, hat man gute Voraussetzungen, dass daraus mehr wird. [...]
SPIEGEL ONLINE: Eine Partei ist aber nicht nur ein Freizeitspaß, sondern auch ein Machtgefüge. Gehören auch spitze Ellenbogen dazu?
Bernschneider: In der Politik geht es immer um Mehrheiten – in Sachfragen wie in Personalfragen. Bei Meinungsverschiedenheiten gilt für mich: hart in der Sache, fair im Umgang. Aber ohne jede Frage: Ehrgeiz ist schon wichtig und die Fähigkeit, Unterstützer zu suchen, gehört natürlich auch dazu.

Quelle: www.spiegel.de/unispiegel/wunderbar/0,1518,652784,00.html vom 05.10.2009, Interview: Birger Menke [Zugriff: 19.04.2011]

Begriff

Politische Partizipation ist die Einflussnahme von Bürgern auf gesellschaftliche Entscheidungen. Es werden konventionelle (verfasste, gesetzlich garantierte und geregelte) von unkonventionellen (nicht verfassten) Formen der politischen Partizipation unterschieden. Das Konzept der partizipatorischen Demokratie versucht, die politische Beteiligung zu maximieren und möglichst viele Bürger an Entscheidungsprozessen in Politik und Ökonomie teilhaben zu lassen.

VT

Viele politische Entscheidungen scheinen weit entfernt zu sein von der eigenen Lebenswelt. Bei näherer Betrachtung betreffen einen jedoch viele Entscheidungen persönlich. Insbesondere auf Gemeinde- und Stadtebene haben viele Entscheidungen Einfluss auf das eigene Leben und Handeln. Wie kann man an diesen Entscheidungen mitwirken?
Die Interessen von Kindern und Jugendlichen werden in den Institutionen des Landes und Bundes ausschließlich von Erwachsenen vertreten, da nur diese in die Parlamente gewählt werden dürfen. Viele Parteien haben allerdings auch Jugendorganisationen. Außerdem gibt es Schülervertretungen, Kinder- und Jungendparlamente und Initiativen, in denen sich Kinder und Jugendliche engagieren und für ihre Interessen einsetzen können.

M2 Engagement in der Landesschülervertretung NRW

Hey, Ich heiße Yinka Aranmolate (17) und gehe in die 11. Klasse einer Gesamtschule in Dortmund. Seit der fünften Klasse bin ich in meiner Schülervertretung aktiv, weil es mir schon früh wichtig war, für meine – und die Interessen meiner MitschülerInnen einzutreten. Ich habe dann nach einiger Zeit angefangen, mich auch für meine BezirksschülerInnenvertretung und die LandesschülerInnenvertretung NRW zu interessieren. Ich bin drei Jahre Landesdelegierte gewesen und habe mich dann dazu entschieden, mich für den Landesvorstand aufstellen zu lassen. Es ist mir sehr wichtig, diese Arbeit zu machen, denn wer außer uns SchülerInnen sollte für unsere eigenen Vorstellungen eintreten? Es ist wichtig, dass wir unsere Stimme erheben, denn wir wissen schon sehr genau, wie wir am besten lernen können und deswegen sollten wir unsere Vorstellungen auch einfordern! Die wachsende Ungerechtigkeit im Bildungssystem ist meine Motivation LSV-Arbeit zu machen, um meine Mitschülerinnen und Mitschüler über ihre Rechte zu informieren und verschiedenste Projekte zu starten. Ich finde es auch super, dass man sich durch die SchülerInnenvertretungsarbeit ständig selbst weiterbildet und an neuen Herausforderungen wachsen kann.

Der wichtigste inhaltliche Punkt in der LSV-Arbeit ist für mich die Inklusive Ganztagsgesamtschule (IGGS), denn ich finde, dass es wichtig ist, nicht nur die Mängel am jetzigen Schulsystem zu kritisieren, sondern auch eine Vision für die Zukunft zu haben. Diese Vision bedeutet für mich eine Schule, in der wir frei, alle miteinander und unter guten Bedingungen lernen und leben können. [...] Ich freue mich auf weitere Projekte und bin immer gespannt, eure Meinungen und Ideen zu hören! Wenn ihr mich erreichen wollt, schreibt mir eine E-Mail.

Quelle: http://joomla.p4481.mittwaldserver.info/der-vorstand (Rechtschreibung angepasst) [Zugriff: 05.10.2010]

M3 Kinder- und Jugendparlamente

Inzwischen gibt es in vielen (meist kleineren und mittelgroßen) Städten und Gemeinden Kinder- und Jugendparlamente. Ihre Erscheinungsformen sind ähnlich zahlreich wie die Bezeichnungen, denn vielerorts heißen sie Jugendrat, Kinder- und Jugendbeirat, Kinder- und Jugendforum usw.

Allen gemeinsam ist aber, dass Kinder- und/oder Jugendliche von Gleichaltrigen als Delegierte gewählt werden, nach dem Vorbild der parlamentarischen Vertretung von Erwachsenen. Diese Tatsache ist häufig Anlass für die Kritik, bei Kinder- und Jugendparlamenten handle es sich um nicht jugendgerechte Kopien von Erwachsenenstrukturen. Tatsächlich beklagen sich auch gelegentlich Betroffene über starre Verfahren und komplizierte Strukturen. Dies ist vor allem dann der Fall, wenn die Initiative zur Gründung eines Kinder- und Jugendparlaments von Erwachsenen ausging und die Betroffenen nicht in Konzeption und Aufbau einbezogen wurden.

Auch die Aufgaben der Kinder- und Jugendparlamente sind von Ort zu Ort unterschiedlich festgelegt. Es lassen sich jedoch Grundlinien erkennen:

a) Sie sollen zu einer Verbesserung der Situation von Kindern und Jugendlichen in den Bereichen Schule, Beruf und Freizeit beitragen.

b) Sie sind Sprachrohr aller Kinder und Jugendlichen und informieren die Öffentlichkeit und Politik über deren spezifischen Wünsche und Bedürfnisse und treten für deren Belange ein.

c) Sie üben in kommunalen, städtischen und anderen Gremien eine beratende und informierende Funktion aus, wenn es um Belange von Kindern und Jugendlichen geht.

[...]

Quelle: www.bpb.de/methodik/J4X0OC,0,0,Anzeige_einer_Methode.html?mid=388 [Zugriff: 19.04.2011]

Miniglossar

Landesschülervertretungen gibt es in allen Bundesländern. Sie sind die offizielle Vertretung aller SchülerInnen in dem jeweiligen Bundesland und werden teilweise an bildungspolitischen Entscheidungen der Länder beteiligt. Die Basis bilden die Schülervertretungen an den einzelnen Schulen und die Stadt- und Kreisschülervertretungen.

M4 no-ya

Wir verstehen uns als ein Netzwerk junger aktiver und aktiv werdender Menschen, die neoliberal gestaltete Globalisierung kritisieren und für eine ökologisch und sozial gerechte Welt streiten.

Wir sind ein offenes, globalisierungskritisches Jugendnetzwerk unter dem Dach von Attac. Wir setzen Schwerpunkte zu Themen, die junge Menschen bewegen.

Wir drücken unseren Protest auf vielfältige Weise aus und halten gewaltfreien zivilen Ungehorsam in bestimmten politischen Situationen für legitim und notwendig!

Wir liebäugeln mit der Idee Solidarischer Ökonomie, mit Bildung für Alle und Bildung von Unten, mit Kulturflatrates und mit einer radikal demokratisierten, sozialen und friedlichen EU, in der wir gutes Essen bekommen (Genfood stinkt!) und es Menschen andernorts nicht verwehren (EU-Subventionen? Ohne uns!) und in der niemand ausgegrenzt wird (Stichworte: Abschiebelager, Hartz IV ...)!

Wir wollen die Vielfalt der jungen globalisierungskritischen Bewegung zusammenbringen: Zum Austausch und zur Diskussion, zu gemeinsamen Aktionen und Kampagnen – weil wir alle zusammen stärker sind als alleine.

Quelle: www.no-ya.de/

M5 Greenpeace Jugend

Seit 1995 engagieren sich Jugendliche bei Greenpeace. Das GenetiXproject, die erste bundesweite Jugendkampagne, ist gleich ein voller Erfolg: Nach massiven Protesten junger Menschen nimmt der Nestlé-Konzern 1999 den gentechnisch veränderten Schokoriegel *Butterfinger* vom Markt.

Auch gegen die gefährliche Atomenergie protestieren die Greenpeace-Jugend-AGs (JAGs) mit phantasievollen Aktionen. Im Juli 2003 starten sie ihr Projekt *SolarGeneration*, eine Kampagne für Erneuerbare Energien und Klimaschutz. Im August 2003 überreichen die Jugendlichen dem damaligen Bundesarbeitsminister Wolfgang Clement ihre politischen Forderungen für neue Jobs im Bereich der erneuerbaren Energien. Denn der Ausbau Erneuerbarer Energien schafft neue Arbeitsplätze.

Über 80 *SolarGeneration*-Jugendliche aus zwölf Ländern machen auf dem Weltgipfel für Erneuerbare Energien im Juni 2004 in Bonn mit kreativen Aktionen auf ihr Anliegen aufmerksam. Zur Eröffnung der Konferenz appelieren sie eindringlich an die Verantwortung der Politiker.

Auch 2005 bleiben die jungen Greenpeacer aktiv. Auf der UN-Klimakonferenz in Montreal treffen sie die politischen Entscheidungsträger, um ihren Forderungen Nachdruck zu verleihen. Aber die JAGs engagieren sich auch in Sachen Artenschutz. Sie machen sich für den Schutz der letzten Urwälder genauso stark wie für den Schutz der Weltmeere.

Sich persönlich gegen Umweltzerstörung einzusetzen und kreativ und unkonventionell für Alternativen zu streiten, das ist die Stärke der JAG. Mittlerweile gibt es sie in über 40 Städten mit über 700 aktiven Jugendlichen im Alter von 15 bis 19 Jahren. Die jungen Greenpeacer werden gemeinsam aktiv: lokal, regional oder bundesweit – vor allem aber mit Power, Hartnäckigkeit und Spaß! Das Ziel ist klar, die setzen sich für den Schutz der Umwelt ein und nehmen ihre Zukunft selbst in die Hand.

Quelle: www.greenpeace.de/ueber_uns/mitmachen/jugend_jags vom 15.05.2003 [Zugriff: 19.04.2011]

M6 Der jüngste Bürgermeister Deutschlands

Michael Adam ist erst 23 Jahre alt, SPD-Mitglied, evangelisch und schwul. „Alles, was man in Bodenmais nicht sein darf", hat er selbst einmal gesagt. Dennoch wählte ihn die 3 400-Einwohner-Gemeinde im Bayerischen Wald zum Rathauschef.

Leute in Ihrem Alter gehen auf Partys oder überlegen, ob sie in Barcelona ein Auslandssemester einlegen. Sie leiten eine Gemeinde. Macht das Spaß?

Adam: Mal mehr, mal weniger. Ich habe eine sehr schwierige Gemeinde übernommen, unsere Pro-Kopf-Verschuldung ist eine der höchsten in Bayern, ein Bericht des kommunalen Prüfungsverbandes ist verheerend ausgefallen. Die Organisationsstruktur in der Verwaltung war weitgehend zusammengebrochen. [...]

Wie sieht Ihr Arbeitstag aus?

Adam: Ich gehe morgens um 7 Uhr ins Büro und komme abends nicht vor 23 Uhr nach Hause.

Wann bleibt da Zeit für Ihr Studium der Politik und Volkswirtschaftslehre?

Adam: Im Moment ruht das Studium. Ich werde aber nach dem Wintersemester durchstarten. Und vielleicht nebenher promovieren.

Hat das Politikstudium was gebracht für Ihre Arbeit als Bürgermeister?

Adam: Gar nichts. Politische Theorie und Platon haben mit der Kommunalpolitik null zu tun. Aber ich habe gelernt zu organisieren. [...]

In wie vielen Vereinen sind Sie?

Adam: Ich bin in allen Bodenmaiser Vereinen Mitglied – außer im Frauenbund und im Mütterverein.

In Bodenmais kennt Sie also jeder?

Adam: Nicht nur das. Sogar die Urlauber kennen mich. Manche Touristen lassen sich einen Termin geben oder sich mit mir fotografieren.

Ein Bürgermeister als Popstar. Aber was machen Sie konkret politisch?

Adam: Meine Tür ist immer offen. Im Marktgemeinderat setze ich mehr auf Sach- als auf Parteipolitik. Ich muss den Leuten aber auch sagen, dass Bodenmais in einer problematischen Situation ist. Bei zwei Bürgerversammlungen habe ich das getan. Es gab betretene Gesichter. [...]

Ziehen Sie Ihre Amtsperiode durch?

Adam: Ja. Es hat mich sehr früh erwischt. Aber egal, was passiert, die sechs Jahre mach ich.

Und danach?

Adam: Mal sehen. 40 Jahre mache ich das sicher nicht. Bundestag fände ich irgendwann mal interessant.

Bereuen Sie Ihren Schritt manchmal?

Adam: Nein. Ich mache Erfahrungen, die andere ihr ganzes Leben nicht machen. Vielleicht sitze ich mal mit 40 zu Hause und denke, ich habe meine Jugend versaut. Aber im Moment habe ich das Gefühl nicht.

Quelle: www.augsburger-allgemeine.de/Home/Nachrichten/Bayern/Artikel,-Schwuler-Buergermeister-in-Bayern-_arid,1322844_regid,2_puid,2_pageid,4289.html#null; Holger Sabinsky vom 12.09.2008 [Zugriff: 19.04.2011]

M7 Jugendinitiativen – gefördert durch die EU

Schülerinnen und Schüler organisieren ein Musikfestival mit jungen Bands aus Europa. Studentinnen und Studenten eröffnen ein Europa-Büro für Jugendliche. Jugendliche bauen einen Eisenbahnwaggon zu einem Jugendtreff um.
In der Aktion 1.2 sind Ideen und Kreativität gefragt, Förderung und Begleitung werden dafür angeboten.

Was ist eine Jugendinitiative?

Junge Menschen, die sich in ihrem lokalen Umfeld engagieren, können über das EU-Programm JUGEND IN Aktion Unterstützung für eigene Projekte beantragen. Dazu müssen sie nicht als Verein organisiert sein. Informelle Gruppen sind ausdrücklich als Antragsteller erwünscht. Die Jugendlichen verwalten ihr Projekt selbst und arbeiten eigenständig.
Eine Jugendinitiative muss mindestens vier Personen umfassen. Teilnehmen können junge Erwachsene im Alter zwischen 15

JUGEND für Europa
Deutsche Agentur
für das EU-Programm
JUGEND IN AKTION

Logos von EU-Förderprogrammen und -Einrichtungen für Jugendinitiativen

GD Bildung und Kultur
Programm „Jugend in Aktion"

Logos von EU-Förderprogrammen und -Einrichtungen für Jugendinitiativen

und 30 Jahren. Das Projekt kann zwischen drei und 18 Monaten dauern.

Neben lokalen Jugendinitiativen fördert das Programm auch grenzüberschreitende Initiativen. In diesem Fall führen zwei oder mehrere Jugendinitiativen aus verschiedenen Ländern ein Projekt gemeinsam durch. Bei der Suche nach geeigneten Projektpartnern hilft JUGEND für Europa.

Was sonst noch wichtig ist

Wenn die TeilnehmerInnen nicht alles leisten können, kann sich jede Jugendinitiative von Coaches unterstützen lassen. Es gilt jedoch: Hilfestellung und nicht Einmischung.

Jugendinitiativen, an denen Jugendliche im Alter zwischen 15 und 18 Jahren teilnehmen, müssen einen Coach einbinden.

Quelle: www.jugend-in-aktion.de/aktionsbereiche/initiativen-jugendlicher [Zugriff: 19.04.2011]

M8 Eine Bürgerinitiative in Lüchow-Dannenberg

Die Bürgerinitiative Umweltschutz Lüchow-Dannenberg (BI) hat sich heute früh an den niedersächsischen Ministerpräsidenten David McAllister gewandt. Die Initiative fordert die Aufgabe Gorlebens als Endlagerstandort. Zehntausende würden gegen die Atomkraft und Gorleben auf die Straße gehen. „Auf keinen Fall wollen wir die Konfrontation mit der Polizei", heißt es in dem Schreiben, gefordert sei eine politische Lösung. Wir veröffentlichen den Wortlaut des Schreibens.

„Sehr geehrter Herr Ministerpräsident, voraussichtlich ab 5. November soll der nächste Castortransport aus dem französischen La Hague nach Gorleben rollen. Wir rechnen als Bürgerinitiative Umweltschutz Lüchow-Dannenberg (BI) mit Zehntausenden Demonstranten. Gorleben steht symbolisch für die überholte Geschichte der Energienutzung aus Atomkraft. Gorleben ist politisch und geologisch verbrannt. Sie haben sich vorsichtig distanziert zu dem Plan des Bundesumweltministers Norbert Röttgen geäußert, der alternativlos an Gorleben als Endlagerstandort festhält. Es ist aus unserer Sicht jetzt geboten, mit Blick auf das Aktionsgeschehen und die politische Situation, den geplanten Transport abzusagen. Das Eingeständnis, dass Gorleben politisch nicht durchsetzbar ist, dass die Atomkraft keine Akzeptanz findet, wird Ihnen sicherlich nicht leicht fallen, aber nehmen Sie sich ein Beispiel an Ihrem Vorgänger Ernst Albrecht. Auf keinen Fall wollen wir die Konfrontation mit der Polizei, dieser Konflikt muss politisch gelöst werden. Wir möchten Sie bitten, in absehbarer Zeit mit uns über politische Lösungen zu sprechen."
Wolfgang Ehmke, Sprecher der BI Umweltschutz e.V.

Quelle: www.bi-luechow-dannenberg.de/chronologisch/pressemitteilungen/gorleben-ist-politisch-nicht-durchsetzbar-bi-umweltschutz-fordert-aufgabe-des-endlagerprojekts vom 14.10.2010 [Zugriff: 19.04.2011]

M9 Grüner Jugendkongress

Was hatte sich Julius Van de Laar nur dabei gedacht? Da stand er nun, der gelernte Kampagnen- und Politikberater aus Obamas früherem Wahlkampfteam, inmitten der Berliner Heinrich Böll Stiftung, umringt von einer wissenshungrigen und internationalen grünen Jugend, und dann das: „Mit diesem klassischen Anzug wäre ich wohl besser bei Ihren Kollegen von Union und FDP aufgetreten", parlierte der gebürtige Heidelberger in perfektem Amerikanisch und blickte mit einem Augenzwinkern in die ausgewaschene Jeans- und Sweatshirt-Fraktion vor ihm.

Das Thema seines Workshops: „Campaining 2.0". Van de Laars Lieblingsslogan: „Christunity". Denn nur wenn eine Krise (crisis) und die Gelegenheit zur Veränderung unter den Konsumenten (opportunity) zusammenträfen, könnten Online-Kampagnen das werden, was sie in der Regel nicht sind: erfolgreich.

Teilnehmer von allen Kontinenten

Es waren Workshops wie diese, die rund 100 Teilnehmer aus mehr als 30 Ländern motivierten, am internationalen Kongress der „Global Young Greens" teilzunehmen – einer Nichtregierungsorganisation von Jugendlichen und jungen Erwachsenen. Ihr Ziel es ist, ihre Mitglieder an grüne Organisationen auf der ganzen Welt zu binden und sie bei ihrem Engagement für Umweltschutz, soziale Gerechtigkeit, Basisdemokratie und Frieden zu unterstützen. 2007 fand der erste Austausch in Nairobi statt. In diesem Jahr reisten die Vertreter grüner Ideen von allen Kontinenten in die Bundeshauptstadt.

Ein Jahr lang hatte das deutsche Organisationsteam um die 21-jährige Franza Drechsel ehrenamtlich am Konzept des Berliner Kongresses gearbeitet. Finanzielle Unterstützung gab es unter anderem durch die „Aktion 1.2 – Jugendinitiativen" des EU-Programms JUGEND IN AKTION.

[...] „Junge Menschen haben oft gute Ideen. Nur fehlt es ihnen an der Erfahrung, diese auch in die Tat umzusetzen", sagt Georg Kössler (25), einer der Projektverantwortlichen. „Daher brauchen wir nicht nur Inhalte auf dem Kongress, sondern auch Zeit und Raum, um die Teilnehmer in Methoden fit zu machen, die sie für ihre politische Arbeit nutzen können."

Neben handwerklichen Tipps zur Kampagnen-Planung wurden auch Praxis-Workshops zu Projektmanagement und Fundraising angeboten. Im Open Space machten die Teilnehmer vor allem auf widrige Arbeitsbedingungen in Ländern wie Afghanistan oder Russland aufmerksam.

[...] Eine Dokumentation soll jetzt die wichtigsten Ergebnisse zusammentragen. „Unser erklärtes Ziel ist es, die ‚Global Young Greens' zukunftsfest zu machen. Da es eine

Jugendliche bei einem internationalen Seminar von „Jugend für Europa" (M 7)

hohe Fluktuation gibt, müssen wir sicherstellen, dass das erarbeitete Wissen auch an unsere Nachfolger weitergegeben wird", so Franza.

Geht es nach dem Willen der Organisatoren, soll der nächste internationale Kongress bereits 2012 stattfinden. Sorgen um eine ausreichende Förderung sollten sich die Macher nicht machen. Denn wenn die professionelle Messlatte wieder so hoch liegt, dürfte nichts schief gehen – egal, in welchem Dresscode die Referenten ihr Wissen am Ende zum Besten geben.

Quelle: Heuer, Marco: www.machwasdraus.de/meldungen/5890 vom 25.08.2010, [Zugriff: 19.04.2011]

Arbeitsvorschläge

1. Erstellen Sie eine Übersicht zu Beteiligungs- und Mitbestimmungsmöglichkeiten für Jugendliche (M1–M9). Untersuchen Sie jeweils Voraussetzungen, Aufwand und Erfolgsaussichten des Engagements.

2. Bewerten Sie die Beteiligungsmöglichkeiten auf Grundlage von Aufgabe 1.

3. „Mit 16 ist man zu jung für Politik." Diskutieren Sie diese Aussage.

Projektidee: Wählen Sie ein „Problem vor Ort", bei dem Sie Einfluss nehmen wollen. Planen Sie Ihr weiteres Vorgehen.

3 Was bedeutet Demokratie für mich?

Volksentscheide – Potenziale und Gefahren

M1 Direkte Demokratie

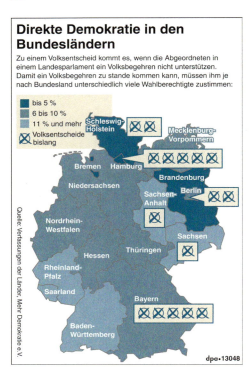

D.D. (auch: plebiszitäre Demokratie) bezeichnet eine demokratische Herrschaftsform, bei der die politischen Entscheidungen unmittelbar vom Volk (z. B. in Volksversammlungen und durch Volksabstimmung) getroffen werden und lediglich Ausführung und Umsetzung der Entscheidung einer Behörde überlassen werden. Grundlegende Maxime der d.D. ist es, den Volkswillen so unverfälscht wie möglich in politische Entscheidungen münden zu lassen. Zu unterscheiden sind zwei Varianten: a) die Bestrebungen der (sozialistischen) Rätesysteme und b) das Modell der d.D. in der CH [Schweiz]. Darüber hinaus sind in verschiedenen Verfassungen und Gesetzen (z.B. dt. Bundesländer und Gemeindeordnungen; US-amerikanischer Bundesstaaten) direktdemokratische Elemente (Volksbefragung, Volksentscheid bzw. Bürgerentscheid etc.) vorgesehen. Die d.D. der CH zeichnet sich dadurch aus, dass neben den direktdemokratischen (Volksinitiative, Referendum) auch repräsentative Elemente (z.B. Parlamente) existieren (deshalb auch halbdirekte Demokratie genannt). Grundgedanke dieser Mischform ist es, das Mehrheitsprinzip (der repräsentativen Demokratie) gegen eine wesentlich höhere Beteiligung von Minderheiten am Entscheidungsprozess aufzugeben, d.h. das Prinzip umfassender Verhandlungen, die Suche nach Kompromissen und den politischen Austausch zu stärken.

Quelle: Schubert, Klaus/Klein, Martina: Das Politiklexikon, 4. akt. Aufl., Bonn: Dietz 2006

M2 Nur Mut zu Volkes Willen

Achtzehn Jahre benötigt ein Deutscher, um die unbeschränkte Geschäfts- und Schuldfähigkeit zu erwerben. 18 Jahre, in denen er nach Überzeugung des Gesetzgebers so viel an Verstand, Weisheit und sozialem Verhalten hinzugewinnt, dass er danach nicht nur den Führerschein machen und den Wehrdienst verrichten darf, sondern auch als Bürger zur Stimmabgabe bei Wahlen der Volksvertretungen im Bund, in den Ländern und Gemeinden gerufen wird. Wer 18 Jahre alt und damit volljährig geworden ist, den

Begriff

In der **Direkten Demokratie** stimmen die Bürger unmittelbar über politische Entscheidungen ab, z. B. in Volksbegehren und Volksentscheiden. Diese Plebiszite (von lat. plebiscitum = Volksbeschluss) können ergänzend zum repräsentativen System (wie in der Bundesrepublik) oder schwerpunktmäßig (wie in der Schweiz) eingesetzt werden. In jedem Fall soll der Wille der Bürgerinnen und Bürger möglichst direkt in politische Entscheidungen umgesetzt werden. Dabei ist nicht vorausgesetzt, dass es sich, wie bei Rousseau (vgl. S. 128/129), um einen einheitlichen Volkswillen handelt.

VT

Die Elemente der direkten Demokratie unterscheiden sich je nach Bundesland. Auf Bundesebene sind die Möglichkeiten, direkt Einfluss auf Politik zu nehmen, sehr eingeschränkt. Jeder Bürger hat allerdings das Recht, Petitionen an den Bundestag zu stellen.
In den Bundesländern gibt es verschiedene Arten der Einflussnahme. Die Hürden z. B. für Volksentscheide sind unterschiedlich. Um einen Volksentscheid zu initiieren, müssen je nach Bundesland bis zu drei Prozent der Bevölkerung der Durchführung zustimmen. Änderungen der Verfassung können beispielsweise in Hessen nur durch Volksabstimmungen geschehen.

M3 Direkte Demokratie in Deutschland

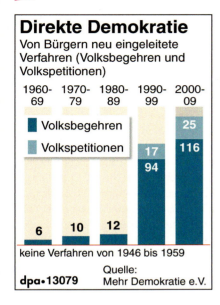

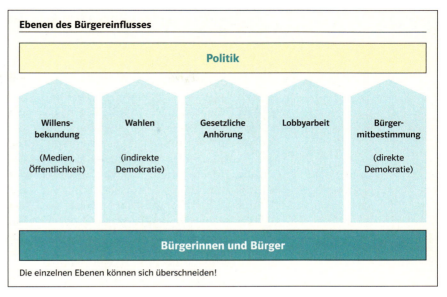

betrachtet der Staat als „erwachsen", als Herrn seiner selbst mit allen Rechten und Pflichten im Leben der Gemeinschaft.
Nur die Gemeinschaft selbst, das Volk, kann altern, wie es will, mag es 18, 36 oder inzwischen älter als 60 Jahre werden – niemals, so scheint es, wird das Volk für den Staat erwachsen sein, volljährig und damit in der Lage, in eigenen Angelegenheiten mitzureden und mitzuentscheiden. Denn das Volk ist nicht nur als Mündel geboren. So wie der Linkshänder nicht nach 18 Jahren mit der rechten Hand zu schreiben beginnt, so bleibt für den Staat das Volk zeit seines Lebens ein Mündel.
Die direkte Demokratie mag funktionieren, wo sie will – für Deutschland ist sie ungeeignet. Volksinitiative, Volksbegehren und Volksentscheid sind in Ländern und Gemeinden vielleicht noch schön und gut, aber auf Bundesebene sind sie weder schön noch gut, sondern schädlich. Wer etwas anderes sagt, der hat die Lehre nicht verstanden, wie sie die Eltern des Grundgesetzes vor bald 60 Jahren der Geschichte abgelauscht haben. Das weiß man doch: Nach den fürchterlichen Erfahrungen mit der direkten Demokratie in der Weimarer Republik wollten die Verfasser des Grundgesetzes niemals wieder dem so leicht verführbaren Volk Mitsprache in öffentlichen Angelegenheiten gewähren.
Deshalb wird bis heute jede einschlägige Änderung des Grundgesetzes verweigert, die die Deutschen von dem auf Dauer fatalen Eindruck befreien würde, nur alle paar Jahre als Stimmvieh bei Bundestagswahlen zu dienen. Deshalb haben sich die Willensbekundungen der Bürger auf Angelegenheiten in den Ländern, in Städten und Gemeinden zu beschränken. Da mögen sie – wie soeben in Bayern geschehen – dem Gesetzgeber mittels Volksentscheid eine Verschärfung des Nichtraucherschutzes abtrotzen oder – wie derzeit in Berlin – gegen die Teilprivatisierung der Wasserbetriebe kämpfen. Das sind Probleme von überschaubarer Komplexität, die der Verstand des ewigen Mündels noch eben zu erfassen vermag. Doch jenseits davon beginnt die Sphäre übergeordneter Interessen, das Wechselspiel von Ursachen und Wirkungen – vom Laien gar nicht, vom Experten punktuell, en gros und en détail allein vom Berufspolitiker zu überblicken –, das Reich des Sachzwangs und der Gremienarbeit.
Die Gründe, mit denen bis heute die direkte Demokratie im Bund verweigert wird, sind im besten Fall unsachlich, im schlimmsten Fall falsch. Letzteres gilt für die Behauptung, der Parlamentarische Rat habe die direkte Demokratie als Konsequenz auf die Erfahrung in der Weimarer Republik verweigert. Erstens hat sich die Versammlung mit der Frage kaum befasst, zweites schrieb sie im Grundgesetz-Artikel 20: „Alle Staatsgewalt geht vom Volke aus. Sie wird vom Volke in Wahlen und Abstimmungen ausgeübt." Der Parlamentarische Rat hat sei-

nerzeit lediglich darauf verzichtet, Anwendungsfälle für Abstimmungen zu benennen (abgesehen von der Länderneuordnung), verweigert hat er die direkte Demokratie damit keineswegs.

Mindestens unsachlich sind die Hinweise auf abschreckende Beispiele im Ausland, zuletzt das Votum der Schweizer gegen den Bau von Minaretten. Ein Volksentscheid darüber wäre in Deutschland ebenso unzulässig wie ein – oft drohend in Aussicht gestellter – Plebiszit über die Wiedereinführung der Todesstrafe. Das Grundgesetz verbietet die Diskriminierung bestimmter religiöser Gruppen – hier: der Moslems – ebenso wie die Verletzung der Menschenwürde, die die Todesstrafe bedeutet.

Deutschland ist eine repräsentative Demokratie, die plebiszitäre Elemente nur schwächen würden? Wer das behauptet, dem ist entgangen, dass es die vermeintlich Repräsentierten sind, die seit Jahren den Volksentscheid auf Bundesebene verlangen. Mit anderen Worten: Die Einführung des Plebiszits würde den Mehrheitswillen der Bevölkerung repräsentieren. Etwas Besseres kann einer repräsentativen Demokratie gar nicht passieren.

Quelle: Frankfurter Rundschau vom 05.07.2010, Christian Bommarius nach: www.fr-online.de/in_und_ausland/politik/meinung/?em_cnt=2818264& [Zugriff: 19.04.2011]

M4 Weniger direkte Demokratie wagen!

Die Bayern haben sich per Volksentscheid das Rauchen abgewöhnt, die Hamburger die Primarschule gestoppt. Doch die Plebiszite sind alles andere als das Allheilmittel der Volksherrschaft. Björn Erichsen kommentiert.

Er wird wieder lauter, der Ruf nach direkter Demokratie. Spätestens seit sich die Bayern ein striktes Rauchverbot verordnet und die Hamburger am vergangenen Wochenende per Volksentscheid die Primarschule verhindert haben. Plebiszite als Vitalinjektion für ein schlingerndes politisches System, Schluss mit der Entmündigung durch Abgeordnete! Die Bürger sollen die wichtigen Entscheidungen wieder selbst treffen durch Volksentscheide im großen Stil, direkte Abstimmungen über den Bundespräsidenten, den nächsten EU-Vertrag oder die allgemeine Kurvenbegradigungsverordnung. Das wäre, so proklamieren die Befürworter der Plebiszite, die wahre Volksherrschaft, also Demokratie im besten Sinne. Der Ansatz wirkt reizvoll – ist aber, mit Verlaub gesagt, grober Unsinn. Wenn nicht sogar gefährlich.

Repräsentative Herrschaft ist selbstverständlich legitim. Sie wurde nötig, weil sich die großen europäischen Flächenstaaten nicht mehr wie in der griechischen Polis, der Wiege der Demokratie, per Bürgerversammlung auf dem Marktplatz regieren ließen. Das Abgeordnetenprinzip lässt sich ferner als Form moderner Arbeitsteilung verstehen: Da viele Themen zu komplex wurden, die Beschäftigung mit ihnen zu zeitintensiv, wurden Abgesandte in die Parlamente geschickt, die dort für den Willen der Wählerschaft eintreten sollten. Die Kontrolle erfolgt durch eine – im günstigen Fall – kritische Öffentlichkeit und die Vergabe der Herrschaft auf Zeit. Im Klartext: Wer seinen Job schlecht macht, wird zunächst kritisiert und dann abgewählt.

Würde man nun in einem modernen Industrieland wie der Bundesrepublik Deutschland im großen Stil plebiszitäre Elemente einführen, hätte dies fatale Folgen: Der politische Alltag bestünde aus permanentem Wahlkampf. Schon jetzt ist der politische Betrieb immer häufiger gelähmt von der immer früher vor Wahlen einsetzenden Tatenlosigkeit der politischen Klasse – mit einem Dutzend Volksentscheiden obendrauf käme jegliches Regierungshandeln zum Erliegen. Notwendige Entscheidungen in einer sich globalisierenden Welt würden langsamer statt schneller getroffen. Fraglich wäre auch – man nehme mal den Fall Afghanistan –, ob sich Deutschland weiterhin als verlässlicher Partner in Allianzen präsentieren könnte.

Direktdemokratischer Populismus

Schwerwiegender ist aber, dass eine Ausweitung von Volksentscheidungen einem ausufernden Populismus Tür und Tor öffnen würde. Die Plebiszite würden dominiert von denjenigen, die die meisten Mittel haben, um sich Fernseh-, Radiospots und Plakate leisten zu können. Und da Otto Normalwähler nur selten Zeit hat, sich in komplexe Sachfragen einzuarbeiten, würde am Schluss mit großer Wahrscheinlichkeit das griffigste

Wahlversprechen gewinnen: 2004 gab es in Hamburg sehr viele gute Gründe dafür, warum ein großes städtisches Klinikum privatisiert werden sollte – gegen den Slogan „Gesundheit ist keine Ware" war die Vernunft im Volksentscheid aber chancenlos.
Wie sehr ein Volksentscheid an den Betroffenen vorbei gehen kann, zeigt die aktuelle Hamburger Abstimmung über die Schulreform: Die Wahlbeteiligung lag bei gerade einmal 39 Prozent, die meisten Wähler kamen dabei aus gut- und großbürgerlichen Stadtteilen wie Nienstedten, Harvestehude oder Klein-Flottbek. Dagegen haben die Bürger aus sozial schwachen und bildungsfernen Schichten die Abstimmung weitgehend ignoriert – dabei wären es gerade ihre Kinder gewesen, die am meisten von der Schulreform und dem gemeinsamen Lernen bis zur sechsten Klasse profitiert hätten. Dieses (Nicht-)Abstimmungsverhalten macht den Volksentscheid zwar nicht zur ungerechten Sache, Mehrheit ist schließlich Mehrheit – es zeigt aber, dass allein die Möglichkeit zur direkten Abstimmung allein noch lange nicht dazu führt, dass die Interessen der Bürger besser vertreten werden.

Mehr Bürgerbeteiligung!
Nun soll dies hier kein Plädoyer gegen Bürgerbeteiligung sein. Ganz im Gegenteil, „idiotes" nannten die alten Griechen diejenigen, die sich in der frühen Demokratie der politischen Teilhabe entzogen. Und auch in modernen Zeiten, in denen das Misstrauen gegenüber der politischen Klasse wächst, kommt es mehr denn je auf den politisch gut informierten, kritischen und aktiven Bürger an.

Das gegenwärtige repräsentative System bietet viele Möglichkeiten der Beteiligung, auf kommunaler Ebene etwa, also in der direkten Umgebung gibt es viele Sachfragen, die die Menschen vor Ort besser beantworten können als „die da oben".
Genauso stellt das Internet noch bis vor kurzem ungeahnte Informations- und Beteiligungsmöglichkeiten bereit. (Ein Beispiel ist etwa der organisierte Protest gegen die geplanten Internetsperren der ehemaligen Familienministerin Ursula von der Leyen.). Unsäglich ist jedoch dieser Reflex, aus Frustration über den gegenwärtigen Zustand des politischen Systems nach Volksentscheiden zu rufen. Es kommt auf die Substanz des politischen Systems an, auf Bildung, Information und Bereitschaft zum Mitmachen. Es ist eine Illusion, dass ein Mehr an plebiszitären Verfahren ein Mehr an Demokratie bedeutet. Der ständige Ruf nach Volksentscheiden ist dadurch letztendlich nichts anderes als die Fortführung des „Weiter so" mit direktdemokratischen Mitteln.

Quelle: Erichsen, Björn: www.stern.de/politik/deutschland/volksentscheide-in-deutschland-weniger-direkte-demokratie-wagen-1585264.html vom 20.07.2010, [Zugriff: 19.04.2011]

Arbeitsvorschläge

1. Fertigen Sie eine Mindmap an zum Thema „Elemente direkter Demokratie in Deutschland" und stellen Sie sie in Ihrer Klasse vor (M1, M3).

2. Arbeiten Sie aus M2 und M4 die Argumente für und gegen die Stärkung der direkten Demokratie und der Einführung von Volksentscheiden auf Bundesebene heraus.

3. Recherchieren Sie, welche Volksentscheide es in Deutschland in letzter Zeit gab, wie hoch die Beteiligung war und wie sie entschieden wurden.

4. Nehmen Sie begründet Stellung zu der Frage nach der Einführung von mehr Elementen direkter Demokratie in Deutschland. Berücksichtigen Sie dabei die Kategorien Legitimität und Effizienz (S. 145)

5. Bereiten Sie in der Klasse eine Fishbowldiskussion (vgl. S. 144) zu dem Thema „Direkte Demokratie – vernachlässigt oder gefährlich?" vor. Holen Sie dazu weitere Informationen ein und bereiten Sie Argumente für beide Positionen vor.

Methode der Urteilsbildung:
Die Fishbowl-Diskussion

Urteilsbildung – macht man das nicht alltäglich?

Jeder Mensch bildet sich Urteile. Alltägliche Urteile unterscheiden sich allerdings von politischen Urteilen.
Im Rahmen der Auseinandersetzung mit einem politischen Konflikt gelangt man zu immer neuen Erkenntnissen. Sie finden heraus, wer an dem Konflikt beteiligt ist, wer dabei welche Interessen vertritt und von wem die Gruppierungen unterstützt werden. Sie erfahren, wie der Konflikt entstanden ist, welche ideologischen Hintergründe er hat, wer Einfluss auf eine Lösung hat und wie er entschieden wird. Auch die Bedeutung von möglichen Lösungen für die Zukunft dürfen nicht außer Acht gelassen werden. Wenn Sie sich bei der Recherche zu einem Konflikt mit all diesen Aspekten auseinander gesetzt haben, können Sie sich auf Grundlage der Informationen ein begründetes Urteil bilden. Wichtig bei der Auseinandersetzung ist allerdings auch der Austausch mit anderen. In der Diskussion kommen oft kontroverse Positionen viel deutlicher heraus.

Die Fishbowl-Diskussion

Die Fishbowl-Diskussion ist eine Methode, die sich in verschiedenen Phasen der Auseinandersetzung mit einem politischen Konflikt oder einer problemhaltigen Fragestellung einsetzen lässt.
Bei der Fishbowl-Diskussion wird die ganze Klasse einbezogen. Es gibt einen Innen- und einen Außenkreis. Die Diskussion findet im Innenkreis statt. Die SchülerInnen im Außenkreis haben die Aufgabe, den Diskussionsverlauf zu beobachten.

Vorbereitung

Der Klassenraum muss so gestaltet werden, dass es einen Stuhlkreis in der Mitte und ausreichend Platz für die anderen SchülerInnen außerhalb gibt. An der Diskussion sollten vier bis acht SchülerInnen teilnehmen.
Außerdem werden zwei zusätzliche Stühle aufgestellt.
Je nach vorheriger Arbeit an dem Thema kann eine gezielte Vorbereitung der Diskussion beispielsweise in Kleingruppen notwendig sein. Wenn vorher in Gruppen gearbeitet wurde, ist es möglich, aus jeder Gruppe einen Teilnehmer in die Diskussion zu schicken. Es ist aber auch möglich, vorher die kontroversen Positionen zu dem Thema oder der Fragestellung auszumachen und SchülerInnen eine Position einnehmen zu lassen, für die sie selbst nicht stehen.

Durchführung

Es sollte vorher festgelegt werden, wie lang die Diskussionsrunde dauern soll. Gegebenenfalls kann es sinnvoll sein, einen Moderator einzusetzen, der nach der Zeit schaut und Redeliste führt. Die Diskussion beginnt mit Eingangsstatements der Teilnehmer.
Die Schüler im Außenkreis beobachten den Diskussionsverlauf und machen sich gegebenenfalls Notizen. Sie haben allerdings auch die Möglichkeit, in die Diskussion einzugreifen, indem sie sich kurzfristig auf den freien Stuhl im Innenkreis setzen. Sie haben dann das vorrangige Rederecht.

Auswertung

Der Diskussionsverlauf sowie der inhaltliche Verlauf müssen ausgewertet werden. Auf der Metaebene werden die teilnehmenden SchülerInnen gefragt, wie es ihnen bei der Diskussion gegangen ist. Die SchülerInnen im Außenkreis teilen ihre Beobachtungen zum Diskussionsverlauf mit. Das Diskussionsverhalten und der Umgang mit Argumenten und Gegenargumenten wird reflektiert.
Auf der inhaltlichen Ebene wird sich darüber ausgetauscht, ob die Diskussion zum Gewinn neuer Erkenntnisse geführt hat.
Autorentext

Peter Massing: Grundlagen der kategorialen politischen Urteilsbildung

Um ein politisches Urteil begründen zu können, benötigt man Kategorien, die sich zur Begründung heranziehen lassen. Solche Kategorien können aus dem zentralen politischen Urteilsmaßstab „Politisch-gesellschaftliche Rationalität" abgeleitet werden. Politisch-gesellschaftliche Rationalität umfasst zwei Formen von Rationalität: Zweckrationalität und Wertrationalität, die in den Kategorien Effizienz und Legitimität ausgedrückt werden können. Zweckrationalität beinhaltet in ihrem Kern eine Zweck-Mittel-Relation. Sie fragt nach den zweckmäßigen Mitteln für vorgegebene, beliebige Zwecke. Die daraus abgeleitete Kategorie Effizienz meint dann „Wirksamkeit", „Leistungsfähigkeit", „Problemlösungsfähigkeit", „Wirtschaftlichkeit", „Ergiebigkeit", „Genauigkeit", „Schnelligkeit" usw. Effizienz spielt in vielen gesellschaftlichen Teilsystemen eine wichtige Rolle [...]. Auch Politik muss ein gewisses Niveau an Effizienz aufweisen, um gesellschaftliche Akzeptanz zu erreichen.

Wertrationalität meint nun, dass politisches Handeln zumindest in der Demokratie immer auch wertbezogenes Handeln ist, dass Politik an die Grundwerte menschenwürdigen Handelns gebunden sein muss und Ziele ausschließt, die ihnen widersprechen. Dabei ist Wertrationalität als eine „weiche" Rationalität weniger eindeutig zu bestimmen. Unterhalb von obersten Grundwerten, wie etwa Freiheit oder Gerechtigkeit, die in dieser Allgemeinheit noch keine Handlungsnormen sein können, müssen die konkreteren Werte [...] erst in gesellschaftlichen Diskursen [...] geklärt werden. Was Freiheit oder Gerechtigkeit [oder Fairness] unter je gegebenen historischen und gesellschaftlichen Bedingungen konkret heißt und heißen kann, muss immer wieder neu bestimmt werden. Die zentrale Kategorie, in der sich Wertrationalität ausdrückt, ist die der Legitimität. Legitimität bedeutet die Anerkennungswürdigkeit einer politischen Ordnung oder einer politischen Entscheidung [oder eines Verhaltens]. [...] Legitimität stützt sich zugleich auf *Grundnormen*, auf *konstitutionelle Verfahren* (Legalität) wie auf die *Anerkennung* (den Legitimitätsglauben) der Bürger.

Wird der Politikbegriff also im Wesentlichen auf die Herbeiführung und Durchsetzung gesellschaftlich verbindlicher Entscheidungen bezogen, dann sind die Kategorien Effizienz und Legitimität Maßstäbe, an denen eine „gute" Politik gemessen wird oder zumindest gemessen, d.h. beurteilt werden kann. Effizienz und Legitimität akzentuieren zwar unterschiedliche Aspekte der Beurteilung, müssen aber in politischen Urteilen beide berücksichtigt werden. Es ist ein zentrales Merkmal politischer Urteile, dass sie nicht auf die eine oder die andere Kategorie reduziert werden können.

Die zweite qualitative Anforderung, der ein politisches Urteil entsprechen muss, ist, dass es sich im Dialog erörtern lässt. Politisches Urteilsvermögen entsteht erst in dialogischer Praxis. Voraussetzung dafür ist zum einen, dass die Bewertungsmaßstäbe (die Kategorien) offen gelegt werden, zum anderen „die Bürgertugend der Argumentation", d.h. der Bereitschaft, sich für das eigene Urteil öffentlich zu rechtfertigen. „Gerade weil es kein philosophisch als „richtig" zu ermittelndes Urteil auf drängende politische Fragen gibt, ist die Qualität des politischen Urteilens angewiesen auf die Einbeziehung möglichst vieler divergenter Perspektiven. [...]

Vor dem Hintergrund dieser Ausführungen bietet sich nun folgende Definition an:

Ein politisches Urteil ist die wertende Stellungnahme eines Individuums über einen politischen Akteur oder einen politischen Sachverhalt unter Berücksichtigung der Kategorien Effizienz und Legitimität mit der Bereitschaft, sich dafür öffentlich zu rechtfertigen.

Quelle: Massing, Peter: Kategoriale politische Urteilsbildung, in: Kuhn, Hans-Werner: Urteilsbildung im Politikunterricht, Schwalbach/Ts. 2003, S. 95 ff.

Miniglossar

Legalität
Begriff für Rechtmäßigkeit. Legal ist individuelles oder staatliches Handeln, wenn es mit geltendem Recht und Gesetz übereinstimmt.

4 Wie verändert sich unsere Demokratie?

[Die Unterzeichner,] IN DEM WUNSCH, den mit dem Vertrag von Amsterdam und dem Vertrag von Nizza eingeleiteten Prozess, mit dem die Effizienz und die demokratische Legitimität der Union erhöht und die Kohärenz ihres Handelns verbessert werden sollen, abzuschließen, SIND ÜBEREINGEKOMMEN, den Vertrag über die Europäische Union, den Vertrag zur Gründung der Europäischen Gemeinschaft und den Vertrag zur Gründung der Europäischen Atomgemeinschaft zu ändern [...]

Quelle: Vertrag von Lissabon, Amtsblatt der Europäischen Union 2007/C 306/01

Sogenanntes TV-Duell zwischen Hannelore Kraft und Jürgen Rüttgers, April 2010

Die digitale Demokratie hat nach dem IPTS-Bericht [Institute for Prospective Technological Studies in Sevilla] bemerkenswerte Fortschritte erzielt [...]. Dazu gehören die weltweit erste Online-Wahl, die im Zusammenhang mit dem Weltgipfel in Johannesburg durchgeführt wurde, Internetspiele, die Partizipation bei jungen Menschen fördern, oder Bürgerforen und Internetabstimmungen bei lokalen Wahlen. Ein Beispiel dafür ist auf der EU-Ebene das e-Vote-Projekt. Zehntausende europäischer Bürger haben bereits, wie der Bericht ausführt, über zahlreiche Themen abgestimmt. Allein zum Irak-Konflikt hat es über 100 000 Meinungsäußerungen gegeben.

Quelle: Horvath, John, www.heise.de/tp/r4/artikel/15/15808/1.html vom 09.10.2003 [Zugriff: 19.04.2011]

Denkanstöße

- Was bedeutet die europäische Einigung für das politische System Deutschlands?
- Was ändert sich durch den Vertrag von Lissabon?
- Leben wir in einer Internet-Demokratie?
- Welche Partizipatzionsmöglichkeiten ergeben sich durch die Neuen Medien?

4 Wie verändert sich unsere Demokratie?

Machtverteilung nach Lissabon
Richtlinienkompetenz

Miniglossar

Richtlinien der EU geben den nationalen Parlamenten eine zeitliche Vorgabe zur Umsetzung eines vorgegebenen Ziels. Die Parlamente haben einen gewissen Entscheidungsspielraum. Im Gegensatz dazu ergeben Verordnungen einen sofortigen, dem nationalen Recht übergeordneten Rechtsakt.

Begriff

Die Europäische Union (Abkürzung: EU) ist ein Zusammenschluss von zur Zeit 27 europäischen Staaten. 1951 gründeten Belgien, die Bundesrepublik Deutschland, Frankreich, Italien, Luxemburg und die Niederlande die Montanunion, 1957 dann Euratom und die Europäische Wirtschaftsgemeinschaft (EWG). In den folgenden Jahrzehnten traten immer mehr Staaten der Gemeinschaft bei, deren Übereinkommen v.a. auf wirtschaftlichem Gebiet lagen. Mit dem Vertrag von Maastricht gründeten die EG-Mitgliedstaaten 1992 die Europäische Union, die seitdem auch Zuständigkeiten in nichtwirtschaftlichen Politikbereichen besitzt.

M1 EU-Richtlinien: Das Comeback der krummen Gurke

Verbraucher können ab 2009 wieder Obst und Gemüse kaufen, das keine Traummaße erfüllt: Die Europäische Union (EU) schaffte die Vermarktungsnormen für 26 Obst- und Gemüsesorten ab. Das bedeutet einen Neuanfang für krumme Gurken und knorrige Karotten.
Sie gilt als das Symbol für Brüsseler Bürokratie schlechthin: Die EU-Norm zum Krümmungsgrad der Gurke. Maximal 10 Millimeter auf 10 Zentimeter, mehr durfte es bislang in Europa nicht sein. Damit soll von nächstem Juli an Schluss sein. Die Europäische Union hat beschlossen, die Normungen für 26 Obst- und Gemüsesorten abzuschaffen, vom Spargel bis zur Haselnuss. Ein entsprechender Vorschlag von EU-Agrarkommissarin Mariann Fischer Boel stieß am Mittwoch in Brüssel im zuständigen Ausschuss zwar auf die Gegenstimmen von 16 Mitgliedstaaten. Das war entsprechend den Spielregeln aber nicht genug, um die Kommission zu überstimmen. Abgeschafft werden sollen die Standards beispielsweise auch für Auberginen, Bohnen, Spargel, Karotten, Zucchini, Knoblauch, Avocados und Pflaumen. Die Normen waren ursprünglich eingeführt worden, damit in standardisierte Gemüsekisten im grenzüberschreitenden Handel jeweils die gleiche Menge hineinpasst.
Fischer Boel kann die Vermarktungsnormen nun außer Kraft setzen. „Dies bedeutet einen Neuanfang für die krumme Gurke und die knorrige Karotte", sagte sie. Prompt jedoch warnte der Deutsche Bauernverband vor „Wühltischen" beim Selbstbedienungsverkauf im Supermarkt. „Das ist reine Symbolpolitik", schimpfte Willi Kampmann von der Brüsseler Verbandsvertretung.

Quelle: dpa/Reuters: www.stern.de/wirtschaft/news/eu-richtlinien-das-comeback-der-krummen-gurke-645470.html vom 13.11.2009, [Zugriff: 19.04.2011]

M2 Lebensmittel-Ampel scheitert an EU-Parlament

Eine Farb-Kennzeichnung des Kaloriengehalts auf Lebensmitteln wird es nicht geben. Die Abgeordneten in Straßburg stimmten jedoch für eine Alternative. Das Europaparlament in Straßburg hat die von

VT

Die Europäische Union beeinflusst viele unserer Lebensbereiche. Gerade auf dem Gebiet der Rechtsprechung ist die EU in den letzten Jahren zu einem Überbau geworden, der oft schon bei der Formulierung von Rechtsnormen der Mitgliedstaaten indirekt Einfluss ausübt. Was ist von dieser Einflussnahme der Europäischen Union zu halten?

Noch immer gilt „Brüssel" vielen als Inbegriff von Bürokratie und Bürgerferne. Andererseits hat die EU z. B. auf dem Gebiet des Verbraucherschutzes in den letzten Jahren oft eine Vorreiterrolle eingenommen. Wie geht die „Vertiefung" der Union vor sich? Schafft die Union vielleicht sogar langsam die Nationalstaaten ab?

Verbraucherschützern und Ärzteverbänden geforderte Ampel-Kennzeichnung für Lebensmittel abgelehnt. Damit muss auf Fertigprodukten wie Pizza, Cornflakes oder Limonade auch künftig nicht der Anteil an Zucker, Fett oder Salz mit roten, gelben oder grünen Symbolen zu erkennen sein. Stattdessen sollen die Hersteller auf den Packungen gut sichtlich den Brennwert in Kalorien angeben. Außerdem soll die Industrie zu klaren Angaben über eine Reihe von Bestandteilen wie Fett, Salz, Zucker, Eiweiß oder ungesättigte Fettsäuren verpflichtet werden. Mit großer Mehrheit stimmte das Europaparlament dafür, Nährwertangaben auf der Grundlage von Portionen oder des durchschnittlichen Tagesbedarfs einzuführen. Ein entsprechendes Gesetz ist frühestens ab Frühjahr 2011 zu erwarten. Im Parlament herrschte Patt. Mit 30 zu 30 Stimmen war die von den Lebensmittelherstellern heftig bekämpfte Ampel im März im zuständigen Umweltausschuss durchgefallen. Im Plenum hatten dann vor allem grüne und linke Abgeordnete für die Ampel-Lösung gestimmt. Die Konservativen lehnten die Farbpunkte hingegen ab. Diese Kennzeichnung sei zu simpel und wissenschaftlich nicht begründet, betonte die Berichterstatterin Renate Sommer (CDU). Nach der ersten Lesung im Parlament geht die Vorlage nun an den Ministerrat, in dem die 27 EU-Staaten vertreten sind. Im Rat gibt es bisher keine einheitliche Position. Das Europaparlament hat in der Frage ein Mitentscheidungsrecht. Parlament und Rat müssen sich somit auf einen Kompromiss einigen.

Quelle: dpa/AFP: www.zeit.de/wirtschaft/2010-06/ampel-kennzeichnung-naehrwert vom 16.06.2010, [Zugriff: 19.04.2011]

M 3

Plakat der Bundesverbraucherzentrale, 2010

M 4 Weitergereicht

Arbeitsvorschläge

1. Arbeiten Sie den ursprünglichen Grund für die Einführung der Richtlinie zu normiertem Gemüse heraus und setzen Sie die Abschaffung in Zusammenhang mit dem „Bürokratieabbau" in der EU (M 1).

2. Überprüfen Sie Ihr Vorwissen, indem Sie den Gang einer Verordnung und einer Richtlinie an einem aktuellen Beispiel darstellen.

3. Analysieren Sie die Karikatur M 4 und überprüfen Sie dabei Ihr Vorwissen zu den einzelnen in den Materialien genannten Institutionen.

4. Prüfen Sie, ob es rechtlich möglich ist, dass Deutschland einen eigenen Weg für die „Lebensmittel-Ampel" (M 2) geht und diskutieren Sie, ob dies sinnvoll ist.

Online Link
065630-0402

Die Neuordnung der Organe der Europäischen Union

M1 Die wichtigsten Änderungen nach dem Lissabon-Vertrag

Europäisches Parlament in Straßburg, Plenum

Treffen des Europäischen Rates, Dezember 2010

Europäisches Parlament

Das Europäische Parlament ist das direkt gewählte EU-Organ, das die Bürgerinnen und Bürger der Mitgliedstaaten vertritt. Aufgrund des Vertrags wird es mehr Bereiche geben, in denen sich das Europäische Parlament und der Rat die gesetzgeberische Arbeit teilen werden (Mitentscheidungsverfahren); außerdem erhält das Parlament mehr Haushaltsbefugnisse. Verfahren, bei denen beide Organe mitentscheiden, werden künftig als „ordentliche Gesetzgebungsverfahren" bezeichnet. Sie werden auf weitere Politikbereiche wie Freiheit, Sicherheit und Justiz ausgedehnt. Damit werden die Gesetzgebungsbefugnisse des Europäischen Parlaments gestärkt. Der Vertrag verleiht dem Europäischen Parlament außerdem mehr Gewicht bei der Genehmigung des EU-Haushalts.

Europäischer Rat

Der Europäische Rat besteht aus den ranghöchsten gewählten politischen Vertretern der Mitgliedstaaten mit Exekutivbefugnissen, also Bundeskanzlern, Premierministern, Staatspräsidenten. Er bestimmt den politischen Kurs und die Prioritäten der EU. Nach dem Lissabon-Vertrag ist der Europäische Rat ein vollwertiges EU-Organ, dessen Aufgaben klar und deutlich beschrieben werden. Es wird das neue Amt des Präsidenten des Europäischen Rates geschaffen. Der Präsident wird von den Mitgliedern des Europäischen Rates gewählt und bleibt maximal fünf Jahre im Amt. Er führt den Vorsitz auf Tagungen des Europäischen Rates, sorgt für die Kontinuität von dessen Arbeiten und vertritt die EU international auf höchster Ebene. Dies ist insofern eine Veränderung, als bisher der Mitgliedstaat, der den sechsmonatigen Ratsvorsitz innehatte, auch im Europäischen Rat den Vorsitz führte. Durch den neuen Präsidenten des Europäischen Rates soll das Handeln der EU profilierter und kohärenter werden.

Rat der Europäischen Union

Der Rat der Europäischen Union wird auch als Ministerrat bezeichnet. Er besteht aus den jeweils zuständigen Ministern aller 27 Mitgliedstaaten. Der Rat ist ein wichtiges Entscheidungsgremium. Er koordiniert die wirtschaftspolitischen Maßnahmen der EU und spielt eine zentrale Rolle in der Außen- und Sicherheitspolitik. Er übt gemeinsam mit dem Europäischen Parlament Gesetzgebungs- und Haushaltsbefugnisse aus. Die Beschlüsse werden zunehmend mit qualifi-

---

Begriff

Subsidiarität
Staatliche Eingriffe von einer höher gestellten politischen Einheit sollen nur dann erfolgen, wenn die jeweils tiefer gestellte Ebene nicht in der Lage ist, aus eigenen Mitteln notwendige Lösungen zu finden.

VT

Vor allem durch die Aufnahme zahlreicher neuer Mitgliedstaaten nach Ende des Ost-West-Gegensatzes waren die EU und die EG dringend reformbedürftig. Am 29.10.2004 wurde feierlich der Vertrag von Nizza über eine Verfassung der Europäischen Union mit vielen institutionellen Änderungen unterzeichnet. Die Ratifizierung scheiterte aber am „Nein" Frankreichs und Polens. Deswegen unterzeichneten am 13.12.2007 alle Mitgliedstaaten den „Vertrag von Lissabon zur Änderung des Vertrages über die Europäische Union und des Vertrages zur Gründung der Europäischen Gemeinschaft". Nach einigen Verzögerungen trat dieser Vertrag am 01.12.2009 in Kraft, der zwar ebenfalls viele Neuerungen mit sich brachte, aber die bestehenden Verträge nicht ersetzt hat. Was ändert sich mit „Lissabon"? Und: Ist die EU damit institutionell sinnvoll modernisiert?

zierter Mehrheit statt einstimmig gefasst. Ab 2014 wird der Grundsatz der doppelten Mehrheit gelten: Beschlüsse im Rat kommen nur zustande, wenn mindestens 55 % der Mitgliedstaaten dafür stimmen; diese Mitgliedstaaten müssen wiederum mindestens 65 % der europäischen Bevölkerung auf sich vereinen. Dieses System verleiht den Beschlüssen eine doppelte Legitimation. Neu ist auch, dass der Hohe Vertreter der Union für Außen- und Sicherheitspolitik, der zugleich einer der Vizepräsidenten der Kommission ist, den Vorsitz im Rat „Auswärtige Angelegenheiten" führen wird. In anderen Bereichen wie Landwirtschaft, Finanzen und Energie obliegt der Vorsitz auf Ratstagungen dem Minister, dessen Land gerade sechs Monate lang den EU-Vorsitz innehat. Die Vorsitzregelung in der EU soll dadurch kohärenter und effektiver werden.

Hoher Vertreter der Union für Außen- und Sicherheitspolitik und Vizepräsident der Europäischen Kommission

Mit dem Lissabon-Vertrag wird ein neuer Führungsposten für die gemeinsame Außen- und Sicherheits- sowie für die gemeinsame Verteidigungspolitik geschaffen, nämlich das Amt des Hohen Vertreters der Union für Außen- und Sicherheitspolitik; der Hohe Vertreter ist zugleich Vizepräsident der Kommission. Mit dieser bedeutenden Neuerung werden zwei Funktionen verschmolzen: die des Hohen Vertreters für die Gemeinsame Außen- und Sicherheitspolitik und die des Kommissars für Außenbeziehungen. Der Hohe Vertreter wird vom Europäischen Rat ernannt; er führt den Vorsitz im Außenministerrat und ist einer der Vizepräsidenten der Europäischen Kommission. Er macht Vorschläge, führt als Bevollmächtigter des Rates die Außenpolitik aus und vertritt die Positionen der EU auf internationaler Ebene. Hiermit soll die EU in die Lage versetzt werden, ihre Interessen und Werte auf der internationalen Bühne besser zu vertreten und mit einer Stimme zu sprechen.

Europäische Kommission

Die Europäische Kommission hat die Aufgabe, die Interessen der EU als Ganzes unabhängig zu vertreten. Sie ist dem Europäischen Parlament gegenüber rechenschaftspflichtig. Sie ist das einzige EU-Organ mit einer generellen Befugnis, Gesetzesvorschläge auf den Weg zu bringen. Sie setzt die Politik der Union um, ist für den Haushaltsvollzug zuständig, verwaltet EU-Programme, vertritt die EU bei internationalen Verhandlungen und sorgt für die korrekte Anwendung der Verträge. Auf der Tagung des Europäischen Rates vom Dezember 2008 verständigten sich die Staats- und Regierungschefs darauf, dass der Europäischen Kommission auch weiterhin ein Vertreter je Mitgliedstaat angehören wird.

Quelle: http://ec.europa.eu/publications/booklets/others/84/de.pdf von 2009 [Zugriff: 19.04.2011]

Miniglossar

Die **Europäische Gemeinschaft** war bis zum Vertrag von Lissabon eine übernationale Organisation, die als eine der drei Säulen das wirtschaftliche Kernstück der Europäischen Union darstellte.

Herman van Rompuy, Frederik Reinfeldt, José M. Barroso und Catherine Ashton im November 2009

Online Link
065630-0403

Arbeitsvorschläge

1. Erarbeiten Sie die wesentlichen Veränderungen durch den Vertrag von Lissabon detailliert und präsentieren Sie das Ergebnis dem Kurs (M1).

2. Bewerten Sie die geänderte Stellung der Institutionen und Organe mit Blick auf die
   - Transparenz für die Mitglieder und die Bürger
   - und die Handlungsmöglichkeiten für die Bundesrepublik Deutschland.

M2 Deutschland in der Europäischen Union

Deutschland in der Europäischen Union
Beispiele für Mitwirkung an Rechtsakten der EU

Bundeszentrale für politische Bildung, 2009, www.bpb.de — Lizenz: Creative Commons by-nc-nd/3.0/de

M3 Änderungen im europäischen Gesetz zur Stellung der Parlamente

Im neuen Vertrag wird ausdrücklich herausgestellt, dass die Union die Gleichheit der Mitgliedstaaten und ihre jeweilige nationale Identität achtet, einschließlich der regionalen und lokalen
5 *Selbstverwaltung, und dass sie Europas Kultur- und Sprachenvielfalt schützt (Art. 4 EUV). Des Weiteren ist ein Austritt aus der Union jedem Mitgliedstaat ermöglicht worden (Art. 50 I EUV). Neben diesen Änderungen sind die folgenden Ar-*
10 *tikel wichtig für die modifizierten Möglichkeiten der Europäischen Institutionen und der nationalen Parlamente.*

Artikel 5 des Vertrages über die Europäische Union (EUV)

15 (1) Für die Abgrenzung der Zuständigkeiten der Union gilt der Grundsatz der begrenzten Einzelermächtigung. Für die Ausübung der Zuständigkeiten der Union gelten die Grundsätze der Subsidiarität und der Verhältnismäßigkeit. 20

(2) Nach dem Grundsatz der begrenzten Einzelermächtigung wird die Union nur innerhalb der Grenzen der Zuständigkeiten tätig, die die Mitgliedstaaten ihr in den Verträgen zur Verwirklichung der darin nie- 25 dergelegten Ziele übertragen haben. Alle der Union nicht in den Verträgen übertragenen Zuständigkeiten verbleiben bei den Mitgliedstaaten.

(3) Nach dem Subsidiaritätsprinzip wird die 30 Union in den Bereichen, die nicht in ihre ausschließliche Zuständigkeit fallen, nur tätig, sofern und soweit die Ziele der in Betracht gezogenen Maßnahmen von den Mitgliedstaaten weder auf zentraler noch auf 35 regionaler oder lokaler Ebene ausreichend verwirklicht werden können, sondern vielmehr wegen ihres Umfangs oder ihrer Wirkungen auf Unionsebene besser zu verwirklichen sind. 40

Die Organe der Union wenden das Subsidiaritätsprinzip nach dem Protokoll über die Anwendung der Grundsätze der Subsidiarität und der Verhältnismäßigkeit an. Die nationalen Parlamente achten auf die Einhaltung des Subsidiaritätsprinzips nach dem in jenem Protokoll vorgesehenen Verfahren.

(4) Nach dem Grundsatz der Verhältnismäßigkeit gehen die Maßnahmen der Union inhaltlich wie formal nicht über das zur Erreichung der Ziele der Verträge erforderliche Maß hinaus.

Artikel 2 des Vertrages über die Arbeitsweise der Europäischen Union (AEUV)

(1) Übertragen die Verträge der Union für einen bestimmten Bereich eine ausschließliche Zuständigkeit, so kann nur die Union gesetzgeberisch tätig werden und verbindliche Rechtsakte erlassen; die Mitgliedstaaten dürfen in einem solchen Fall nur tätig werden, wenn sie von der Union hierzu ermächtigt werden, oder um Rechtsakte der Union durchzuführen.

(2) Übertragen die Verträge der Union für einen bestimmten Bereich eine mit den Mitgliedstaaten geteilte Zuständigkeit, so können die Union und die Mitgliedstaaten in diesem Bereich gesetzgeberisch tätig werden und verbindliche Rechtsakte erlassen. Die Mitgliedstaaten nehmen ihre Zuständigkeit wahr, sofern und soweit die Union ihre Zuständigkeit nicht ausgeübt hat. Die Mitgliedstaaten nehmen ihre Zuständigkeit erneut wahr, sofern und soweit die Union entschieden hat, ihre Zuständigkeit nicht mehr auszuüben.

(3) Die Mitgliedstaaten koordinieren ihre Wirtschafts- und Beschäftigungspolitik im Rahmen von Regelungen nach Maßgabe dieses Vertrags, für deren Festlegung die Union zuständig ist.

(4) Die Union ist nach Maßgabe des Vertrags über die Europäische Union dafür zuständig, eine gemeinsame Außen- und Sicherheitspolitik einschließlich der schrittweisen Festlegung einer gemeinsamen Verteidigungspolitik zu erarbeiten und zu verwirklichen.

(5) In bestimmten Bereichen ist die Union nach Maßgabe der Verträge dafür zuständig, Maßnahmen zur Unterstützung, Koordinierung oder Ergänzung der Maßnahmen der Mitgliedstaaten durchzuführen, ohne dass dadurch die Zuständigkeit der Union für diese Bereiche an die Stelle der Zuständigkeit der Mitgliedstaaten tritt. [...]

Quelle: http://eur-lex.europa.eu/de/index.htm [Zugriff: 19.04.2011]

M4 Übersicht über die Zuständigkeiten der EU

Ausschließliche Zuständigkeit	Geteilte Zuständigkeit	Unterstützende Zuständigkeit
– Zollunion – Festlegung der für das Funktionieren des Binnenmarkts erforderlichen Wettbewerbsregeln – Währungspolitik für die Mitgliedstaaten, deren Währung der Euro ist – Erhaltung der biologischen Meeresschätze im Rahmen der gemeinsamen Fischereipolitik – gemeinsame Handelspolitik – Abschluss internationaler Übereinkünfte zur Ausübung ihrer Aufgaben	– Binnenmarkt – Sozialpolitik hinsichtlich der in diesem Vertrag genannten Aspekte – wirtschaftlicher, sozialer und territorialer Zusammenhalt – Landwirtschaft und Fischerei, ausgenommen die Erhaltung der biologischen Meeresschätze – Umwelt – Verbraucherschutz – Verkehr – transeuropäische Netze – Energie – Raum der Freiheit, der Sicherheit und des Rechts – Sicherheitsanliegen die Öffentliche Gesundheit betreffend – Unterstützende Programme für Forschung, technologische Entwicklung und Raumfahrt – Entwicklungsarbeit und humanitäre Hilfe – Alle genannten Punkte kommen nur dann zum Tragen, wenn die Mitgliedstaaten nicht an der Ausübung ihrer Zuständigkeiten gehindert werden.	– Schutz und Verbesserung der menschlichen Gesundheit – Industrie – Kultur – Tourismus – allgemeine und berufliche Bildung, Jugend und Sport – Katastrophenschutz – Verwaltungszusammenarbeit

Quelle: Zusammengestellt mithilfe folgender Artikel: Artikel 3 des Vertrages über die Arbeitsweise der Europäischen Union (AEUV), Artikel 4 des Vertrages über die Arbeitsweise der Europäischen Union (AEUV), Artikel 6 des Vertrages über die Arbeitsweise der Europäischen Union (AEUV)

Miniglossar

Zollunion
Zusammenschluss von Staaten, die untereinander keine Zölle erheben, jedoch gegenüber „Drittländern", also Nichtmitgliedstaaten der Zollunion

Binnenmarkt
Gemeinsamer Wirtschaftsraum der Mitgliedstaaten der EU; Grundlage sind die „vier Freiheiten": freier Warenverkehr, personelle Freizügigkeit, Dienstleistungsfreiheit, freier Kapitalverkehr

Arbeitsvorschläge

1. Erläutern Sie, den Grundsatz der Subsidiarität (M 3) an einem konkreten Beispiel.

2. Unterscheiden sie in welchen Bereichen die EU ausschließliche Zuständigkeit, geteilte Zuständigkeit und unterstützende Zuständigkeit hat und erläutern Sie, wann die verschiedenen Zuständigkeiten zutreffen (M 2 – M 4).

3. Stellen Sie die verschiedenen Möglichkeiten der Bundesrepublik Deutschland dar, in unterschiedlichen Politikbereichen Einfluss in der EU auszuüben (M 1 – M 4).

4 Wie verändert sich unsere Demokratie?

Die Auseinandersetzung um den Lissabon-Vertrag in Deutschland

M1 Grundlagendiskussion

Es war sogar in Klammern gesetzt, dieses merkwürdige Wort, das ziemlich versteckt in der dreiseitigen Tagesordnung des Bundesverfassungsgerichts stand. [...]
Wie weit Deutschland schon „entstaatlicht" ist, darüber ließ sich erwartungsgemäß keine Einigkeit erzielen – die Angaben, wie viele Gesetze vom EU-Recht beeinflusst sein sollen, reichen von 6 bis 80 Prozent. [Den Prozess der Einflussnahme definiert] oft genug der Europäische Gerichtshof (EuGH). [...] Der EuGH hatte z. B. die umstrittene EU-Richtlinie zur Vorratsdatenspeicherung bestätigt – obwohl eine EU-Zuständigkeit auf äußerst dünnem Eis ruht: Die Befugnis zum massenhaften Sammeln von Telefon- und Internet-Verbindungsdaten – wiewohl zur Terrorbekämpfung gedacht – war von der EU als Maßnahme zum besseren Funktionieren des Binnenmarkts etikettiert worden. Dafür reicht eine Mehrheitsentscheidung im Europäischen Rat; für die Terrorbekämpfung wäre dagegen ein einstimmiger Rahmenbeschluss nötig gewesen. „Ein eklatanter Missbrauch und die Usurpation einer Kompetenzgrundlage", schimpfte der Freiburger Professor Dietrich Murswiek, der den klagenden CSU-Abgeordneten Gauweiler vertritt.
Der Vorwurf, der EuGH verstehe sich allzu sehr als „Motor der Integration", ist nicht neu. Im Maastricht-Urteil 1993 hatten sich die Karlsruher Richter eine Wächterfunktion vorbehalten: Alle Normen, die über die Brücke von Europa nach Deutschland wollen, müssen an einem Kontrollhäuschen vorbei, in dem das Bundesverfassungsgericht sitzt. [...]
Der zweite Streitpunkt der Karlsruher Anhörung war das komplizierte Verhältnis der Europäischen Union zur Demokratie, ein echter Dauerbrenner der EU-Diskussion. Die Demokratie sei die große Verliererin des Lissabon-Vertrags, behaupteten die Kläger. Weil der Bundestag nicht wirkungsvoll an der EU-Gesetzgebung mitwirken könne, und auch, weil das EU-Parlament kein eigenes Gesetzes-Initiativrecht habe und überhaupt ziemlich undemokratisch gewählt werde. Was sowohl Bundesinnenminister Wolfgang Schäuble (CDU) als auch Außenminister Frank-Walter Steinmeier (SPD) nachdrücklich bestritten. [...]

Stärkung des Bundestags

Was stimmt nun: Hilft das Vertragswerk den deutschen Parlamentariern oder werden sie ausgebootet? Es war der starke Auftritt des Abgeordneten Jerzy Montag, der auf die Richter sichtlich Eindruck machte. Der Rechtspolitiker von Bündnis 90/Die Grünen [... versicherte] den Richtern, dass die EU-Gläubigkeit der Parlamentarier Geschichte sei. Inzwischen seien die Abgeordneten informiert, sie mischten sich ein, zögen EU-Themen an sich. [...] Mit „Lissabon" [...] werde der Bundestag gestärkt [...].

Bellen, aber nicht beißen?

Wird Karlsruhe den Vertrag von Lissabon also passieren lassen? [...] Die Antwort könnte im Wörtchen Parlamentsvorbehalt liegen. Denn was dem Gericht unangenehm auffiel, waren Artikel im Vertrag, mit denen der Europäische Rat seine Zuständigkeiten ausweiten kann. Zum Beispiel im Strafrecht. Dort gibt es ein paar EU-Zuständigkeiten für schwere grenzüberschreitende Kriminalität – die die EU allerdings mehr oder minder in Eigenregie ausdehnen könnte. Könnten solche schleichenden Machterweiterungen [...] nicht an die Zustimmung des Bundestags und des Bundesrats geknüpft werden?
Der Charme einer solchen „kleinen Lösung": Die Verfassungsrichter könnten ihre Vorgaben auf die nationale Ebene begrenzen. Für welche EU-Mitentscheidungen sich die Regierung das Plazet des Parlaments holen muss, lässt sich innerdeutsch regeln. Der Lissabon-Vertrag selbst bliebe unangetastet und könnte vom Bundespräsidenten ratifiziert werden [...]. Zugleich wäre erreicht, was auch die Kläger wünschen – Europa würde ein klein wenig demokratischer.

Quelle: Janisch, Wolfgang: Lissabon vor der Schranke, in: Das Parlament 08/16.02.2009

Begriff

Der **Vertrag von Lissabon** wurde notwendig, weil die alten Strukturen der EU dem Beitritt zahlreicher neuer Mitgliedstaaten nicht mehr angemessen waren. Da der Verfassungsvertrag (2004), der dieses Problem lösen sollte, in einigen Ländern nicht ratifiziert wurde, erarbeitete eine Regierungskonferenz den Vertrag von Lissabon, der wichtige Elemente der Verfassung übernahm. Er trat am 01.12.2009 in Kraft.

M2 Urteilsbegründung

In seiner Urteilsbegründung stellte der Zweite Senat des Bundesverfassungsgerichts klar, dass das Grundgesetz eine deutsche Beteiligung am Staatenbund der Europäischen Union befürworte. Nicht jedoch ein Aufgehen in einem europäischen Bundesstaat unter Aufgabe der nationalen Souveränität; dazu bedürfe es einer neuen deutschen Verfassung auf Grundlage einer Volksabstimmung. Die Auflage des Verfassungsgerichts, vor der Ratifizierung ein neues Begleitgesetz zum Vertrag von Lissabon zu beschließen, soll das Demokratieprinzip wie auch das Prinzip der Gewaltenteilung stärken. Wann immer EU-Beschlüsse die nationale Souveränität betreffen oder neue EU-Kompetenzen schaffen bzw. Abstimmungsmodi ändern, muss die Zustimmung des deutschen Vertreters im Europäischen Rat von der vorherigen Zustimmung des Bundestages abhängen. Das Bundesverfassungsgericht behält sich vor, sämtliche Entscheidungen aus Brüssel auf ihre Konformität mit dem Grundgesetz zu überprüfen.

Mit dem Urteil reagierte Karlsruhe auf mehrere Verfassungsbeschwerden zur Vereinbarkeit des Vertrags von Lissabon mit dem Grundgesetz. [...] So kritisierte einer der Beschwerdeführer, der CSU-Bundestagsabgeordnete Peter Gauweiler, dass der Lissabonner Vertrag die Souveränität Deutschlands gleich in zweierlei Hinsicht beschneide. Nach der geplanten Erweiterung ihrer Kompetenzen für innere Sicherheit und Strafverfolgung dringe die Europäische Union zum einen verfassungswidrig in Kerngebiete der Staatlichkeit vor. Zum anderen werde die nationalstaatliche Souveränität untergraben durch die Weiterentwicklung der EU zu einem Völkerrechtssubjekt mit weitreichenden außenpolitischen Kompetenzen. Zudem sprach Gauweiler dem Europäischen Rat die demokratische Legitimität ab; nicht zuletzt sei dessen Entscheidungsverfahren zu wenig transparent. Das Gewaltenteilungsprinzip sah der Beschwerdeführer durch den EU-Vertrag unterhöhlt, weil durch ihn die Bundesregierung über die europäische Ebene Gesetze mitgestalten könne, die dann höherrangig wären, als vom Deutschen Bundestag erlassene Gesetze. [...]

Während der zweitägigen mündlichen Verhandlung im Februar 2009, zu der auch Vertreter der Bundesregierung geladen waren, wurden die einzelnen Klagepunkte kritisch diskutiert. [...] Das jetzige Urteil macht den Weg frei für den Vertrag von Lissabon. Vertreter der Regierungskoalition im Bundestag kündigten bereits an, das vom Gericht geforderte Begleitgesetz Anfang September, also noch vor der Bundestagswahl, zu verabschieden. Anschließend kann Bundespräsident Horst Köhler seine Unterschrift unter die Ratifizierungsurkunde setzen.

www.bpb.de/themen/NIPB3X,0,0,Urteil_des_Bundesverfassungsgerichts_zum_Vertrag_von_Lissabon.html vom 30.06.2009 [Zugriff: 19.04.2011]

Arbeitsvorschläge

1. Skizzieren Sie die grundlegenden Positionen in der Diskussion um den Lissabon-Vertrag (M1), indem Sie erläutern, was zu verstehen ist unter
- Entstaatlichung,
- der erwähnten Kritik am Europäischen Gerichtshof (EuGH),
- dem demokratischen Problem
- und dem Parlamentsvorbehalt.

2. Nehmen Sie Stellung und formulieren Sie eine eigene Meinung als Diskussionsbeitrag.

3. Benennen Sie die Hauptkritikpunkte des Verfassungsgerichtes am Lissabon-Vertrag (M2).

4. Schreiben Sie einen Leserbrief an eine Zeitung zum Lissabon-Vertrag. Berücksichtigen Sie dabei die Überlegungen, ob die Position der EU oder Deutschlands gestärkt wird (M2) und nehmen Sie dazu Stellung. Schreiben Sie den Leserbrief aus der Sicht
- a) eines Bürgers Australiens oder
- b) eines Staates, der der EU beitreten möchte
- c) oder eines Bürgers Deutschlands.

4 Wie verändert sich unsere Demokratie?

Massenmedien – Massenmacht?
Politik im „Netz"

M1 Die Parteien im „Web 2.0"

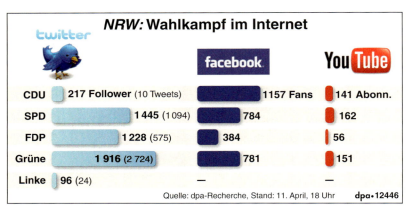

Dargestellt wird die Präsenz der Parteien während des Wahlkampfes zur Landtagswahl 2010.

M2 Wahlkampf 2.0 in Deutschland

[...] 2009 ist das Jahr der deutschen Online-Wahlkämpfer. Noch gut 200 Tage sind es bis zur Wahl am 27. September. In dieser Zeit wird es einen Internetwahlkampf geben, der
5 zumindest in Deutschland neue Maßstäbe setzt. CDU-Bundesgeschäftsführer Dr. Klaus Schüler glaubt zwar nicht, dass eine gelungene Online-Kampagne zwangsläufig den Sieg bei der Bundestagswahl nach sich
10 zieht. Allerdings bedeute der Wahlkampf 2009 für alle Parteien mehr als nur Plakate zu kleben, Werbespots in den Medien zu schalten und bei Kundgebungen mit den Spitzenkandidaten zu überzeugen. „Der
15 Online-Wahlkampf wird eine der tragenden Säule der CDU-Kampagne", sagt Schüler. Noch überzeugter äußerte sich SPD-Geschäftsführer Kajo Wasserhövel im Januar bei der Vorstellung des neuen SPD-Inter-
20 netauftritts, mit dem der Kampf um das Kanzleramt eröffnet wurde. [...] Beide Parteien setzten [...] auf ehrenamtliche Helfer und haben dafür eigene Internet-Auftritte eingerichtet. Das „Team Deutschland" und
25 „Meine SPD" sollen sich online koordinieren, vor allem die CDU will mit der neuen Website eine Organisationseinheit für die Unterstützer schaffen. Auf der Team-Site ist auch sichtbar, dass die CDU-Helfer in den
30 sozialen Netzwerken Gruppen gegründet haben und aktiv sind – „Team Deutschland" bei Facebook, Twitter, StudiVZ, Flickr und Wer-kennt-wen. „Früher waren Internetseiten von Parteien Landebahnen für politisch
35 Interessierte, heute müssen sie Startrampen für politisch Aktive sein", erklärt Generalsekretär Ronald Pofalla. Diesem Prinzip folgend ist der neue Internetauftritt der CDU konzipiert. Auch die SPD verlinkt
40 in die sozialen Netzwerke Facebook, Flickr und auf die Videoplattform YouTube. Dem Regierungspartner ist der YouTube-Kanal CDU-TV auf der eigenen Startseite auch einen prominenten Platz wert – offenbar mit
45 Erfolg: Das Video, das die Doppelnamen-Diskussion um SPD-Spitzenkandidat Frank-Walter Steinmeier karikierte, schaffte es in den vergangenen Tagen auf fast 14 000 Abrufe – und liegt damit in Reichweite zum
50 gelungenen Video-Schnipsel der Saar-SPD: Mehr als 16 000 YouTube-Nutzer haben sich bisher das virtuelle Wettrennen zwischen CDU-Ministerpräsident Peter Müller und Linkspartei-Herausforderer Oskar Lafon-
55 taine angesehen, bei dem am Ende der SPD-Spitzenkandidat Heiko Maas der stille Sieger ist. „Ich glaube, dass die kurzen Filme im Netz ein Element des Wahlkampfes wer-

Begriff

Medien sind Mittel, Verfahren und Institutionen zur Verbreitung von Botschaften (Informationen, Bildern, Nachrichten etc.). Zu den Massenmedien zählen insbesondere die Presse (Zeitungen, Zeitschriften), der Rundfunk (Hörfunk, Fernsehen) und das Internet.

VT

Medien erfüllen mehrere wichtige Funktionen in einer Demokratie (vgl. S. 126 ff.). Doch die Medienlandschaf ändert sich: Erst hat das Internet die Möglichkeiten der Informationsbeschaffung und -verteilung revolutioniert, nun entstehen z. B. mit Sozialen Netzwerken im Internet ganz neue Kommunikationsformen. Welche Möglichkeiten ergeben sich aus dieser Entwicklung für die Demokratie in Deutschland, für Parteien, Gruppen, Wähler? Und welche Risiken sind damit verbunden?

den. Wenn man Botschaften witzig verpacken kann, dann werden wir als Partei auch davon profitieren", sagt Oliver Röseler, Bereichsleiter Marketing in der CDU-Zentrale. [...]

Quelle: Schneider, F.: www.morgenpost.de/politik/article1043330/Im_Netz_tobt_schon_der_Bundestagswahlkampf.html vom 26.02.2009, [Zugriff: 19.04.2011]

M4 Erweiterung der Parteienwelt

[...] Die Flagge mit dem schwarzen Segel auf weißem Grund weht schon in unmittelbarer Nähe des Berliner Regierungszentrums: Die Piratenpartei hat Ende Juni ihr Wahlkampfbüro für die Bundestagswahl eröffnet.

„Für den gläsernen Staat und nicht den gläsernen Bürger", für die „Freiheit des Wissens", für die Freiheit im Netz und gegen die Bevormundung durch staatliche Aufpasser – so tritt eine Gruppierung an, die vor Monaten noch belächelt wurde. „Wir müssen die Demokratie reparieren", bekundet nun der Pirat Florian Bischof, 31, Software-Entwickler und Spitzenkandidat auf der Berliner Landesliste. Die Leute hören ihm zu. Mit ihrer These, dass sich an der Freiheit des Internets die Freiheitlichkeit der Gesellschaft entscheide, haben die meist jungen Netizens bereits bei der Europawahl überzeugt: 0,9 Prozent im Bundesschnitt erhielten die Netzretter, in einem Wahlkreis der Hauptstadt kamen sie sogar auf mehr als fünf Prozent.

Quelle: Darnstädt, T./Hornig, F./Müller, M. U./Rosenbach, M./Schmundt, H.: www.spiegel.de/spiegel/print/d-66360414.html vom 10.08.2009, [Zugriff: 19.04.2011]

M5 Neue „Demokratieformen"?

[...] Es bedarf oft nur eines kleinen Impulses, um eine Welle im Internet auszulö-

M3 Netzwerk

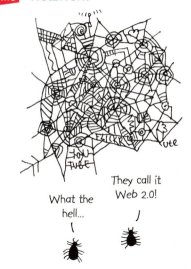

sen – wie im Fall des unbekannten Nutzers der Fotoplattform Flickr, der im September 2009 das Bild eines Wahlplakats von Kanzlerin Angela Merkel hochlud, das mit den Worten „Und Alle so – ‚Yeaahh'" bekritzelt war. Blogger und Twitter-Nutzer verbreiteten das Foto im Internet. Und genau eine Woche später skandierte ein Flashmob von Hunderten Internetnutzern nach jedem Satz der Kanzlerkandidatin bei einer Rede in Hamburg lautstark „Yeah". [...] „Das Internet repolitisiert die Welt jenseits der Parteien", sagt Kruse. Es verändere damit die Machtverhältnisse, indem es das Selbstbewusstsein der Gesellschaft stärke. „Die politische Macht geht auf die Masse über", sagt der Professor. Durch das Web werde die Gesellschaft sich ihrer selbst bewusster. Und das stärke ihr Selbstbewusstsein. So werden Menschen politisch, die sich von den herkömmlichen, altbackenen Strategien der Politik nicht faszinieren lassen. [...]

Quelle: Stüber, Jürgen: www.welt.de/webwelt/article7299674/Das-Internet-hat-die-Regeln-der-Macht-neu-definiert.html vom 23.04.2010, [Zugriff: 19.04.2011]

Online Link
065630-0404

Arbeitsvorschläge

1. Erläutern Sie die Möglichkeiten, die sich durch das „Web 2.0" für die Parteien ergeben haben (M1 und M2).

2. Analysieren Sie die Karikatur und beziehen Sie ihre Ergebnisse zum Web 2.0 mit in die Analyse ein (M3).

3. Welche Rolle spielt die „Piratenpartei" in der Parteienwelt? Recherchieren Sie den aktuellen „Erfolgsstand" im Internet (Onlinelink) und geben Sie begründet eine wertende Einschätzung ab (M4).

4. Beurteilen Sie, ob es sich bei der in M5 genannten Aktivität um politische Aktion oder um „witzigen" Aktionismus handelt.

4 Wie verändert sich unsere Demokratie?

Die Rolle der Medien als kontrollierende Macht

M1 Die vierte Gewalt

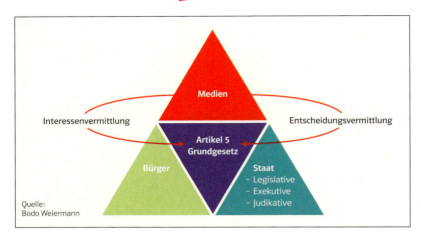

Quelle: Bodo Weiermann

M2 Leistungsfunktionen von Massenmedien

- Forumsfunktion: [...] Medien stellen Informationen zur Verfügung und machen politische und gesellschaftliche Prozesse transparent, um so die Meinungs- und Willensbildung der Bevölkerung zu ermöglichen. Medienvermittelte öffentliche Kommunikation sorgt damit, abgestützt auf die elementaren Grundrechte der Meinungs-, Versammlungs- und Pressefreiheit, für eine begründete Rationalitätserwartung gegenüber Problemauswahl und -bearbeitungsprozessen.
- Legitimations- und Kontrollfunktion: [...] Massenmedien sind sowohl Kontrolleur von Machtausübung, indem sie politisches Handeln transparent und damit öffentlich machen. Sie sind aber auch Forum für die politischen Akteure, die hier ihr Handeln begründen und damit legitimieren müssen.
- Integrationsfunktion: Massenmediale öffentliche Kommunikation ist der Hauptzugang zur Gesellschaft für ihre Mitglieder. [... In den Massenmedien] können sich die Bürger als Mitglied eines gemeinsamen Kollektivs selbst wahrnehmen. Durch die Bereitstellung einer entsprechenden Informationsbasis können die Bürger an der Gesellschaft als aktive Mitglieder partizipieren.

Quelle: Lucht, Jens: Öffentlicher Rundfunk in der Demokratie, in: Aus Politik und Zeitgeschichte 9–10/2009: Öffentlich-rechtlicher Rundfunk, S. 25–26

M3 Befindet sich die Medien-Öffentlichkeit in der Krise?

Auszug aus der Rede von Thomas Krüger (seit 2000 Präsident der Bundeszentrale für politische Bildung) vom 11.10.2009

Vordergründig scheint das Vertrauen in die Massenmedien gegeben. Eine Mehrheit der Menschen stützt sich auf Informationen aus Rundfunk, Internet und Tageszeitungen. Für die öffentliche Debatte über die Wirtschaftskrise, das Gesundheitswesen und die soziale Gerechtigkeit scheinen diese Medien gut genug zu sein. Doch wer sich ein wenig umhört in der Welt der Medien, weiß von einer Krise zu berichten, die derzeit alles erschüttert – und die viel mit verlorenem Vertrauen der Konsumenten zu tun hat. Das liegt nicht alleine daran, dass Papier unzeitgemäß wäre oder die User sich lieber ihr ganz individuelles Programm im Netz zusammenklicken. Vielmehr bieten neue Kommunikationsformen jetzt neue Wege [...]. Das heißt: Partizipation und Interaktivität kommen zu ihrem Recht, Themen werden nicht mehr länger

VT

Durch die gestiegenen Nutzerzahlen des Internets scheint sich eine neue Welt der politischen Mitbestimmung zu eröffnen. Inwieweit hat sich die Rolle der Medien durch die neuen technischen Möglichkeiten des Internets mit all seinen sozialen Netzwerkmöglichkeiten geändert? Werden die neuen Möglichkeiten von den politischen Akteuren unserer Demokratie sinnvoll genutzt und ergeben sich neue Partizipationszugänge für die Bürgerinnen und Bürger? Sind die Massenmedien noch immer die vierte (kontrollierende) Gewalt in unserem politischen System?

top down vorgegeben, die Teilnehmer dagegen nehmen bottom up Einfluss, den sie als Leserbriefschreiber nie gehabt hätten. Zugleich befinden sich die großen Medien in einer Krise mit wirtschaftlicher und inhaltlicher Dimension. [...]

Quelle: www.bpb.de/presse/MODPB9.html vom 11.10.2009 [Zugriff: 19.04.2011]

M4 Kritische Rolle der Medien?

Die Kommunikation politischer Vorhaben und das öffentliche Werben um demokratische Zustimmung gehörten schon immer zu den zentralen Anforderungen an politische Führung in der Demokratie.
Seit den Anfängen des modernen Parlamentarismus haben sich die Bedingungen und Ausprägungen von Regierungskommunikation jedoch nachhaltig verändert. Parlamentsbasierte Regierungskommunikation hat an Bedeutung eingebüßt, parallel zu der faktischen „Entparlamentarisierung" der Regierungskommunikation haben sich die Anforderungen an „public leadership" länderübergreifend deutlich erhöht. Dabei geht es [unter anderem] um jene zahlreichen Aspekte, die heute verbreitet unter dem Stichwort „media management" zusammengefasst werden, und womit so unterschiedliche Aktivitäten wie die Gewährleistung der „Medientauglichkeit" der maßgeblichen Entscheidungsträger, die strategische Lancierung von Informationen an die Medien oder die Einstellung des Regierungsapparates auf den Umgang mit einem dramatisch intensivierten Zeitdruck durch die kommerzialisierten Massenmedien gemeint sind. [...]

Quelle: Helms, Ludger: Leadership-Forschung als Demokratiewissenschaft, in: Aus Politik und Zeitgeschichte 2–3/2010: Politische Führung, S. 6

M5 Medienmacht

„Journalisten kontrollieren den Mächtigen, wer immer das sei. Neben den Staatsgewalten, ja gegen sie, etabliert sich eine Macht, die sich mit ihrer notwendigen Kontrollfunktion dem gewaltenteiligen Prinzip entzieht." Diese Einschätzung stammt von dem Journalisten Hermann Boventer und er teilt sie mit vielen, nicht nur mit seinen Berufskollegen. [...] Was Aufmerksamkeit gewinnt, hängt im großen und ganzen von den Medien ab, in Besonderheit vom Fernsehen, weil es qualitativ banal und quantitativ bedeutungsvoll ist. Zum anderen: Nicht jegliches Geschehen und nicht alle Meinungen finden Platz in den Gazetten und Programmen. Information bedeutet immer zugleich Selektion, und die Selektierer sind die Journalisten. Sie vermitteln zwar, aber sie bestimmen auch, was sie vermitteln, und dies mit Tendenz, nicht selten tendenziös. [... Es] kann überspitzt formuliert werden: Wenn nur in der Welt ist, was in den Medien ist, dann bestimmen die Medien die Welt. [...] Jedenfalls lässt sich feststellen: Medienmacht reicht weit über die Kontrolle der Staatsgewalt hinaus. Sie hat sich zu einer eigenständigen, autonomen Macht emanzipiert, einer eminenten Macht im pluralistischen Gemeinwesen des Verfassungsstaates.

Quelle: Schmitt Glaeser, Walter: Die Macht der Medien in der Gewaltenteilung, in: Zukunftsforum Politik 48/2008 (Broschürenreihe, herausgegeben von der Konrad-Adenauer-Stiftung e.V., Sankt Augustin)

Arbeitsvorschläge

1. Erklären Sie die Rolle der Medien als sogenannte vierte Gewalt (M1).

2. Überprüfen Sie, ob sich die in M2 genannten Leistungsfunktionen in Ihrer eigenen medialen Erfahrungswelt wiederfinden lassen.

3. Erläutern Sie die Nachteile der „alten Massenmedien" (TV, Zeitung, Radio), die Thomas Krüger gegenüber den „neuen Massenmedien" (Internet) sieht? (M3)

4. Erläutern Sie die Rolle, die in M4 den Medien in einer sich verändernden politischen Kommunikation zugesprochen wird.

5. Ist Medienmacht legitim? Nehmen Sie kurz Stellung (M5).

6. Verändert sich die Medienmacht der Journalisten durch die Möglichkeiten der sozialen Netzwerke? Überprüfen Sie dies mithilfe Ihrer eigenen Alltags- und Medienerfahrungen (M5).

4 Wie verändert sich unsere Demokratie?

E-Demokratie – die neue Politikdimension?

Miniglossar

Petition
Eingabe oder Beschwerde an eine zuständige politische Instanz.

E-Government
steht für die elektronische Abwicklung von Informations- und Kommunikationsprozessen zwischen Behörden und BürgerInnen sowie Unternehmen.

M1 Die Ebenen der E-Demokratie

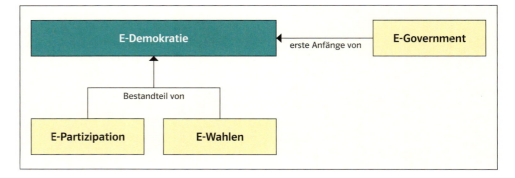

M2 Beispiel Petitionen

Petitionen können inzwischen auch elektronisch unterzeichnet werden – wie wirkt sich das auf das Petitionswesen aus?

Die Anzahl der Mitunterzeichner geht bei diesem Verfahren bisweilen in die Zehntausende. [Es] hatten sich bis Ende 2006 mehr als 450 000 Bürger an öffentlichen Petitionen beteiligt, ca. 18 000 Beiträge sind in den Diskussionsforen der Petitionen eingegangen. Der Vergleich mit Zahlen zur Nutzung des Petitionsrechts vor Einführung der öffentlichen Petitionen zeigt, dass jährlich zwischen 15 und 20 Tausend Petitionen beim Bundestag neu eingehen. Davon waren im Jahr 2004 1 134 Sammelpetitionen, also Unterschriftensammlungen mit demselben Anliegen, unter die seit 2005 auch die öffentlichen Petitionen gefasst werden (Bundestagsdrucksache 16/2 500). Der Einsatz des Internets zur Unterstützung der Petitionsmöglichkeiten hat also nicht unbedingt zu einer Ausweitung der Nutzung dieser Möglichkeit geführt. Er hat aber erkennbar die Sichtbarkeit der Anliegen in der öffentlichen Wahrnehmung gesteigert.

Quelle: Albrecht, Steffen, u.a.: E-Partizipation – Elektronische Beteiligung von Bevölkerung und Wirtschaft am E-Government, Studie im Auftrag des Bundesministeriums des Innern, Bremen 2008, S. 50

Begriff

Die **E-Demokratie** soll Bürgerinnen und Bürgern zusätzliche demokratische Mitbestimmungs- und Gestaltungsmöglichkeiten eröffnen. Beispiele sind Online-Wahlen und politische Diskussionsforen im Netz. Unter diesem Stichwort werden aber auch ganz allgemein die demokratischen Potenziale des Internets diskutiert. Den Großteil der in Deutschland vorkommenden Elemente der E-Demokratie macht der Bereich der sogenannten E-Partizipation aus.

M3 Beispiele für E-Government-Angebote

- Einkommensteuererklärung
- Arbeitssuche
- Anträge auf Sozialleistungen
- Erstellung persönlicher Dokumente
- Fahrzeuganmeldungen
- Anträge auf Baugenehmigung
- Polizeiliche Anzeigen
- Ausleihe in öffentlichen Büchereien
- Einschreibung an Hochschulen
- Wohnungsummeldung

VT

Es gibt eine verwirrende Vielfalt an Begriffen, die sich auf die elektronische Demokratie beziehen. Es kann in diesem Zusammenhang eine Internetrecherche zu diesem sehr umfassenden Themenkomplex durchgeführt werden. Zur übersichtlichen Analyse dieses Themenkomplexes werden hier nur die beiden oben genannten Bereiche näher analysiert. Da die Elemente der E-Demokratie und des E-Government häufig als Synonym verwendet werden, werden sie hier auch so behandelt. Dass die Partizipationsmöglichkeiten nicht nur Nutzen für den Bürger mit sich bringen, liegt auf der Hand; genauere Einsparanalysen der jeweiligen Bereiche liegen leider aber noch nicht verlässlich vor.

M4 Was nutzen die Bürger?

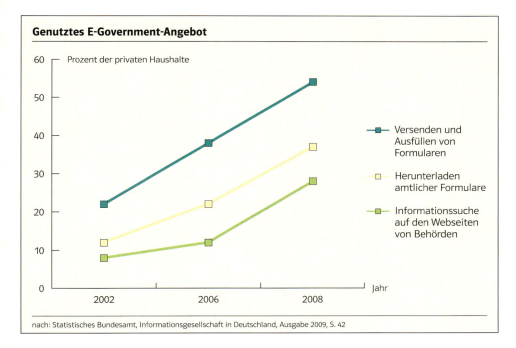

nach: Statistisches Bundesamt, Informationsgesellschaft in Deutschland, Ausgabe 2009, S. 42

M5 Verfügbarkeit

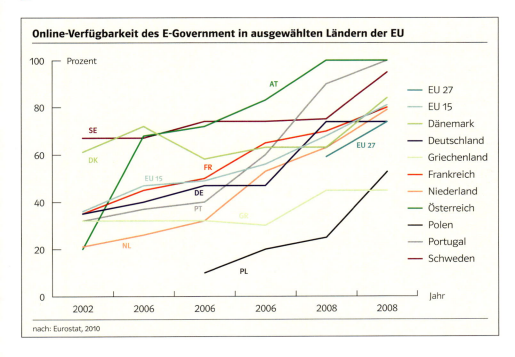

nach: Eurostat, 2010

Erläuterung: Der Indikator gibt den Prozentsatz von 20 grundlegenden öffentlichen Diensten an, für die eine vollständig elektronische Sachbearbeitung möglich ist. Wenn z. B. in einem Land 13 der 20 Dienste als 100 Prozent elektronisch bearbeitbar eingestuft werden und ein Dienst nicht relevant ist (z. B. weil er nicht existiert), beträgt der Indikator 13/19, d. h. 68,4 Prozent. Die Messung basiert auf einer Probe von URLs öffentlicher Webseiten.

M6 Online-Wahlen

Die Möglichkeiten der E-Demokratie umfassen nicht nur Diskussionsforen oder E-Government, sondern reichen mit Internet-Wahlen bis in den Kernbereich der Demokratie. Der Journalist Joachim Hackmann hat Vor- und Nachteile zusammengestellt.

Vorteile

Kosten: Die digitale Stimmabgabe erübrigt die manuelle Auszählung der Wahlzettel. Das spart Geld für Helfer insbesondere bei einigen Kommunalwahlen, wo die Bürger sehr viele Stimmen auf verschiedene Kandidaten verteilen können. [...]

Wahlbeteiligung: Die Wähler müssen ihr Heim beziehungsweise ihren Arbeitsplatz nicht verlassen, um ihre Stimme abzugeben. Es ist kein Geheimnis, dass Beteiligung an politischen Wahlen unter schlechtem Wetter leidet. [...]

Komfort: Wer bei Kommunalwahlen panaschieren und kumulieren durfte, weiß, wie unübersichtlich Wahlzettel und Stimmvergabe sein können. Online-Systeme können verhindern, dass beispielsweise zu viele Kandidaten angekreuzt werden und damit der Stimmzettel ungültig wird. [...]

Verlässlichkeit: Die abgegebenen Stimmen werden maschinell gezählt. Es gibt keine Fehler, wie sie bei der manuellen Auszählung vorkommen.

Kritikpunkte

Sicherheit: Die Stimmen werden doppelt verschlüsselt und bis zur Auszählung mehrfach signiert. Offen ist jedoch die Frage, wie Online-Wahl-Systeme etwa auf Denial-of-Services-Attacken reagieren. Solche Angriffe könnten die Lösung zum Erliegen bringen.

Vertrauen in das Wahlergebnis: Die Sicherheit der Wahlen muss nicht nur technisch gewährleistet sein, sie muss die Bürger überzeugen. Zweifelten zu viele Wähler die Richtigkeit des Wahlergebnisses an, könnte das die Legitimation der Wahl untergraben, selbst wenn die Bedenken technisch unbegründet [sind].

Spaßwähler: [...] Online-Wahlen erleichtern die Stimmabgabe und verführen dazu, leichtsinnig und unreflektiert abzustimmen. Die verbesserte Wahlbeteiligung könnte dann das Bild vom wirklichen Zustand der politischen Kultur verfälschen.

Privatisierung: Die Online-Wahl verlagert die Stimmabgabe von einem öffentlichen Ort in die Privatsphäre, damit verliere der Wähler den Bezug zum Gemeinwesen. [...]

Private Betreiber: Die Durchführung der Wahl ist eine hoheitliche Aufgabe. Da die öffentliche Hand die für eine Online-Wahl erforderliche Infrastruktur kaum selbst aufbauen und betreiben kann, wird sie privatwirtschaftliche Unternehmen damit beauftragen. Damit gibt sie die Kontrolle teilweise aus der Hand.

Quelle: www.computerwoche.de/mittelstand/1906170/ vom 24.09.2009 [Zugriff: 19.04.2011]

M7 Der Obama-Effekt

[...] Ob Twitter, Facebook oder der eigene YouTube-Kanal – Parteien setzen in Wahlkampfzeiten immer stärker auf die interaktiven Werkzeuge des Web 2.0. Auch in Nordrhein-Westfalen hoffen CDU und SPD vor der Landtagswahl am 9. Mai auf den Obama-Effekt. Der amerikanische Präsident hatte es 2008 geschafft, mit seiner innovativen Internetstrategie ein Heer wertvoller Unterstützer um sich zu scharen. Doch Kommunikationsforscher der Uni Hohenheim kommen in einer Studie zu einem ganz anderen Schluss: Das Internet dürfte den geringsten Beitrag leisten, um den neuen Regierungschef in Nordrhein-Westfalen zu küren. Was vom Internet-Wahlkampf wirklich übrigbleibt, ist nach Einschätzung von Studienleiter Thorsten Quandt ernüchternd. Trotz aller Web-Aktivitäten entpuppten sich Fernsehen und Zeitung weiterhin als wichtigste Informationsquelle der Wähler, fand der Kommunikationswissenschaftler in einer Analyse des Online-Bundestagswahlkampfs heraus. Nur ein Drittel der Bevölkerung hatte sich demnach überhaupt über den Wahlkampf im Netz informiert – in den USA lag der Anteil nach der Präsidentschaftswahl 2008 laut einer Vergleichsstudie bei knapp 60 Prozent. Zu erklären sei das geringere Interesse am Internetwahlkampf in Deutschland vor allem durch Kultur- und Mentalitätsunterschiede, meint Quandt. Die Amerikaner zeigten sich neuen Technologien gegenüber grundsätzlich aufgeschlossener. Internet-Terminals in Cafés und öffentlichen Einrichtungen oder mobile Laptop- und Handy-Surfer seien in den USA noch immer häufiger anzutreffen als in der Bundesrepublik. Letztlich hänge man in Deutschland doch stärker an Traditionen, zu der etwa auch das Schauen der guten alten „Tagesschau" gehöre, sagt Quandt. Wahlkampf im Internet sei sicherlich nicht falsch, dürfe aber auch nicht überschätzt werden, folgert der Wissenschaftler. [...]

Quelle: APN, Pegna, Daniela: www.spiegel.de/netzwelt/netzpolitik/0,1518,689755,00.html vom 19.04.2010, [Zugriff: 19.04.2011]

M8 Junge Wechselwähler begeistern

[...] Tobias Afsali (Wahlkämpfer einer Partei) hofft bei StudiVZ viele anzutreffen, die noch jung genug sind, um nicht auf eine Partei festgelegt zu sein. Doch Afsali macht etwas, wofür es in den Internet-Wahlkampfzentralen, die weit weniger als fünf Prozent der verfügbaren Wahlkampfmittel einsetzen können, kaum Personal und Zeit gibt, obwohl es ein Kernelement eines erfolgreichen Online-Wahlkampfs ist: Unterstützer rekrutieren, statt auf sie zu warten. Der Rekrutierung widmet sich Afsali, indem er die persönlichen Profile seiner Regensburger Kommilitonen durchforstet und so herauszubekommen versucht, wer zur SPD passt. Viele lassen sich ja im Internet über ihre Hobbys, Interessen und eigene politische Haltungen aus, indem sie sich zum Beispiel als „Gegner von Studiengebühren" zu erkennen geben oder bekennen: „Atomkraft? Nein, Danke!" Wenn somit die politische Grundlinie passt, schreibt Afsali ihnen und macht sie auf die SPD aufmerksam.

Quelle: Merkel, Karen: www.welt.de/politik/deutschland/article4288485/Warum-der-Wahlkampf-im-Internet-verpufft.html vom 10.08.2009, [Zugriff: 19.04.2011]

Online Link
065630-0405

Arbeitsvorschläge

1. Definieren Sie anschaulich E-Government und E-Demokratie (M1).

2. Recherchieren Sie Beispiele für die E-Partizipation in Ihrer Stadt.

3. Erläutern Sie die in M2 und M3 genannten elektronischen Angebote von Bund und Ländern.

4. Bewerten Sie das deutsche E-Government-Angebot im europäischen Vergleich (M5).

5. Führen Sie zu einem auf dieser Seite genannten Beispiel eine Internetrecherche zu E-Demokratie und E-Government in Deutschland durch: Welche Möglichkeiten werden Ihnen geboten? Auf welche Schwierigkeiten stoßen Sie?

6. Wägen Sie Vor- und Nachteile von Internetwahlen (M6) erst in Einzelarbeit ab und diskutieren Sie sie anschließend im Kurs.

7. Diskutieren Sie die folgende Aussage des amerikanischen Demokratietheoretikers Robert A. Dahl bezogen auf die Elemente der E-Demokratie:
„Welche Form sie auch immer annehmen wird, die Demokratie künftiger Generationen will und kann nicht die Demokratie unserer Vorfahren sein."

8. Handelt es sich bei den Internetauftritten der Bundestags-Parteien in Deutschland um e-demokratische Elemente? Recherchieren und diskutieren Sie!

9. Wie kann die e-demokratische Zukunft in Deutschland im Jahre 2050 aussehen? Erstellen Sie ein kurzes Zukunftsszenario und präsentieren Sie es Ihrem Kurs.

10. Erklären Sie den „Obama-Effekt" (M7) und erörtern Sie, ob er in Deutschland wirksam sein könnte.

M9 Quer durch alle Altersschichten?

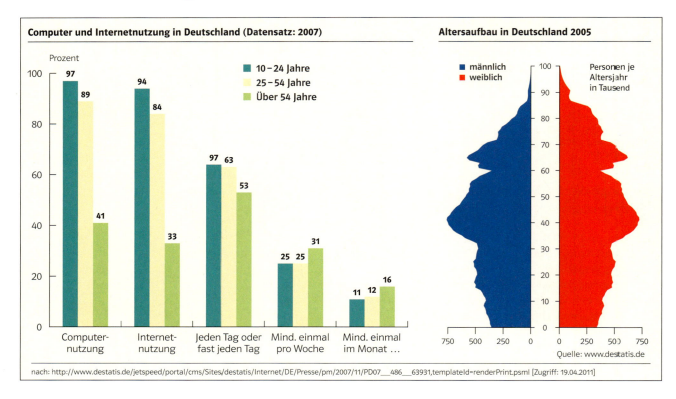

nach: http://www.destatis.de/jetspeed/portal/cms/Sites/destatis/Internet/DE/Presse/pm/2007/11/PD07__486__63931,templateId=renderPrint.psml [Zugriff: 19.04.2011]

M10 Politik im Netz – zwischen Profit und Peinlichkeit

Interview mit dem Kommunikationswissenschaftler Maik Bohne

[...] **WELT ONLINE**: Worin liegen für die Politik die größten Chancen im Internet?

Maik Bohne: Das größte Potential liegt darin, Freiwillige online über das Netz zu mobilisieren und sie dann offline für die Kampagne einzusetzen.

WELT ONLINE: Das müssen Sie erklären?

Bohne: Das Internet ist ein sehr effektives Kampagneninstrument, das Dialoge organisieren kann.

Parteien müssen aber noch viel mehr im Rahmen einer smarten Online-Offline-Vernetzung denken. Sie können im Netz einen einzelnen Botschafter aktivieren und ihn dann mit interessanten Aktionen auf die Straße schicken. Der Botschafter spricht dann wiederum seine Freunde und Kollegen an, es entsteht ein Netzwerk. Dadurch können Parteien eine neue Form der Bürgernähe entstehen lassen.

WELT ONLINE: Nutzen das schon die deutschen Parteien?

Bohne: Zum Teil. Einige Kampagnenmacher denken allerdings noch, das Internet wäre eine Welt für sich. Obama hatte hingegen die Prämisse, dass man alles, was online an Energie entsteht, offline auf die Straße bringen muss.

WELT ONLINE: Die CDU hat das „TeAM Deutschland" ins Leben gerufen, die Sozialdemokraten „Meine SPD"...

Bohne: Der Weg hin zur Partei-Community im Internet ist richtig. In diesem Wahljahr wird es allerdings viel stärker um online koordinierte Aktionen in der Realwelt als um virtuelle Vernetzung im WorldWideWeb gehen. Die Parteien denken bereits zaghaft in diese Richtung. Die SPD hat ihre „Missionen", bei den Grünen gibt es den Aufruf „Bemose Deine Stadt". Das ist alles noch nicht ideal, aber es ist ein Anfang.

WELT ONLINE: Welche Parteien nutzen das Internet insgesamt besonders effektiv?

Bohne: Die kleineren Parteien, Grüne und FDP, haben das Internet schon sehr gut verstanden. Sie arbeiten auch intensiver mit Twitter oder Facebook. Auch bei den großen Parteien nutzen erste Politiker die neuen Medien. Insgesamt sind die kleinen Parteien aber etwas weiter vorne.

WELT ONLINE: Woran liegt das?
Bohne: Kleinere Parteien haben nicht nur eine internetaffinere Wählerklientel, sondern auch kürzere Wege und können deshalb innovativer sein. Sie haben aber auch größeren Mut, neue Sachen auszuprobieren. [...]

Quelle: Beckermann, Antonia: www.welt.de/politik/article3773675/Politik-im-Netz-zwischen-Profit-und-Peinlichkeit.html vom 25.06.2009, [Zugriff: 19.04.2011]

M11 Politik in Blogs

Eine Besonderheit hat es [bei der NRW-Wahl 2010] trotzdem gegeben. Zum ersten Mal wurden Impulse von Blogs wie *Ruhrbarone* und *Wir in NRW* gesetzt. Dahinter stehen gestandene Journalisten. Die Enthüllungen von *Wir in NRW* zu Rüttgers' sogenannter Sponsoring-Affäre führten gar zum Rücktritt von CDU-Generalsekretär Hendrik Wüst. „Dass Blogs politische Themen setzen, ist eine neue Situation, auf die wir reagieren müssen", sagt Oliver Zeisberger, der für die SPD Online-Wahlkampf macht. Er erwartet, dass journalistische Online-Publikationen das Tempo des Wahlkampfes noch häufiger bestimmen werden.

Quelle: www.zeit.de/digital/internet/2010-05/online-wahlkampf-nrw?page=2 vom 07.05.2010 [Zugriff: 19.04.2011]

M12 Facebook

Angela Merkel, Cem Özdemir, Frank-Walter Steinmeier und Guido Westerwelle haben etwas gemeinsam – sie alle sind mit einem eigenen Profil bei Facebook vertreten. Das weltweit größte soziale Netzwerk will zunehmend auch das politische Engagement seiner über 150 Millionen Mitglieder fördern. stern-Redakteur Dirk Liedtke sprach mit der zuständigen Facebook-Managerin Randi Zuckerberg. Die 26-Jährige ist die Schwester des Facebook-Gründers Mark Zuckerberg.

D.L.: Frau Zuckerberg, wie hat Facebook die Amtseinführung von US-Präsident Obama begleitet?

R.Z.: Wer die Übertragung auf der CNN-Website verfolgte, konnte sich mit seinen Facebook-Daten einloggen und so die Kommentare seiner Facebook-Freunde und aller anderen Facebook-Mitglieder live verfolgen, die auch online waren. Gleichzeitig waren 1,5 Millionen Facebook-Mitglieder bei CNN angemeldet und haben über zwei Milionen Statusmeldungen abgesetzt, die Hälfte kam übrigens aus der ganzen Welt, der Rest aus den USA.

D.L.: Wird es so etwas auch in Wahlkämpfen in Deutschland geben?

R.Z.: Ich hoffe, dass wir das auch bei Wahlkampfdebatten in Deutschland oder Europa haben werden. Wir reden mit vielen Medien, haben aber noch nichts unterschrieben.

D.L.: Kann Facebook wirklich Wahlen beeinflussen?

R.Z.: Bei den Vorwahlen in den USA konnten wir in Iowa die Wahlbeteiligung der 18- bis 34-jährigen Bevölkerung um 2 500 Prozent steigern. Wir hatten vorher in unserem Nachrichtenticker zum Wählen aufgerufen. Das war mein Aha-Moment, in dem ich verstand, wie wichtig soziale Medien für Wahlen sein können.

Quelle: Liedtke, Dirk/Zuckerberg, Randi: www.stern.de/digital/online/facebook-managerin-randi-zuckerberg-wir-haben-die-wahlbeteiligung-gesteigert-653318.html vom 30.01.2009, [Zugriff: 19.04.2011]

Online Link
065630-0406

Arbeitsvorschläge

1. Erörtern Sie das zukünftige Entwicklungspotential des Web 2.0 für die Wahlen in Deutschland (M 8 – M 12 und Onlinelink).

2. Bewerten Sie die Einflussnahme von Facebook auf das Verhalten der Wähler (M 12).

3. Entwerfen Sie ein Konzept für eine Facebook-Seite einer beliebigen Partei. Wie müsste eine attraktive Seite aussehen bzw. funktionieren?

4 Wie verändert sich unsere Demokratie?

Anstöße zum Weiterdenken

M1

M2 Petitionen 2010

Woher kommen nun die Petitionen im Berichtsjahr? Womit befassen sie sich hauptsächlich? Wie erfolgreich sind sie? Schauen wir im Folgenden auf einige interessante Statistiken.
18 861 Petitionen gehen insgesamt ein. 6 724 Petitionen davon erreichen den Ausschuss über das Internet, werden dort zum Teil in öffentlichen Foren diskutiert und von Unterstützern mitgezeichnet. Anschließend werden sie genauso behandelt und beraten wie die auf herkömmlichem Postweg eingetroffenen Petitionen.
17 217 Petitionen werden abschließend behandelt. Nicht alle stammen aus dem Jahr 2009. Bei manchen dauert das Verfahren länger, und deshalb werden den Ausschuss auch im nachfolgenden Jahr noch Petitionen aus 2009 beschäftigen.
10 597 Massenpetitionen gehen ein. Dahinter stecken zwar verschiedene Absender. Diese haben aber ein gemeinsames Anliegen, oft sogar den identischen Wortlaut und werden deshalb zusammengefasst und auch nicht jedes Mal neu gezählt.
1 054 Sammelpetitionen werden gezählt. Das sind einzelne Anliegen, hinter denen aber mehrere oder viele Unterstützer stehen, wie sie mit ihrer Unterschrift bekräftigen. Deren Zahl beläuft sich auf insgesamt 874 343.
Fast die Hälfte aller Eingaben kann im weitesten Sinne zu einem positiven Abschluss gebracht werden.

www.bundestag.de/bundestag/ausschuesse17/a02/Docs/PetJahresbericht2010.pdf [Zugriff: 15.06.2011]

M3 Grassrootscampaigning

Grassrootscampaigning und Lobbying – das scheint ein Widerspruch zu sein, wird doch mit Lobbying in der allgemeinen Vorstellung häufig der Versuch von Unternehmen und Verbänden verbunden, hinter verschlossenen Türen politische Entscheidungsträger zu beeinflussen. Der Begriff *grassroots* (englisch: Graswurzeln) hingegen wird mit Aktivitäten von der Basis, von den Bürgerinnen und Bürgern, mit Basisdemokratie oder auch sozialen Bewegungen assoziiert. Wie also passen Grassrootscampaigning und Lobbying zusammen? Lobbying ist eben nicht mehr nur auf Aktivitäten hinter verschlossenen Türen beschränkt. Zwar hat Lobbying einen vorwiegend informellen Charakter und wird daher auch oft mit mangelnder Transparenz verbunden, aber neben den Formen des direkten Lobbyings gibt es auch das indirekte Lobbying. Darunter fallen verschiedene öffentliche Aktivitäten, Medienkampagnen und eben das Grassrootscampaigning. Eine eindeutige Definition von Grassrootscampaigning ist kaum zu finden. Nicht jede öffentliche Kampagne kann als Grassrootscampaigning bezeichnet werden. Gemeinsames Element aller Definitionen ist die Mobilisierung. Beim Grassrootscampaigning werden Menschen angesprochen, sich auf unterschiedliche Art und Weise für ein bestimmtes Thema oder Vorhaben einzusetzen. In enger gefassten Definitionen werden unter Grassrootscampaigning allerdings nur Petionskampagnen verstanden, bei denen Bürger gezielt Politiker kontaktieren sollen, um eine bestimmte politische Position und daraus resultierend ein bestimmtes Abstimmungsverhalten im politischen Prozess einzufordern. […]

Neue Medien, neue Kampagnen
Mit dem Internet hat sich das Grassrootscampaigning verändert. Die Mobilisierung ist kostengünstiger geworden, denn statt auf der Straße können Unterschriften im Internet gesammelt werden. Dort kann – zumindest theoretisch – jeder für verhältnismäßig wenig Geld eine eigene Seite einstellen und nach Unterstützern für ein Anliegen suchen. Aber eine Website alleine reicht nicht aus. Als „Pull-Medium" setzt das Internet voraus, dass der Nutzer sich für bestimmte Themen interessiert und danach aktiv sucht (im Gegensatz zu den „Push-Medien" wie zum Beispiel Rundfunk oder Fernsehen). Entsprechend muss erst über die Kampagne und über die Beteiligungsmöglichkeiten im Netz informiert werden. Traditionelle Akteure wie Gewerkschaften oder etablierte NGOs haben daher nach wie vor Vorteile. Zum einen können sie ihre Mitglieder über organisationseigene Medien mobilisieren. Zum anderen verfügen sie über bessere Möglichkeiten, durch professionelle Öffentlichkeitsarbeit mediale und damit öffentliche Aufmerksamkeit für ein Thema zu gewinnen. Entsprechend bauen diese Akteure Grassrootselemente meist in größer angelegte Kampagnen ein. […] Für den Bürger hat das Internet die Beteiligung vereinfacht und auch die Schwelle, sich zu beteiligen, herabgesetzt. Entsprechend können Internetkampagnen zum Teil erhebliche Mobilisierungsraten vorweisen. Aber nicht die Anzahl der mobilisierten Bürger ist entscheidend. Studien aus den USA zeigen, dass nicht jede E-Mail-Kampagne den gleichen Effekt hat. Kampagnen, bei denen über eine Internetseite ein vorgefertigter E-Mail-Text an Abgeordnete verschickt werden kann, weisen zwar oft eine hohe Mobilisierungsrate auf, zeigen aber nur wenig Wirkung. Das eigentliche Ziel, die Schaffung von Glaubwürdigkeit und Legitimität, wird nicht erreicht, da das Verschicken vorformulierter E-Mails aus Sicht der Angeschriebenen kein wirkliches Engagement erfordert. Im Vergleich dazu sind Kampagnen mit individuellen E-Mails weitaus wirkungsvoller. Das höchste Einflusspotenzial haben allerdings nach wie vor traditionelle Briefe, persönliche Telefonanrufe oder auch direkte Besuche.

Quelle: Voss, Kathrin: Grassrootscampaining und Chancen durch neue Medien in Lobbying und Politikberatung, in: Aus Politik und Zeitgeschichte 19/2010, S. 28 f.

Online Link
065630-0407

Arbeitsvorschläge

1. Die Karikatur M1 bezieht sich auf den Ratifizierungsprozess des Lissabon-Vertrages in Deutschland. Interpretieren Sie die Karikatur unter Rückgriff auf Ihre Kenntnisse der Chronologie und der seinerzeit strittigen Fragen.

2. Stellen Sie die in M2 genannten Zahlen in einem Säulendiagramm dar.

3. Interpretieren Sie die selbst erstellte Statistik, ganz speziell unter dem Aspekt des „Mehr" an Demokratie durch E-Partizipation.

4. Recherchieren Sie Beispiele für das Grassrootscampaigning (M3).

5. Nehmen Sie Stellung: Handelt es sich beim Grassrootscampaigning um eine sinnvolle Weiterentwicklung der Demokratie?

6. Entwickeln Sie eine eigene fiktive Grassrootscampaign zu einem Thema aus ihrer Lebenswelt.

Glossar

Aktiengesellschaft (AG), Kapitalgesellschaft, sie unterscheidet sich von der Personengesellschaft. Das Kapital einer AG ist in gleich große Anteile (Aktien) aufgeteilt, die in der Regel an Börsen gehandelt werden. Die Anteilseigner (Aktionäre) sind die Gesellschafter der AG. Die neue Europäische Aktiengesellschaft (Societas Europaea, abgekürzt SE) ermöglicht es Unternehmen, EU-weit als rechtliche Einheit aufzutreten.

Arbeitskampf, Streiks und Aussperrungen sind in Deutschland durch das Grundgesetz bzw. durch die Rechtsprechung des Bundesverfassungsgerichts geschützt. Als Formen der staatsfernen Auseinandersetzung zwischen den Tarifparteien sind sie konstitutiver Bestandteil der sozialen Marktwirtschaft. Den Tarifparteien sind aber auch Grenzen gesetzt: So ist der Generalstreik als politischer Streik verboten, weil seine Auswirkungen über den Rahmen der Tarifauseinandersetzung hinausgehen und die Stabilität der sozialen und politischen Ordnung gefährden können. Die Aussperrung von Arbeitnehmern als Arbeitskampfmittel der Arbeitgeber darf nur dazu dienen, das Verhandlungsgleichgewicht (Verhandlungsparität) zwischen den Tarifparteien wiederherzustellen und muss in einem auf den spezifischen Streik antwortenden angemessenen Rahmen bleiben (Verhältnismäßigkeit).

Arbeitslose, Personen, die keine bezahlte Beschäftigung finden; Definition nach deutscher Arbeitslosenstatistik: Personen zwischen 15 und 65 Jahren, die vorübergehend nicht in einem Beschäftigungsverhältnis stehen, sich bei der Agentur für Arbeit arbeitslos gemeldet haben und eine versicherungspflichtige Beschäftigung suchen. → Erwerbslose

Arbeitslosengeld, Lohnersatzleistung aus den Mitteln der Arbeitslosenversicherung, auf die Personen Anspruch haben, die sich bei der Agentur für Arbeit arbeitslos gemeldet haben, der Arbeitsvermittlung zur Verfügung stehen, mindestens zwölf Monate in die Arbeitslosenversicherung einbezahlt und das 65. Lebensjahr noch nicht vollendet haben.

Arbeitslosigkeit, Es werden verschiedene Arten von Arbeitslosigkeit unterschieden:
- *Friktionelle Arbeitslosigkeit* entsteht beim Übergang von einer Arbeitsstelle zu einer anderen, ist in der Regel nur von kurzer Dauer und auch in Phasen einer Vollbeschäftigung unvermeidlich.
- *Saisonale Arbeitslosigkeit* ergibt sich im Jahresverlauf aufgrund von Klimabedingungen (z. B. Arbeitslosigkeit in der Landwirtschaft oder im Handwerk im Winter) oder aufgrund von Nachfrageschwankungen (z. B. in der Gastronomie in der Nebensaison).
- *Konjunkturelle Arbeitslosigkeit* ist eine Folge wechselnder Konjunktur. Bei Mangel an Absatzmöglichkeiten entlassen die Unternehmen Arbeitskräfte, die sie im Aufschwung (dem Modell nach) wieder einstellen.
- *Strukturelle Arbeitslosigkeit* ist das Ergebnis fortdauernder Strukturveränderungen und deren Auswirkungen auf den Arbeitsmarkt, z. B. dem konkurrenzbedingten Zusammenbruch ganzer Branchen.

Als Sockelarbeitslosigkeit, auch genannt Bodensatzarbeitslosigkeit, wird der Anteil der Arbeitslosigkeit bezeichnet, der nach Meinung führender Ökonomen selbst unter günstigsten konjunkturellen Bedingungen nicht abgebaut werden kann. Er besteht aus friktioneller und struktureller Arbeitslosigkeit. Konkret umfasst diese Gruppe von Arbeitslosen also solche, die z. B. aufgrund von Qualifikation, Alter oder Gesundheitszustand nicht oder zumindest nicht sofort einen Arbeitsplatz finden und annehmen.
Der Begriff versteckte oder verdeckte Arbeitslosigkeit bezeichnet den Anteil der Arbeitslosigkeit, der nicht in Statistiken über Arbeitslosigkeit erfasst wird. Die rechtliche Definition des Begriffs Arbeitslosigkeit ergibt sich für Deutschland aus dem SGB III.

Armut, in absoluter A. leben nach der Definition der Weltbank Menschen, die mit einem Einkommen von ein bis zwei US-Dollar oder weniger pro Tag auskommen müssen. Als von relativer A. betroffen gelten Menschen, die über so geringe Mittel verfügen, dass sie von der Lebensweise ausgeschlossen sind, die in der Gesellschaft, in der sie leben, als annehmbares Minimum angesehen wird. Als relativ arm gilt in der EU, wessen Einkommen weniger als 60 Prozent des Durchschnittseinkommens beträgt.

Aufsichtsrat, Gremium in Aktiengesellschaften und großen GmbHs mit mehr als 500 Beschäftigten. Der Aufsichtsrat besteht aus Vertretern der Anteilseigner und Arbeitnehmer; seine Aufgabe ist es, den Vorstand (AG) bzw. die Geschäftsführung (GmbH) zu bestellen und diese zu kontrollieren. Bedeutende Unternehmensentscheidungen müssen vom Aufsichtsrat gebilligt werden.

Binnenmarkt, der zum 1. Januar 1993 verwirklichte gemeinsame Wirtschaftsraum in der Europäischen Union, in der die „vier Freiheiten" verwirklicht sind: Freizügigkeit von Personen, freier Waren- und Kapitalverkehr, freier Markt für Dienstleistungen. Gegenüber Drittstaaten gelten einheitliche Außenzölle (Zollunion); Wirtschafts- und Währungsunion.

Bruttoinlandsprodukt, die in Geld gemessene Wirtschaftsleistung einer Volkswirtschaft innerhalb eines Jahres. Ausgangspunkt ist der Bruttoproduktionswert einer Volkswirtschaft, der Geldwert aller handelbaren Sachgüter und Dienstleistungen, die innerhalb eines Jahres produziert worden sind. In diesem sind jedoch Doppelzählungen enthalten: Der Geldwert der von Firma X produzierten Fahrradbremse steckt ebenso darin wie der Wert des von Firma Y gelieferten kompletten Fahrrads. Die Bremse wird also doppelt gezählt, wie es bei allen weiterverarbeiteten Gütern der Fall ist. Diese Vorleistungen müssen vom Wert des Endprodukts abgezogen werden. Aus dieser Umrechnung ergibt sich die Bruttowertschöpfung in einer Volkswirtschaft. Sie wird immer in Geld ausgedrückt. Geht es um die Wertschöpfung, die im Inland (z. B. in Deutschland) innerhalb eines Jahres erwirtschaftet worden ist, dann wird diese Summe als Bruttoinlandsprodukt (BIP) bezeichnet. Man unterscheidet nominales und reales BIP. Das nominale entspricht dem BIP in Preisen des jeweiligen Jahres. Bei der Berechnung des realen BIP wird die Preissteigerungsrate gegenüber dem Vorjahr abgezogen, weil Inflation ja keinen tatsächlichen Wertzuwachs bedeutet.

Bundeskanzler, der Bundeskanzler ist der Regierungschef (bzw. die Regierungschefin) der Bundesrepublik Deutschland. Er wird von einer Mehrheit des → Deutschen Bundestages auf Vorschlag des Bundespräsidenten gewählt. Als Chef der Exekutive bestimmt er die Richtlinien der Politik. Erhält der Vorschlag des Bundespräsidenten keine Mehrheit, kann der Deutsche Bundestag einen eigenen Kandidaten aufstellen und wählen. Die Amtsdauer des Bundeskanzlers beträgt i. d. R. eine Legislaturperiode (vier Jahre).

Er ist nur durch ein sogenanntes Konstruktives Misstrauensvotum absetzbar (d. h. nur dann, wenn die Mehrheit des Bundestages für einen Gegenkandidaten gestimmt hat; Art. 67 GG). Der Bundeskanzler schlägt dem Bundespräsidenten die übrigen Mitglieder der Bundesregierung vor (Art. 64 GG) und. ernennt einen Bundesminister zu seinem Stellvertreter.

Bundespräsident, politisches Organ, Staatsoberhaupt der Bundesrepublik Deutschland, wird von der Bundesversammlung auf fünf Jahre gewählt. Wählbar ist jeder Deutsche, der das Wahlrecht besitzt und mindestens 40 Jahre alt ist (Art. 54 bis 61 GG).

Bundesrat, politisches Organ, mit dem die 16 Bundesländer an der Gesetzgebung des Bundes mitwirken (Art. 50 bis 53 GG). Die Stimmen der Länder richten sich nach der jeweiligen Bevölkerungszahl.
→ Bundesstaat

Bundesregierung, politisches Organ der Exekutive, das sich aus dem Bundeskanzler und den Bundesministern zusammensetzt. Für die Arbeit der B. gelten zwei Grundsätze: das Kanzlerprinzip, wonach der Kanzler „die Richtlinien der Politik" bestimmt (Richtlinienkompetenz), und das Ressortprinzip, nach dem jeder Minister innerhalb der Richtlinien „seinen Geschäftsbereich selbständig und unter eigener Verantwortung leitet" (Art. 65 GG).

Bundesstaat, auch föderaler Staat (lat. foedus, Bündnis), der aus mehreren Teilstaaten – in Deutschland die Bundesländer – besteht, mit einer Bundesregierung an der Spitze. Die Länder haben eigene Regierungen und in bestimmten Bereichen eigene Gesetzgebung. Zuständigkeiten und Arbeitsteilung sind in der Verfassung geregelt (Art. 70 bis 82 GG). Eine föderale Ordnung haben z. B. auch Österreich, die USA und die Schweiz.
→ Bundesrat

Bundestag, → Deutscher Bundestag

Bundesverfassungsgericht, oberstes Organ der Rechtsprechung in der Bundesrepublik und Hüter der Verfassung (Art. 93 und 94 GG). Die Richter beider Senate werden je zur Hälfte vom Wahlausschuss des Bundestags und vom Bundesrat mit Zweidrittelmehrheit auf zwölf Jahre gewählt. Wiederwahl ist nicht möglich. Zu den Aufgaben des B. gehören u. a. der Schutz der Grundrechte und die Überprüfung von Gesetzen auf ihre Übereinstimmung mit der Verfassung. Es kann nur auf Antrag tätig werden.

Bürgerinitiative, mehr oder weniger loser Zusammenschluss von Personen, die gemeinsame Interessen umsetzen, ein Vorhaben verwirklichen oder verhindern wollen – durch eigene Aktivitäten wie durch Druck auf politische Gremien. Einzelne B. können sich in größeren regionalen oder nationalen Dachorganisationen zusammenschließen.

Bürgerinitiative in der Europäischen Union, Vertrag von Lissabon (2009) erstmals festgelegtes Recht, auf dem Weg eines Bürgerbegehrens die Europäische Kommission zu veranlassen, in einer politischen Angelegenheit, die in die Zuständigkeit der EU fällt, im Rahmen der EU-Gesetzgebung aktiv zu werden.

Demokratie, politische Ordnung, in der die Willensbildung nach dem Grundsatz der Volkssouveränität organisiert ist. Nach Art. 20, Abs. 2 GG geht alle Staatsgewalt „vom Volke aus. Sie wird in Wahlen und Abstimmungen und durch besondere Organe der Gesetzgebung, der vollziehenden Gewalt und der Rechtsprechung ausgeübt". Politische Entscheidungen und Handlungen der Amtsträger sind dann demokratisch gerechtfertigt, also legitimiert, wenn sie auf den Willen des Volkes zurückgeführt werden können. D. kann auf unterschiedliche Weise organisiert werden: als direkte D., durch unmittelbare Abstimmungen in Form von Plebisziten; als repräsentative D., durch die Wahl von Abgeordneten der Parlamente (Repräsentanten), die ihr Mandat (lat. mandatum, Auftrag) für die Dauer der Wahlperiode ausüben. Beide Formen können kombiniert werden. So sehen alle deutschen Landesverfassungen und Gemeindeordnungen neben der Wahl von Repräsentanten auch Formen der direkten Demokratie durch Bürger- bzw. Volksbegehren und -entscheide vor. Auf Bundesebene ist eine direktdemokratische Mitwirkung nur bei der Neugliederung von Bundesländern möglich (Art. 29 GG). In der Europäischen Union können Bürger seit 2009 auf dem Weg eines Volksbegehrens (dort Bürgerinitiative genannt) verlangen, dass die EU-Organe sich mit einer politischen Frage befassen.

Deutscher Bundestag, einziges direkt vom Volk gewähltes politisches Organ auf Bundesebene. Seine Mitglieder (mindestens 598) werden in allgemeiner, unmittelbarer, freier, gleicher und geheimer Wahl (Art. 38 GG) auf fünf Jahre gewählt. Es gibt insgesamt 299 Wahlkreise. Jeder Wähler hat zwei Stimmen, die Direktstimme für den Wahlkreisabgeordneten, die zweite für die Landesliste einer Partei. Die wichtigsten Aufgaben sind die öffentliche Diskussion politischer Grundfragen, die Gesetzgebung, die Wahl des Bundeskanzlers und die Kontrolle der Exekutive (Regierung). Mit dem konstruktiven Misstrauensvotum (Art. 67 GG) kann ein Kanzler vom D. B. durch die Wahl eines Nachfolgers gestürzt werden.

Erwerbslose, nach der Internationalen Arbeitsorganisation (ILO) Personen im Alter von 15 bis 74 Jahren, die keiner Erwerbstätigkeit nachgehen, aber eine solche suchen, unabhängig davon, ob sich die betreffenden Personen amtlich als Arbeitslose gemeldet haben. Auch das Statistische Bundesamt orientiert sich an dieser Definition. Diese umfasst aber eine größere Anzahl von Personen als die von der Bundesanstalt für Arbeit verwendete.
→ Arbeitslose

Europäische Kommission, Organ der Europäischen Union, das die gemeinsamen europäischen Interessen vertreten soll. Es besitzt das Initiativrecht zur Gesetzgebung, bereitet Verfahren für den Rat der EU (Ministerrat) und das Parlament vor, überwacht und kontrolliert die Durchführung der Gesetze in den Mitgliedstaaten, setzt den EU-Haushalt um und verwaltet die Gemeinschaftsprogramme der EU. Als Hüterin der Verträge kontrolliert die EuK die Anwendung des Gemeinschaftsrechts. Bei Verstößen kann sie den Europäischen Gerichtshof anrufen. Den Vorsitz führt der Präsident, der mit den Kommissaren vom Rat der EU auf fünf Jahre ernannt wird. Die EuK benötigt als Ganzes die Zustimmung des Europäischen Parlaments, dem sie auch rechenschaftspflichtig ist.

Europäische Union (EU), Staatenverbund von 27 Ländern (2010); durch den Vertrag über die Europäische Union (Maastricht, 1993) gegründet, führt sie die Integration weiter zu einer Wirtschafts- und Währungsunion sowie einer politischen Union.

Europäische Zentralbank (EZB), gegründet am 30. Juni 1998 in Frankfurt/M., ist für die Durchführung der Geldpolitik in den Ländern des Euroraums zuständig. Die EZB soll die Preisstabilität sicherstellen, eine gemeinsame europäische

Währungspolitik betreiben, die Devisengeschäfte führen sowie die Währungsreserven der Mitgliedstaaten verwalten. Die EZB ist unabhängig von Weisungen nationaler Regierungen; Wirtschafts- und Währungsunion.

Europäischer Gerichtshof (EuGH), gemeinsamer Gerichtshof der Europäischen Union mit Sitz in Luxemburg; seine Urteile sind für die Mitgliedstaaten bindend. Er soll die Anwendung des EU-Rechts und der EU-Verträge durch die Mitglieder und die EU-Organe sichern und kann von einem Mitgliedstaat, einem Organ der EU sowie von unmittelbar betroffenen Bürgern und Unternehmen angerufen werden. Nationale Gerichte können in Fällen, in denen EU-Recht tangiert ist, vom EuGH eine Vorabentscheidung verlangen, die dann bindend ist.

Europäischer Rat, Organ der EU, in dem die Staats- oder Regierungschefs der Mitgliedstaaten, der Präsident der Kommission und der Hohe Vertreter der Union für Außen- und Sicherheitspolitik unter dem Vorsitz des auf zweieinhalb Jahre gewählten Präsidenten tagen. Das Gremium legt die Leitlinien der EU-Politik fest und entscheidet in der Regel einstimmig.

Europäisches Parlament, Organ der EU, das alle fünf Jahre direkt in den Mitgliedstaaten gewählt wird. Seine maximal 750 Abgeordneten tagen im Plenum in Straßburg und in Brüssel. Dort treffen sich auch die Ausschüsse und Fraktionen. Der größte Teil der Parlamentsverwaltung ist in Luxemburg. Die Abgeordneten sind nicht Repräsentanten ihres Landes; sie sollen gesamteuropäische Interessen vertreten. Dies kommt auch in der Organisation zum Ausdruck: Fraktionen setzen sich nach politischen Parteien und nicht nach Herkunftsländern zusammen.
Das EP ist mit dem Rat der EU (Ministerrat) das zweite Gesetzgebungsorgan. In der Mehrzahl der Fälle hat es ein echtes Mitentscheidungsrecht, das heißt: Eine Gesetzesinitiative der Europäischen Kommission ist nur erfolgreich, wenn das EP zusammen mit dem Rat zustimmt. Dazu zählt auch die Verabschiedung des Haushalts der EU. Auf Vorschlag des Rats wählt das EP den Präsidenten und die übrigen Mitglieder der Kommission. Es kann der Kommission als Ganzes sein Misstrauen aussprechen.

freiheitlich demokratische Grundordnung, die grundlegenden Merkmale der politischen Ordnung der Bundesrepublik, wie sie das Grundgesetz formuliert bzw. aus ihm abgeleitet werden können: Achtung der Grundrechte (Art. 1 bis 19 GG), Volkssouveränität, Gewaltenteilung, Gesetzmäßigkeit der Verwaltung und Unabhängigkeit der Gerichte (Art. 20), Verantwortlichkeit der Regierung (Art. 63 und 67), Mehrparteienprinzip mit dem Recht auf Opposition (Art. 21) sowie eine freie Presse (Art. 5).

Geld, ist ein ökonomisches Medium, das verschiedene Funktionen erfüllt. Im Allgemeinen unterscheidet man zwischen Zahlungsmittel-, Wertaufbewahrungs- und Wertmessfunktion.
Unter einem *Zahlungsmittel* versteht man ein Medium, mit dem Tauschvorgänge durchgeführt werden können, also Gut gegen Geld, Geld gegen Gut. Der Händewechsel des Gutes und die Zahlung können zeitlich auseinanderfallen.
Von einem *Wertaufbewahrungsmittel* spricht man, weil sich in Geld das Versprechen eines Gegenwerts für andere Güter (Waren oder Dienstleistungen) speichern und zu anderer Zeit und an anderem Ort einlösen lässt. Zu diesem Zweck muss ein Wertaufbewahrungsmittel seinen Wert dauerhaft behalten können. Darum wurden fast immer unverderbliche Waren als „Geld" vereinbart (z. B. Gold, Diamanten).
Geld ist *Wertmaßstab,* insofern es als Vergleichsmaßstab für die Menge von Lohnarbeit, Waren und Dienstleistungen dient, die damit entlohnt bzw. erworben werden kann. Der Wert einer Geldeinheit wird bezeichnet als Kaufkraft des Geldes. Dient Geld als allgemeines Wertmaß, werden alle Preise einer Ökonomie in Geldeinheiten ausgedrückt.

Gewaltenteilung, hat das Ziel, die Konzentration und den Missbrauch politischer Macht zu verhindern, die Ausübung politischer Herrschaft zu begrenzen und zu mäßigen und damit die bürgerlichen Freiheiten zu sichern. Theoretisch wurde die Lehre von der Gewaltenteilung von Locke (1690) und Montesquieu (1748) entwickelt und als Ordnungs- und Strukturprinzip erstmals in der Verfassung der USA von 1787/88 umgesetzt. Das Prinzip der Gewaltenteilung ist in Deutschland in Art. 20 Abs. 2 GG festgelegt.
Die klassische Staatslehre unterscheidet zwischen drei Staatsgewalten, der ersten Gewalt (gesetzgebende Gewalt = Legislative = Parlament), der zweiten Gewalt (ausführende Gewalt = Exekutive, bestehend aus Regierung und Verwaltung) und der dritten Gewalt (rechtsprechende Gewalt = Judikative = Richter). Die erste Gewalt stellt die Spielregeln (Gesetze) auf, nach denen der Staat funktionieren soll und denen alle unterworfen sind (vgl. Art. 20 Grundgesetz). Die zweite Gewalt handelt praktisch im Rahmen der Gesetze (macht die Politik, führt die Gesetze aus). Die dritte Gewalt (vgl. Art. 92 Grundgesetz) wacht darüber, dass die Gesetze eingehalten werden (beispielsweise auch darüber, dass sich die zweite Gewalt an die von der ersten Gewalt festgelegten Spielregeln hält). → Medien
Dem Prinzip der Gewaltenteilung entspricht es, dass die voneinander unabhängigen Staatsorgane, um politisch wirksam handeln zu können, miteinander verschränkt werden müssen (d. h. die Exekutive braucht eine gesetzliche Grundlage, um ordnungsgemäß handeln zu können, die Legislative ist darauf angewiesen, dass z. B. durch Regierung und Verwaltung die Gesetze auch umgesetzt werden). In der politischen Praxis ergeben sich daher Abweichungen vom strikten Prinzip der Gewaltenteilung.
In einem weiteren Sinne wird das Prinzip der Gewaltenteilung auch durch territoriale Untergliederungen verwirklicht, insbesondere wenn sie – wie in Deutschland – mit einer entsprechenden Aufgaben- und Verantwortungsverteilung der föderalen Institutionen (Bundesländer, Bundesrat) verbunden ist.

Gewerkschaften, sind Vertretungen von Arbeitnehmerinnen und Arbeitnehmern, die sich zur Wahrung ihrer gemeinsamen Interessen freiwillig und auf Dauer zusammengeschlossen haben.
Gewerkschaften sollen in Deutschland unabhängig von Parteien Kirchen Staat und Arbeitgebern sein. Nominell selbständige in der Tat aber von Arbeitgebern kontrollierte oder gegründete (meist Betriebs-) Gewerkschaften werden abschätzig als Gelbe Gewerkschaften bezeichnet.
Gewerkschaften haben das Recht ohne Einflussnahme Staates Tarifverträge zu schließen. Diese Tarifautonomie gehört zur Koalitionsfreiheit und ist durch das Grundgesetz Artikel 9 Absatz 3 garantiert. Aus dieser Vorschrift folgt auch das Streikrecht. Gewerkschaften müssen in der Lage sein, in Arbeitskämpfen dem Arbeitgeber „erheblichen Schaden" zufügen zu können, um den „Tarifpartner" an den Verhandlungstisch zu zwingen.
Die größten Gewerkschaften in Deutschland sind im Deutschen Gewerkschaftsbund (DGB) zusammengeschlossen. Die

acht Mitgliedsgewerkschaften des Deutschen Gewerkschaftsbundes verhandeln mit den Arbeitgebern über tarifpolitische Veränderungen und vertreten ihre Mitglieder in den Betrieben. Sie gewähren ihren Mitgliedern Rechtsschutz bei Arbeits- und Sozialrechtlichen Streitigkeiten. Sie unterstützen sie bei Streik, Aussperrung und anderen Problemen, zum Beispiel bei arbeitsvertraglichen Fragen oder bei Betriebsratswahlen.

Ich-Identität, bezeichnet die vom Einzelnen beständig erlebte Einheit der Person. Sie schließt ein, dass das Individuum zwischen seiner persönlichen Identität (d. h. der Struktur der von ihm in seinem Leben gemachten Erfahrungen) und seiner sozialen Identität (d. h. den ihm durch Rollenerwartungen abverlangten Verhaltensstrukturen) ein Balanceverhältnis herstellen kann. Ich-Identität ist dabei auf die verhaltensstabilisierende Wirkung der sozialen Rollen angewiesen; umgekehrt geht die Ich-Identität mit in das individuelle Rollenverhalten ein.

Individualisierung, der Begriff der Individualisierung wurde in den 80er Jahren durch den Soziologen Ulrich Beck in die Debatte um gesellschaftliche Modernisierungsprozesse eingeführt.
Mit Individualisierung wird von Beck dreierlei bezeichnet:
1) Die Menschen werden aus traditionellen Klassenbindungen und Versorgungsbezügen der Familie herausgelöst und auf ihr individuelles Arbeitsmarktschicksal verwiesen.
2) Mit der Auflösung der industriegesellschaftlichen Lebensform Kleinfamilie geht ein Verlust traditioneller Sicherheiten im Hinblick auf Handlungswissen, Glauben und leitende Normen einher.
3) Gleichzeitig erfolgt jedoch eine neue Art der gesellschaftlichen Einbindung. Die freigesetzten Individuen werden verstärkt arbeitsmarktabhängig und damit abhängig vom Bildungssystem, Beschäftigungssystem, Sozialstaat und bestimmten Dienstleistungen.

Interessenverbände, Zusammenschlüsse von Personen, Gruppen und Unternehmen mit dem Ziel, ihre Interessen in Politik und Gesellschaft zur Geltung zu bringen. Besondere Bedeutung haben I. „zur Wahrung und Förderung der Arbeits- und Wirtschaftsbedingungen" (Art. 9 GG). Danach können Gewerkschaften und Arbeitgeberverbände die Arbeitsbeziehungen ohne staatliche Einmischung regeln (Tarifautonomie).

Lissabon-Vertrag, bzw. Vertrag von Lissabon, EU-Vertrag, der am 1. Dezember 2009 in Kraft trat; schreibt frühere EU-Verträge fort mit dem Ziel, die Institutionen und die Verfahren der größeren EU anzupassen. Zudem führt er weitere Mitbestimmungsrechte des Europäischen Parlaments ein und erweitert die Mitwirkungsrechte der EU-Bevölkerung durch die Bürgerinitiative.

Lobbyismus, Aktivitäten von Interessenverbänden und -gruppen, um auf politische und Verwaltungsentscheidungen Einfluss zu nehmen. Lobbyisten versuchen, direkt auf Parlamentsabgeordnete, Regierungsmitglieder, Ministerialbeamte oder Verwaltungspersonal einzuwirken oder deren Entscheidungen indirekt über Medien und öffentliche Meinung zu beeinflussen. Da der Wirkungserfolg von Lobbyisten nicht zuletzt von den einsetzbaren Mitteln (finanzielle und personelle Ressourcen) abhängt, wird hier die demokratietheoretisch problematische Beziehung zwischen wirtschaftlicher und politischer Macht deutlich.

Markt, bezeichnet in der Wirtschaftswissenschaft das Zusammentreffen von Angebot und Nachfrage nach einem Gut (z. B. einer Ware oder einer Dienstleistung). Eine wesentlich auf Märkten basierende Ökonomie bezeichnet man als → Marktwirtschaft.
Das Grundprinzip des Marktes ist der Tausch. Durch Verwendung eines allgemein anerkannten Tauschmittels (zum Beispiel → Geld) kann der Tausch „Gut gegen Gut" über das Geld zeitlich so voneinander getrennt werden, dass zwei Tauschende kein wechselseitiges Bedürfnis nach von ihnen angebotenen Waren haben müssen, was beim Naturaltausch in der Regel der Fall ist.
Der Preis eines Gutes, der zur (vorübergehenden) Übereinstimmung von angebotener und nachgefragter Menge führt, dem sogenannten Marktgleichgewicht, wird als Marktpreis bezeichnet.

Marktmacht, kann eingesetzt werden, um marktwirtschaftlichem Wettbewerb einzuschränken oder zu verhindern und so den Preismechanismus als koordinierendes Element zwischen Angebot und Nachfrage außer Kraft zu setzen.

Marktpreis, in der ökonomischen Theorie der Preis, zu dem in einem funktionierenden Markt alle angebotenen Güter Käufer finden, der Markt also geräumt wird.

Marktwirtschaft, Wirtschaftsordnung, in der die wirtschaftlich Handelnden frei auf der Basis ihrer Interessen im Wettbewerb miteinander agieren und in der die Koordination wirtschaftlichen Handelns durch den Ausgleich von Angebot und Nachfrage über den Preismechanismus stattfindet.

Medien, der Begriff Medium (lat.: medium = Mitte, Mittelpunkt) bezeichnet etwas in der Mitte zwischen einem Sender und einem Empfänger Liegendes. Von Medien wird in der Regel im Sinne von Massenmedien gesprochen, die eine Botschaft gleichzeitig an viele, persönlich in der Regel nicht bekannte Empfänger übermitteln.
Seit Mitte des letzten Jahrhunderts sind elektronische Medien wie Rundfunk und Fernsehen allgegenwärtig. Sie beeinflussen Politik und Gesellschaft und werden von diesen beeinflusst. In demokratischen Gesellschaften stellen Medien bzw. stellt die Presse als „vierte Gewalt" (→ Gewaltenteilung) ein wichtiges Element des öffentlichen Lebens dar; sie informiert, kommentiert und skandalisiert und trägt auf diese Weise zur Meinungs- und Willensbildung bei.

Milieu, soziales, soziales Umfeld, in dem eine Person aufwächst (Herkunftsmilieu) oder lebt. Erklärungsmodelle von M. nutzen Faktoren wie Alter und Geschlecht sowie Lebensbedingungen und -stile, um unterschiedliche gesellschaftliche Gruppen zu beschreiben.

natürliche Monopole, entstehen aus rein wirtschaftlicher Logik von selbst; denn für mögliche Konkurrenten lohnt sich der Einstieg in einen solchen Markt nicht und Konkurrenz würde nicht zu niedrigeren, sondern zu höheren Preisen führen. Beispiel: Wasserversorgung in einer Gemeinde, bei der es unwirtschaftlich wäre, wenn mehrere Versorger parallel Wasserleitungen zu allen Häusern legen würden. Da die fixen Kosten sehr hoch und die variablen Kosten vergleichsweise niedrig sind, hat derjenige, der die meisten Kunden gewinnen kann, die niedrigsten Produktions- und Vertriebskosten je Kunden und kann so Wettbewerber aus dem Feld schlagen. Übrig bleibt ein natürlicher Monopolist.
Im Falle solcher n. M. werden in der Regel öffentliche Unternehmen mit der Versor-

gung betraut oder private Unternehmen werden politisch reguliert und überwacht. Beides garantiert allerdings nicht automatisch eine besonders effiziente Versorgung oder Leistungserbringung, denn es gibt nicht nur Marktversagen, sondern auch Staatsversagen.

Parteien, Vereinigungen, in denen sich Personen organisieren, die gleichgerichtete politische Interessen vertreten. Stellung und Aufgaben werden im Grundgesetz und im Parteiengesetz beschrieben. Danach „wirken sie bei der politischen Willensbildung des Volkes mit" (Art. 21 GG).
P. sind – anders als Bürgerinitiativen – auf Dauer angelegt, müssen ihre Ziele in Programmen veröffentlichen, stellen Kandidaten für Wahlen auf und stehen mit anderen P. im Wettbewerb um politische Macht. Volksp. wollen Masseng. sein mit dem Anspruch, alle oder möglichst viele Gruppen der Gesellschaft – unabhängig von ihrem sozialen Stand – zu vertreten.

Peergroup, soziale Gruppe von gleichaltrigen, meist jungen Menschen, in der der Einzelne soziale Orientierung sucht und die als Bezugsgruppe dient.

Plebiszit, politische Willensbildung durch direkte Demokratie – in Volks- und Bürgerbegehren sowie Volks- und Bürgerentscheiden; Bürgerinitiative in der EU.

Preismechanismus, in Marktwirtschaften ist der Marktpreis und dessen Entwicklung ein Signal für Anbieter und Nachfrager, ob es sich für sie lohnt zu produzieren bzw. zu konsumieren. Bei steigendem Preis wird weniger nachgefragt und mehr angeboten, was letztlich zu sinkenden Preisen führt. Umgekehrt sind sinkende Preise ein Signal, das zu niedrigerem Angebot und höherer Nachfrage führt – mit der Folge steigender Preise.

Produktionsfaktoren, volkswirtschaftlich werden in der Regel drei bis vier Kategorien von Produktionsfaktoren unterschieden, die zur Wertschöpfung in einer Volkswirtschaft beitragen:
- Arbeit – als zusätzliche oder darin aufgehende Kategorie Wissen
- Kapital in Form von Finanz- und Sachkapital (Gebäude, Maschinen etc.) und
- Natur in Form der natürlich Ressourcen, die eingesetzt bzw. genutzt werden.

Betriebswirtschaftlich lässt sich das detaillierter aufspalten und betrieblich berechenbar machen als in Produktion, Verwaltung und Vertrieb einzusetzende finanzielle Mittel, personelle Ausstattung sowie Betriebs- und Arbeitsmittel. Dort, wo Produktionsfaktoren eingesetzt werden, verursachen diese Kosten (Faktorkosten), die bei denen, die Produktionsfaktoren zur Verfügung stellen, zu Einkommen (Faktoreinkommen) führen.

Rat der Europäischen Union, Organ der Europäischen Union, in dem die Mitgliedstaaten vertreten sind durch die Minister (je nach Fachgebiet). Der „Rat für allgemeine Angelegenheiten und Außenbeziehungen" behandelt die Beziehungen der EU zu Drittländern sowie allgemeine politische Fragen. Die übrigen acht Räte behandeln: Wirtschaft und Finanzen; Justiz und Inneres; Beschäftigung, Sozialpolitik, Gesundheit und Verbraucherschutz; Wettbewerbsfähigkeit; Verkehr, Telekommunikation und Energie; Landwirtschaft und Fischerei; Umwelt; Bildung, Jugend und Kultur.
Der Rat beschließt per Abstimmung. Das Stimmengewicht der Minister richtet sich nach der Einwohnerzahl ihres Staates. In einigen Bereichen wie der Gemeinsamen Außen- und Sicherheitspolitik müssen Beschlüsse einstimmig gefasst werden. Ansonsten ist eine qualifizierte Mehrheit erforderlich. Diese ist erreicht, wenn eine Mehrheit (in der Regel 55 Prozent der Mitglieder), die aus mindestens 15 EU-Ländern mit einem Mindestbevölkerungsanteil von 65 Prozent kommt, zustimmt (Regelung ab 1. November 2014).

soziale Selektivität, beschreibt den Umstand, dass der Zugang etwa zu Bildung oder zum Arbeitsmarkt nicht allein von Leistung und Qualifikationen, sondern von sozialen Faktoren abhängt.

Sozialisation, Entwicklung einer Person in einer Gesellschaft, indem sie sich mit ihrer sozialen und natürlichen Umwelt auseinandersetzt und dabei eigene Welt- und Persönlichkeitsbilder aufbaut.

Sozialwissenschaften, die S. umfassen jene Disziplinen, die Phänomene des gesellschaftlichen Zusammenlebens der Menschen untersuchen. Sie werden deshalb oft auch als Gesellschaftswissenschaften bezeichnet. Dabei werden nicht nur Institutionen und Systeme auf gesellschaftlicher Ebene analysiert, sondern auch deren Wechselwirkung mit dem Verhalten und den Handlungen der einzelnen Individuen (Akteure).

Abzugrenzen sind die Sozialwissenschaften einerseits gegenüber den Naturwissenschaften, andererseits gegenüber den Geisteswissenschaften (wie der Philosophie oder der Literaturwissenschaft), wobei eine genaue Grenzziehung schwierig ist. Methodisch erheben die Sozialwissenschaften den Anspruch, mit empirischen und analytischen Verfahren durchaus zu validen Ergebnissen zu kommen, so dass hier kein wesentlicher Unterschied zu den Naturwissenschaften zu sehen ist. Eher noch ist der Unterschied im Gegenstandsbereich selbst zu sehen, jedenfalls wenn man am Begriff des freien Willens des Menschen festhält. Dieses Moment von Freiheit wirkt sich etwa so aus, dass Individuen die Prognosen oder auch nur die Anwesenheit von Sozialwissenschaftlern zur Kenntnis nehmen können und ihr Verhalten danach ausrichten. Dadurch ist die empirische Überprüfung sozialwissenschaftlicher Aussagen in einer anderen Weise schwierig, als es in den Naturwissenschaften der Fall ist.
Im engeren Sinne werden zu den Sozialwissenschaften in der Regel die Soziologie, die Politikwissenschaft und die Sozialpsychologie gezählt; starke sozialwissenschaftliche Bezüge haben jedoch unter anderem auch die Wirtschaftswissenschaft, die Geschichtswissenschaft und die Geografie.

Staat, gebietsmäßig begrenzter politischer Verband, der vor allem drei Aufgaben für seine Bürger leisten muss: Sicherheit, Wohlfahrt und rechtsstaatliche Ausübung von Herrschaft. Entscheidungen staatlicher Organe sind verbindlich; ihre Durchsetzung kann mit rechtlichen Sanktionen erzwungen werden. Damit kommt dem Staat ein Gewaltmonopol zu, das durch freie Wahlen und Abstimmungen legitimiert und deren Ausübung durch Amtsträger zeitlich befristet ist.

Status, Position oder Stellung, die einer Person innerhalb der Gesellschaft aufgrund von beruflicher Qualifikation, sozialem Ansehen und gesellschaftlichem Einfluss, Einkommen und Vermögen oder Alter zugewiesen wird.

Wahlen, sind Prozesse zur Beteiligung von Bürgerinnen und Bürgern an politischen Entscheidungen, in erster Linie über den Einzug von Parteien und Gruppierungen in Parlamente und über die Besetzung politischer Ämter. Wahlen erfolgen mittels einer formalisierten Stimmabgabe im Rahmen eines Wahlverfahrens. Freie

Wahlen sind ein Grundelement demokratischer Herrschaft. Dabei kann die Wahl direkt erfolgen (die Wahlberechtigten wählen mit ihrer Stimmabgabe unmittelbar den Kandidaten oder die Kandidatin) oder indirekt (die Wahlberechtigten wählen so genannte Wahlmänner die letztlich den Kandidaten bestimmen). Wahlen können offen (z. B. durch Handzeichen) oder geheim abgehalten werden (z. B. durch die Abgabe von Stimmzetteln).

Werte, innere Haltungen, die psychologisch tief verankert und in vielen Lebensbereichen wirksam sind. Sie verändern sich nur langsam, dennoch kann man in längerer Perspektive einen Wandel der Werte in einer Gesellschaft beobachten.

Wertpapiere, als Anlageform kann man grob zwischen Anleihen, Aktien und Derivaten unterscheiden. Bei Anleihen geht es meist um fest verzinste Geldanlagen, bei Aktien um Anteile an Unternehmen. Festverzinsliche Anlagen bergen weniger Risiken als Aktien. Davon zu unterscheiden sind Derivate, abgeleitete W., deren Basis ganz unterschiedliche Dinge sein können (Anleihen, Aktien, Aktienindizes, Währungen, Rohstoffe, andere konkrete Güter usw.). Im Grunde geht es um eine Wette über die zukünftige Preisentwicklung der in einem Derivat enthaltenen W. oder Werte. Sie sind häufig wenig transparent und ihre Risiken für Anleger kaum kalkulierbar. Solche intransparenten und hoch riskanten Derivate – vor allem basierend auf undurchsichtigen, wild zusammengewürfelten Hypothekenkrediten – standen im Mittelpunkt der internationalen Finanzkrise von 2008.

Wettbewerb, Kernbestandteil einer Marktwirtschaft. Nur wenn Unternehmen in Konkurrenz um Kunden zueinander stehen und auch Nachfrager keine Wettbewerb ausschaltende Marktmacht haben, lassen sich in der Idealvorstellung die Vorzüge einer Marktwirtschaft realisieren: ständige Arbeit an Innovationen im Bereich der Güterentwicklung und bei den Produktionsverfahren, in der Verwaltung von Unternehmen und im Vertrieb von Gütern, um den Nachfragern (Kunden, Verbrauchern) fortwährend neue oder verbesserte Produkte zu möglichst günstigen Preisen anbieten zu können. Das Versprechen der Marktwirtschaft: effizienter Einsatz der Mittel (Ressourcen), optimale Versorgung der Gesellschaft mit Gütern und größtmöglicher wirtschaftlicher Wohlstand. Dieser Idealvorstellung steht die Realität von Marktmängeln und Marktversagen gegenüber, zu denen u. a. fehlende Markttransparenz und Wettbewerb behindernde Marktmacht gehören.

Wirtschaftssektoren, unterschiedliche Bereiche einer Volkswirtschaft. Üblich ist die Einteilung in drei W.: den primären mit Landwirtschaft, Forstwirtschaft und Fischerei; den sekundären mit verarbeitendem Gewerbe, Industrie, Handwerk, Energiewirtschaft, Energie- und Wasserversorgung, Bergbau und Baugewerbe; den tertiären Dienstleistungssektor, zu dem neben Handel, Verkehr, Logistik, Tourismus, Banken und Versicherungen auch die öffentlichen Verwaltungen gerechnet werden.

Wirtschafts- und Währungsunion, im Vertrag von Maastricht (1993) in drei Stufen vereinbarter Abschluss der wirtschaftlichen Integration: Bis Ende 1993 wurden alle Hindernisse für den freien Kapitalverkehr abgebaut, zum Ende des Jahres 1998 mussten alle EU-Mitglieder ihre Haushalts- und Finanzpolitik auf die Konvergenzkriterien ausgerichtet haben. Am 1. Juni 1998 nahm die Europäische Zentralbank ihre Arbeit auf. Mit der dritten Phase seit 1. Januar 1999 begannen die Vorbereitungen zur Einführung des Euro als offizielles Zahlungsmittel (1. Januar 2002). Zum Euroraum gehören 16 EU-Mitglieder (2010).

Zivilgesellschaft, im Unterschied zum engeren politischen Bereich staatlicher Institutionen der gesellschaftlich-private Sektor, in dem sich Einzelne und Gruppen an der Organisation des Zusammenlebens in Vereinen oder Initiativen beteiligen und ohne Hilfe des Staates engagieren, um gesellschaftliche Probleme zu lösen.

Sachregister / Stichwortverzeichnis

Bei politischen Fachbegriffen, die im Buch erläutert werden, sind der Begriff und die entsprechende Seitenzahl halbfett gesetzt.

A

Abgeordnete (Bundestag) **112**/113
A-Blogs **27**
Aktiengesellschaft **79**
Altersaufbau (in Deutschland) 164
Anamnese 101
Arbeitslosengeld II 43
Arbeitslosigkeit 42–45
Arche 38
Armut 38–41
Atomkraft 104/105
Attac 44/45
Autonomisierung 73
Axiom 62

B

Bedürfnisse 58–61
Betriebsrat 78–81
bilateral 57
Binnenmarkt (EU) 153
Bruttoinlandsprodukt 48
Bundeskartellamt 87–91
Bundesrat 111, **118**/119
Bundestag 110/111, 114–117, 130/131, 154
Bundesverfassungsgericht 122/123, 125, 154/155
Bürgerinitiative 138/139

C

Chat 22
Conditio humana 44
Cookies 63

D

Dahrendorf, Ralf 7, 12, 14/15, 104
Demokratie 126, 102–143, 146–167
Digital Natives 23
Dilemma 20
Direkte Demokratie 140–143
Discounter 64/65

E

E-Demokratie 160–167
E-Government 160
Einflussmöglichkeiten (des Bürgers) 130–143
Einspruchsgesetze (Bundesrat) 119
Erstes Gossensches Gesetz 60
Europäische Gemeinschaft 148, **151**
Europäische Kommission 151/152
Europäische Union 148–155
Europäischer Gerichtshof 154
Europäischer Rat 150, 152
Europäisches Parlament 150, 152
Experiment 32/33

F

Facebook 22–25, 162/163, 165
Fair Trade 66
Finanzkrise (ab 2007) 44/45, 55, 99/100
Fishbowl-Diskussion 144/145
Föderalismus 118/119
fordistische Ära/Fordismus 73
Fraktionen 110/111
Fraktionsdisziplin 112/113, 125
Freiheitliche demokratische Grundordnung 127
Fusionskontrolle 88/89

G

Gaal, Louis von 16
Gesellschaft 8, 6–35
Gesetze 116
Gesetzgebung 110, 116–119
Gewalt, politische 124
Gewaltenteilung 108, **114**
Glücks-BIP 41
Grenznutzen 60
Grundrechte 122/123, 126/127, 158
Grundsicherung, soziale 84
Gruppen 28–31, 34/35
GWB (Gesetz gegen Wettbewerbsbeschränkungen) **89**

H

Hartz IV 38, 40, 42/43, 65, 99, 118, 122
Homo Sociologicus 14/15
humanistisch 71

I

Ich-Identität 12/13, 20/21
INSM (Initiative Neue Soziale Marktwirtschaft) 41
Interventionisten 54

J

Jugendinitiativen 136–139
Jugendparlamente 135
Jugendschutz 116/117

K

Kapazitätsauslastung 48
Karikaturanalyse 133
Kausalität 44
Koalitionsfreiheit 74
Komplementarität 71
Konflikte, gesellschaftliche 104–107, 130
Konkurrenz 86, 92
Konstruktives Misstrauensvotum 113, 115
Konsum 58–60, 64–67
Konsumentensouveränität 62
Korrelation 44
Kreditschöpfungspotential 44/45

L

Landesschülervertretungen 135
Legalität 145
Leiharbeit 39
Lobbyismus 113, **120**/121, 166/167
Lykurg 128

M

Makro-/Mikroökonomie 92/93
Manager/-in 68
Märkte 56/57
Marktwirtschaft 50
Medien 22–27, 126, **156**–167
Milgram-Experiment 32/33
Mitbestimmung, betriebliche 78–81
modellgläubige Deterministen 54
Müller-Armack, Alfred 50, 54, 82/83

N

Nachfrage 56–62, 65, 86
Nachhaltigkeit 64–66
normativ 71
Normen und Werte 9
Nutzen 60

O

Ökonomische Modelle 56/57
Ökonomisches Prinzip 60
Opportunität 71
Opposition (im Bundestag) 111, 114/115
Ordnungs-, Steuer- und Sozialpolitik 82

P

parlamentarische Kontrolle 114/115
Peer-Group 30/31
Petition 140, **160**, 166
Plebiszite 140–143
Politikmüdigkeit 124/125
Politikzyklus 107
Politische Partizipation 126–133, **134**–145, 156–167
Politischer Prozess (in Deutschland) 125
Politisches System der Bundesrepublik Deutschland 108
Präferenz 57
Preisbildung 56/57
Prinzipal-Agent-Problem 73
Profitlogik 71

R

Rat der Europäischen Union (Ministerrat) 150/151
Rechtsstaat 116/117, **122**/123
Regierungssystem der Bundesrepublik Deutschland 108–111, 114/115, 118/119, 125
Repräsentative Demokratie 110–115, 130–133, 142, 150
Rezession 43
Rhetorik 71
Richtlinien der EU 148
Rollentheorie 12–21
Romeo und Julia 19
Rousseau, Jean-Jacques 128/129

S

Shareholder 72/73
Smith, Adam 50, 52/53
Social Web 22–27, 34, 165
Soziale Marktwirtschaft 50/51, 54/55, 82–85, 96–101
Soziale Sicherung 82–85
Soziales Handeln 10/11
Sozialisation 30
Sozialpolitik 82–85
Soziologie 8–11
Statistiken 40, 46–48
Subsidiarität 84, **150**–153
subsumieren 21
Symbolischer Interaktionismus 12/13, 18/19

T

Tarifautonomie 75–77
Tarifvertrag 74–76
Tenbruck, Friedrich 18
Transparency International 121

U

Umweltschutz 66/67
Unternehmen 68–71, **72**–77
Unternehmenskonzentration 90/91
Unternehmensziele 70
Unternehmer/-in 68/69
Untersuchungsausschuss (im Bundestag) 115
Urteilsbildung 144/145

V

Validität 9
Verbände 120/121
Vermittlungsausschuss 119
Vertrag von Lissabon 150–153, **154**/155, 166
Vertrag von Maastricht 148, 154
virtuelle Identität 22–25
Volksbefragung 43, 124, 140
Volksentscheid 140–143

W

Wahlen 130–133
Wahlgrundsätze 131
Web 2.0 22–27, 156/157, 160–165
Weber, Max 10/11
Werbung 62/63
Werte und Normen 9
Wettbewerb 86–91
Wirtschaftskrisen 45/46
Wirtschaftskreislauf 95
Wirtschaftsliberalismus 50, 52/53

Z

Zeitarbeit 39
Zollunion 153
Zusammenleben 8/9
Zustimmungsgesetze (Bundesrat) 118/119

Bildnachweis

Cover.oben Ullstein Bild GmbH (Christian Bach), Berlin; **Cover.unten** Klett-Archiv (Lorenz Richter, Leipzig), Stuttgart; **6** Corbis (Ocean), Düsseldorf; **7** iStockphoto (selimaksan), Calgary, Alberta; **8.M1** iStockphoto (Fred Hall), Calgary, Alberta; **9.M2 links** Picture-Alliance (CHROMORANGE/Raider Peter), Frankfurt; **9.M2 Mitte** FOCUS (Dörthe Hagenguth), Hamburg; **9.M2 rechts** Ullstein Bild GmbH (Seyboldt), Berlin; **11** Picture-Alliance (Akg-images), Frankfurt; **12.M1** Hot Action Records GmbH, Berlin; **14** Picture-Alliance (dpa/epa apa Schneider), Frankfurt; **16.M5 links** Ullstein Bild GmbH (united archives), Berlin; **16.M5 rechts** plainpicture GmbH & Co. KG (Ponton), Hamburg; **16.oben** Picture-Alliance (Augenklick/fi), Frankfurt; **21** Dr. Erhard Meueler, "Wie aus Schwäche Stärke wird", Schibri-Verlag 2003; **22.M1** IJAB, Bonn; **23** Der Spiegel, Artikel von Manfred Dworschak, Null Blog (Internet), in Der Spiegel Nr. 31/2010, S. 123; **24.Logo_SchülerVZ** VZnet Netzwerke Ltd., Berlin; **27** Toonworks, Ute Hamelmann, Senden; **28.M1 links** plainpicture GmbH & Co. KG (Ojo), Hamburg; **28.M1 Mitte** inter TOPICS (Sodapix AG), Hamburg; **28.M1 rechts** Caro Fotoagentur (Krupa), Berlin; **31.0** plainpicture GmbH & Co. KG (Thomas Reutter), Hamburg; **32.unten** FRANCE 2 – Christophe Russeil; **36** Picture-Alliance (KPA/Aquila), Frankfurt; **37** BMW AG MediaPool, München; **38** Picture-Alliance (Frank Leonhardt), Frankfurt; **40.M4** aus Wochenbericht 4/2009, DIW Berlin; **42.M1** Stuttmann, Berlin; **43.M4** Quelle: Bundesagentur für Arbeit; **45** Picture-Alliance (Rainer Jensen), Frankfurt; **49.M3** Stuttmann, Berlin; **50.M1 links** Friedrich Ebert-Stiftung Archiv, Bonn; **50.M1 Mitte**; **50.M1 rechts** Haus der Geschichte, Bonn; **53.oben links** AKG, Berlin; **53.oben rechts** Ullstein Bild GmbH (The Granger Collection), Berlin; **58.M1** The Cartoon Bank, THE NEW YORKER Magazine (David Sipress), Yonkers, NY; **59.M3** Picture-Alliance (Infografik), Frankfurt; **64.M1** Zahlen: Landesarbeitsgemeinschaft Agenda 21 NRW e.V. nach einer Broschüre des Agenda 21 – Büros der Stadt Hannover gemeinsam mit JANUN e.V; **65** Picture-Alliance (David Ebener), Frankfurt; **66.M4** Picture-Alliance (Infografik), Frankfurt; **67** Carrotmob Köln (Martin Linnartz), Köln; **68.M1** Felmy, Oberursel; **69** Ullstein Bild GmbH (Granger Collection), Berlin; **72.M1** www.cartoonstock.com (Jim Sizemore), Bath; **74.M1** Picture-Alliance (Rainer Jensen), Frankfurt; **78.M1** Mester, Wiesbaden; **80.M4** Bergmoser + Höller Verlag, Aachen; **80.M5** © Hans-Böckler-Stiftung 2010; **81.M7 oben rechts** Sakurai, Köln; **81.M7 unten links** Nel; **81.M7 unten rechts** Alff, Dortmund; **82.M1** Schwalme/CCC,www.c5.net; **83.M3+84.M5** Bergmoser + Höller Verlag, Aachen; **85** Picture-Alliance (Infografik), Frankfurt; **86.M1** Bensch, Tübingen; **89** Picture-Alliance (Rolf Vennenbernd), Frankfurt; **93.M11** Glienke, Berlin; **94.M1+M2** Mohr, Königswinter; **96.M1** Quelle: Allensbacher Archiv, IfD-Umfragen 6038, 6096, 7062, 10021, 10049 © IfD-Allensbach; **96.M2** Quelle: Allensbacher Archiv, IfD-Umfrage 10049 (Januar 2010) © IfD-Allensbach; **101.oben** Picture-Alliance (Tim Brakemeier), Frankfurt; **101.unten** Ullstein Bild GmbH (Röhrbein), Berlin; **102** Picture-Alliance (Jörg Carstensen), Frankfurt; **103** Picture-Alliance (ZB), Frankfurt; **104.M1** Koufogiorgos, Stuttgart; **108.M1_Bundespräsident** Picture-Alliance (Jochen Lübke), Frankfurt; **108.M1_Bundesrat** Picture-Alliance (Andreas Altwein), Frankfurt; **108.M1_Bundestag** Presse- und Informationsamt der Bundesregierung, Berlin; **108.M1_Bundesverfassungsgericht** Picture-Alliance (Uli Deck), Frankfurt; **108.M1_Bürger** Picture-Alliance (Kay Nietfeld), Frankfurt; **108.M1_Kanzleramt** Neumann, Jena; **108.M1_Medien** Caro Fotoagentur, Berlin; **108.M1_Parteien** Picture-Alliance (Martin Gerten), Frankfurt; **110.M1** Picture-Alliance (Bernd Settnik), Frankfurt; **112.M1** Jan Tomaschoff/CCC,www.c5.net; **115.M3** Bergmoser + Höller Verlag, Aachen; **116.M1** Picture-Alliance (Sari Gustafsson), Frankfurt; **118.M1** Atelier Nik Ebert, Mönchengladbach; **120.M1** Deutscher Hotel- und Gaststättenverband e.V., Berlin; **122.M1** Koufogiorgos, Stuttgart; **123.M4** Bergmoser + Höller Verlag, Aachen; **125.M3** Stuttmann, Berlin; **125.M4** CCC, www.c5.net (Gerhard Mester), Pfaffenhofen a. d. Ilm; **126.M1** Thinkstock (Hemera), München; **127** Peter Schaaff – Comics& Cartoons, Düsseldorf; **129** AKG, Berlin; **130.M1 oben + unten** Bergmoser + Höller Verlag, Aachen; **132.M1 oben links** Peter Leger (Künstler), Haus der Geschichte, Bonn; **132.M1 oben rechts** Appenzeller, Holger, Stuttgart; **132.M1 unten** Roger Schmidt, Karikatur-Cartoon, Brunsbüttel; **133.oben** Stuttmann, Berlin; **134.M1** Picture-Alliance (FDP dpa/lni), Frankfurt; **135.M2** Yinka Aranmolate, Dortmund; **136.M6** Picture-Alliance (Armin Weigel), Frankfurt; **137** JUGEND für Europa, Bonn; **138** JUGEND für Europa, Bonn; **139** JUGEND für Europa, Bonn; **140.M1** Picture-Alliance (Infografik), Frankfurt; **141.M3** Picture-Alliance (dpa), Frankfurt; **143** Picture-Alliance (Peter Steffen), Frankfurt; **144** Vera Schmidt, Veryvera Illustration, Stuttgart; **146** Picture-Alliance (Uli Deck), Frankfurt; **147** Picture-Alliance (WDR/Herby Sachs), Frankfurt; **148.M1** Picture-Alliance (Kay Nietfeld), Frankfurt; **149.M3** Picture-Alliance (Rainer Jensen), Frankfurt; **149.M4** Mohr, Königswinter; **150.oben links** Picture-Alliance (Bernd Kühler), Frankfurt; **150.oben rechts** Getty Images (John Thys), München; **151.unten links** Picture-Alliance (Olivier Hoslet/EPA), Frankfurt; **151.unten rechts** Ullstein Bild GmbH (Unkel), Berlin; **152.M2** Bundeszentrale für politische Bildung/bpb www.bpb.de/24xDeutschland; **156.M1** Picture-Alliance (Infografik), Frankfurt; **157.M3** Toonworks, Ute Hamelmann, Senden; **166.M1** Stuttmann, Berlin

Sollte es in einem Einzelfall nicht gelungen sein, den korrekten Rechteinhaber ausfindig zu machen, so werden berechtigte Ansprüche selbstverständlich im Rahmen der üblichen Regelungen abgegolten.